《国企》杂志·

共同理想的基石

国有企业若干重大问题评论

主　编◎刘国光
副主编◎张　宇　徐传谌

经济科学出版社
Economic Science Press

责任编辑：刁其武　凌　敏　侯晓霞
责任校对：郑淑艳
版式设计：代小卫
技术编辑：李　鹏

图书在版编目（CIP）数据

共同理想的基石：国有企业若干重大问题评论/刘国光主编. —北京：经济科学出版社，2011.12
ISBN 978-7-5141-1437-9

Ⅰ.①共…　Ⅱ.①刘…　Ⅲ.①国有企业-研究-中国②中国特色社会主义-研究　Ⅳ.①F279.241②D616

中国版本图书馆 CIP 数据核字（2011）第 274118 号

共同理想的基石
——国有企业若干重大问题评论
主　编　刘国光
副主编　张　宇　徐传谌
经济科学出版社出版、发行　新华书店经销
社址：北京市海淀区阜成路甲 28 号　邮编：100142
总编部电话：88191217　发行部电话：88191540
网址：www.esp.com.cn
电子邮件：esp@esp.com.cn
北京欣舒印务有限公司印刷
三佳装订厂装订
787×1092　16 开　19 印张　250000 字
2012 年 1 月第 1 版　2012 年 9 月第 8 次印刷
ISBN 978-7-5141-1437-9　定价：53.00 元
（图书出现印装问题，本社负责调换）

编 委 会

序

坚定不移地搞好国有企业

◎张全景*

最近，我看到《国企》杂志社组织编撰的关于做强做优国有企业的书稿《共同理想的基石——国有企业若干重大问题评论》一书，这是一部很有分量的论著，从理论和实践两个方面论证了国有企业在中国特色社会主义建设事业中不可或缺的主体地位。杂志社告诉我，这是他们计划编辑出版的“做强做优”国有企业系列丛书的第一本，邀请我为这套丛书写一篇序言，我感到这是一件很有意义的事情，并愿意借此机会写一点搞好国有企业的看法。

从历史的角度来看，中国的国有企业，是伴随着中国共产党领导的新民主主义革命的胜利逐步发展壮大起来的，一是在革命根据地创办了一

* 张全景，中共中央组织部原部长。

些军用或民用企业，革命胜利后迁入城市不断发展壮大，二是将官僚买办资本主义企业收归国有，三是随着社会主义改造和社会主义建设的不断推进，一大批私营企业实行公司合营，逐步发展为国有企业，四是根据国家建设需要新创建的企业。实践证明，中国的国有企业从一开始，就是中国社会主义建设事业的主体和主导力量。据统计，在新中国成立后的前三十年，即国有企业处于绝对的主体和主导地位的时期，中国的工业取得突飞猛进的发展，从“一张白纸”一跃而成为世界第六大工业强国。1978 年与 1949 年相比，钢铁产量增加 200 多倍，煤炭产量增加 18 倍，水泥、发电量、化肥、原油产量等大幅度增加，建成了铁路、公路、水运、管道等运输体系。与此同时，在工业的支援下，农业的面貌也发生了翻天覆地的变化，农业现代化装备水平大幅度提高。农用大型拖拉机增长 48.7 倍，排灌动力机械、用电量迅速增长，农用水利建设，大江大河治理也取得显著成效。粮食总产量由 11318 万吨，增长到 130477 万吨，棉花产量从 44.4 万吨增加到 216.7 万吨，增长 3.9 倍。

在科学技术方面，以原子弹、氢弹、洲际运载火箭、返回式卫星、核潜、远洋测控船、喷气战机、大飞机“运十”、激光器、数控机床、大规模集成电路、高速计算机、单晶硅等为代表的重大科技成就层出不穷，领先世界的、独立研发的科技成果数不胜数。中国还建立起了从基层到中央、从生产实践第一线到科研院所、从基础科学到应用科学、从科技研发到推广应用的产学研科技网络体系等——所有这一切辉煌，离开了“国企”这位“共和国长子”的辛勤劳作，是完全无法想象的。国有企业不仅创造了物质财富，还培养了一大批技术工人、科技人才、管理人才，创造了具有中国特色的社会主义管理经验，国有企业的发展，奠定了中国现代化的基础。

改革开放以来，由于种种复杂的国内外因素，国有企业曾经几度陷入困境，此后经过改制重组，抓大放小，建立现代企业制度等一系列措施，中国的国有企业又重新焕发了生机。近年来，航天、航空、石油、石化、冶金、电力、电信、民航、海运等行业中有20多家特大型国有企业先后在境内外上市，市场竞争力增强。2011年，中国大陆共有61家公司进入《财富》世界500强排行榜，其中绝大多数是国有企业，中国跃升为世界第二大经济体，国有企业可谓居功至伟。

近年来，随着国有企业做大做优做强的发展势头，却在舆论和经济学界，再次掀起了一股妖魔化国有企业的恶浪，例如，国有企业“与民争利”，“国企利用垄断地位制造了贫富差距”，“国有企业助长了腐败”等，不一而足，大有将现在仅存国有企业，尤其是大型中央企业一举取消，一夜之间实现全盘私有化之势。

如何看待国有企业，本质上是一个如何看待公有制企业的问题，而如何看待公有制企业，又是和要不要坚持社会主义道路，坚持改革开放是社会主义的自我完善、自我发展紧密相关，简言之，这是一个走什么道路的大是大非问题，必须引起高度重视。

这本《共同理想的基石——国有企业若干重大问题评论》，坚持以宪法和党章为基本依据，运用马克思主义的立场、观点和方法，比较全面地、有理有据地反驳了妖魔化国有企业的种种奇谈怪论，该书正确地指出：国有企业是中国共产党执政的重要经济基础，是国民经济的重要支柱，是我国全面建设小康社会的重要力量；国有企业在保障国家安全和保障民生方面都发挥着不可替代的作用；国有企业还是落实国家宏观经济政策以及参与国际竞争的主力军——这些结论应该说是实事求是的，在理论上、实践上都是站得住脚的。

综观全书，具有这样几个特点：

第一，该书从宪法和法律的立场出发，高屋建瓴地指出妖魔化国有企业、全盘私有化的主张是为我国的基本政治制度和法律制度所不允许的。现在有一些所谓的“经济学家”，包括一些领导干部，把私有制企业的作用夸大到了无以复加的程度，甚至不知天高地厚地要把公有制企业改称为“非私经济”，用私有制企业取代公有制经济的主体地位。殊不知，以公有制为主体，多种所有制经济共同发展，这一中国社会主义社会的基本经济制度，是为宪法和法律所明确保障的。并且实践也已经反复证明，这一具有中国特色的社会基本经济制度，是完全符合我国实际和经济发展规律，符合我国广大人民的根本利益、共同愿望和要求的，是我国坚持走社会主义道路，不断走向繁荣、发展、强大，实现中华民族伟大复兴和走向共同富裕的根本保证。

该书毫不含糊地批驳了“以私有经济为主导、私有经济应成为主体”的论调，明确指出这是公然反对党章和宪法。并从政治的高度以马克思主义的基本理论批驳和揭露各种错误观点，这是该书的一大亮点。

第二，该书系统地总结了前苏联、东欧地区全盘私有化的经验教训。俗话说，他山之石，可以攻玉。毛主席也曾经指出，历史的经验值得注意。全盘私有化究竟好不好？该书没有单纯地从理论和逻辑的角度来阐述这个问题，而是运用苏联东欧剧变后大量触目惊心的事实，令人信服地指出，全盘私有化必将是国家的灾难、全体人民的灾难。书中指出，俄罗斯和东欧国家的大规模私有化导致了远较1929~1933年大危机更大的灾难性后果。如果把1989年的GDP定为100，则1999年的GDP分别是：俄罗斯57.6，乌克兰39.3，保加利亚70.7，捷克95.3，匈牙利99.4，波兰121.8，罗马尼亚75.5。私有化制造出了庞大的失业队伍和把劳动人民毕生储蓄洗劫一空的恶性通货膨胀。广大劳动人民的绝对贫困化提高了死亡率，降低了平均寿命和出生率，进而引发了这些国家人口增长停滞，甚至绝对下降的民族危机。实际上，东欧国家的大规模私有化不仅消灭了社会主义，而且也消灭了民族主义，不仅劳动人民的生产资料被剥夺，而且民族资本也被剥夺，东欧国家被带入“附庸资本主义”的深渊。这种分析是深刻的，是符合历史事实的。

第三，该书系统地论述了国有企业在保障国家安全以及维护国家经济自主权的斗争中所具有的不可替代的作用。书中指出，当前中国出现了一股“倒国有企业”的浪潮，某些主张全盘西化的人串联搞签名活动，以反垄断、腐败为借口主张消灭国有企业，这种现象同美国针对中国的隐蔽经济金融战争有密切联系。值得关注的是，当前鼓吹彻底私有化和“倒国有企业”的某些人，也正是积极宣扬西方的自由、民主等所谓“普世价值”，公然违背中央精神主张中国按西方模式推行政治体制改革的那些人。由此可见，现在这些人提出的瓦解国有企业的私有化主张，不再是打着提高效率旗号的单纯经济政策主张，而是明确作为推行“颜色革命”的有机组成部分，服务于全盘西化的意识形态和政治颠覆目的，直接威胁到中国共产党的领导地位，威胁到社会主义意识形态和基本政治经济制度。这种分析为我们从更广阔的视野中看待国有企业问题，提供了全新的视角。

第四，该书有力驳斥了国有企业“垄断论”、“扩大贫富差距论”等谬论。书中令人信服地指出，国有企业并不都是垄断企业，除电网、石油石化、电信基础运营、铁路交通运输、烟草等行业有较强垄断性外，我国国有企业大部分处在竞争行业。在整个社会总就业人口中，国有及国有控股企业从业人数所占比重只有6%左右，这一小部分职工的较高收入怎么能够成为全面的持续性的收入差距扩大问题的主要原因呢？如果说国有垄断是收入差距扩大的主因，那么，在国有经济占绝对优势的20世纪80年代或90年代，收入差距应当最大，随着国有经济比重缩小，收入差距也应当缩小，但实际情况却恰恰相反。本书的作者还认为，只要是市场经济，就会有“大鱼吃小鱼”的现象，这是客观的、不可避免的。因此，问题并不在于有没有垄断，而在于谁垄断好，是私人垄断好还是社会主义的国家垄断好？只要国有企业能够保持社会主义性质，服从国家宏观调控政策，其垄断地位不仅不会损害人民的福利，而且还会增加人民的福利。这些认识，给我们很大的启发，也给我们科学地、客观地评价国有企业，提供了可靠的方法论和理论依据。

第五，该书全面地论述了国有企业和中国特色社会主义之间的关系，在这样一个大是大非的问题上，作者旗帜鲜明地提出了坚持公有制为主体，捍卫国有企业，批判私有化思潮的主张。该书指出，只有坚持公有制为主体，才能保证我国社会的社会主义性质，私有化则会使社会的性质演变成为资本主义，危及广大劳动人民的根本利益；只有坚持公有制为主体，才能使生产关系适应生产力的性质，从而才能解放、发展生产力，在生产力具有社会性质的条件下，私有化是违背生产力发展需要的，会成为生产力发展的障碍。

关于公有制企业和社会性质的关系问题，是一个关乎社会主义前途和命运的大问题。正确认识国有企业的意义、地位和作用，对于中国的社会主义建设具有极其重要的意义。这是一个重大的、具有深远意义的课题。应该说，本书的作者给出了自己的回答。但是这个回答是初步的，对于这一问题还需要更深入的研究，还需要理论界继续进行工作。只有在理论上彻底解决了这一问题，中国特色的社会主义才可能有光明的前景。

目 录

前言

国有企业是中国特色社会主义共同理想的基石

◎刘国光*

不久前召开的中国共产党第十七届六中全会，认真总结了我国文化改革发展的丰富实践和宝贵经验，提出了推动社会主义文化大发展大繁荣，进一步兴起社会主义文化建设新高潮的宏伟目标，这对夺取全面建设小康社会新胜利、开创中国特色社会主义事业的新局面、实现中华民族伟大复兴具有重大而深远的意义。

在这次全会上，最令人振奋的就是旗帜鲜明地提出了“坚定中国特色社会主义共同理想”，“用中国特色社会主义共同理想凝聚力量”的口号，并强调“中国特色社会主义是当代中国发展进步的根本方向，集中体现了最广大人民的根本利益和共同愿望”。

---

* 刘国光，中国社会科学院原副院长。

中国特色社会主义共同理想，是中国共产党人的共产主义理想在社会主义初级阶段的具体体现，而这个共同理想的经济基础，就是社会主义初级阶段基本经济制度。《中华人民共和国宪法》第7条规定："国有经济，即社会主义全民所有制经济，是国民经济中的主导力量。"中国共产党第十五届四中全会通过的《中共中央关于国有企业改革和发展若干重大问题的决定》指出："包括国有经济在内的公有制经济，是我国社会主义制度的经济基础，是国家引导、推动、调控经济和社会发展的基本力量，是实现广大人民群众根本利益和共同富裕的重要保证。"2007年党的十七大再次强调指出："要坚持和完善以公有制为主体、多种所有制经济共同发展的基本经济制度。"因此毫无疑问，没有公有制经济——主要是国有经济——就没有社会主义初级阶段的基本经济制度，也就谈不上中国特色社会主义的共同理想，国有经济是中国特色社会主义共同理想的基石。

如何理解这样一个基本判断呢？

第一，实现共同理想需要落实科学发展观，而国有企业是贯彻落实科学发展观的主力军。科学发展观是马克思主义关于发展的世界观和方法论的集中体现，是发展中国特色社会主义必须坚持和贯彻的重大战略思想。国有企业是国民经济的主导力量，截至2010年年底，全国国有企业资产总额已达100多万亿元人民币，无论是实现利润、上缴税金、维护经济社会的稳定、完成国家宏观调控的目标，还是推动经济可持续发展等，都是民企和外资所难以比拟的。这些年来，国有企业响应以胡锦涛同志为总书记的党中央的号召，积极贯彻落实科学发展观，不仅使国有企业自身得到了蓬勃发展，而且直接促进了整个国民经济实现又好又快发展的重要目标的实现。在欧美先后陷入主权债务危机、金融危机的大背景下，中国经济一枝独秀，仍然保持强劲发展势头，这和国有企业在科学发展观的指导下，着力转变发展方式，提高发展的质量和效益是分不开的。简言之，没有国有企业，科学发展观就无法落到实处。

第二，实现共同理想需要自主创新，而国有企业拥有强大的自主创新能力，是建设创新型国家的主力军。提高自主创新能力，建设创新型国家，是国家发展战略的核心，是提高综合国力的关键。胡锦涛总书记在党的十七大报告中曾经指出，要把增强自主创新能力贯彻到现代化建设的各个方面。技术创新的主体是企业，而企业中的主体又是国有企业。改革开放以来的实践证明，国有企业是我国所有经济中自主创新能力最强、研发能力最雄厚的经济，是我国建设创新型国家的战略基地、核心和主导力量。“十五”以来，我国载人飞船升空、动车机组研制、高寒地区青藏铁路的建设，计算机芯片设计技术、“银河麒麟”计算机服务器操作系统基础软件以及中高端数控中心质量的突破，都是国有经济或以国有经济为中心组织力量完成的。一些重大工程设施技术要求高，投资大，没有实力是不能完成的，像投资1800多亿元的长江三峡工程，投资300多亿元的南水北调工程，投资1400多亿元的西电东送工程，以及大飞机工程、长途光缆工程和令世界惊叹和艳羡的高速铁路等，如果不是国有经济发挥骨干支柱作用，是难以想象的。此外，近年来，国家科技进步特等奖全部由中央企业获得。2005～2008年，中央企业共获国家科技进步一等奖27项，二等奖202项，分别占该奖项的52%和27.4%。中央企业由此成为广袤与深邃的科技夜空中最耀眼的明星。在建设创新型国家中，国有企业始终做到了瞄准本行业世界科技的前沿，整合各方面的科技资源，以市场为导向，加大自主创新投入，以不断提高生产效率和科技在经济发展中的贡献率为目标，努力掌握核心技术的发展方向和研究开发的主导权，形成一大批具有自主知识产权的重大科研成果，打破国外技术垄断，中国在世界经济舞台能够拥有今天这样的地位，国有企业居功至伟。

第三，实现共同理想需要企业履行社会责任，而国有企业是自觉履行社会责任，服务社会主义和谐社会建设的主力军。社会和谐是中国特色社会主义的本质属性，科学发展和社会和谐是内在统一的。作为国民经济支柱的国有企业，在实现科学发展的同时，积极履行社会责任，是实现其经济目标与社会目标内在统一的题中应有之义，是国有企业服务中国特色社会主义的重要内容。近年来，国有企业按照民主法治、公平正义、诚信友爱、充满活力、安定有序、人与自然和谐相处的要求，在促进和谐社会建设方面作出了突出贡献，如国有石油石化企业在国内成品油与进口成品油价格倒挂较为严重的情况下，努力加强管理，降低成本，确保国内成品油的稳定供应；电力企业加快发展农电事业，全面推进“户户通电”工程，促进了社会主义新农村建设；电信企业实施“村村通”工程，在经济社会信息化建设中发挥了重要作用；国有能源企业率先落实节能减排政策，按照生态建设和提高资源利用效率的各项要求，推动能源利用方式的改变，引导全社会大力发展循环经济，在促进可再生能源的利用，形成保护环境，减少污染物排放的生态意识等方面，发挥了不可替代的作用；国有企业在建立和谐劳动关系，维护职工合法权益，兼顾国家、集体和个人等方面利益也始终发挥带头作用。2011 年 11 月 8 日，中国社科院发布的《企业社会责任蓝皮书》显示，国有企业的社会责任指数继续多年来的势头，遥遥领先于民营企业和外资企业。其中中央企业社会责任指数年度增幅最大，外资企业其次，而民营企业则有所退步。

第四，实现共同理想需要弘扬民族精神，国有企业是弘扬新时代民族精神的主力军。《易经》有言——天行健，君子以自强不息；地势坤，君子以厚德载物——集中体现了中华民族精神。几千年来，传承这种民族精神的主体是“龙的传人”，但在新中国成立后，中国共产党以及由她领导的各项社会主义事业，也在孜孜不倦地传承以及弘扬这种精神。国有企业正是“自强不息，厚德载物”这一伟大民族精神的传承与弘扬者。

新中国成立后，为了不再受帝国主义的欺凌，中国实施了以“两弹一星”为代表的一系列令世界震惊的伟大工程，这些伟大工程的重要承担者，就是国有企业。正是国有企业职工战天斗地的英雄气概，正是有了“宁可少活二十年，拼命也要拿下大油田”的“铁人精神”，中国的工业现代化、国防现代化与科学技术现代化才有了日新月异的进步，中国才能在帝国主义的包围中“独立自主，自力更生”地建设现代化国家。中国共产党领导下的工人阶级当家做主，激发了工人、知识分子的无穷创造力，培育了前所未有的“主人翁”意识。20世纪60年代，鞍山钢铁公司职工创造了鞍钢宪法，规定了参与、改革和融合的原则。这种对管理过程高水平的参与在各级员工当中培养了一种高度的主人翁责任感，创造了中国独特的企业文化——“爱厂如家”，职工“爱厂如家”的思想在国有企业中普遍存在。就是在这种文化背景下，以国有企业为龙头，“比学赶帮超”的社会主义劳动竞赛，在全社会范围内涌现了一批又一批的劳动模范和技术能手，由此创造了人类历史、社会主义建设史、中华民族文明史的灿烂辉煌。

改革开放后，国有企业的优良传统得到继承和发扬，“铁人精神”和“爱厂如家”等企业文化和改革开放时代形成的创新精神，汇聚成了新的民族精神。在今天这个物欲横流、铜臭泛滥、道德底线不断被穿越的时代，中华民族更需要传承、发扬“自强不息，厚德载物”的优秀精神。而国有企业的文化建设与社会主义精神文明建设具有内在一致性，具有与民族精神传承的一致性，必将谱写出新的光辉篇章。

第五，实现共同理想需要维护国家利益，国有企业是捍卫国家利益的主力军。今天，经济全球化令世界市场渐趋一体化。作为世界市场的主要主体——跨国公司，大多来自发达国家。在跨国公司的母国，公司必须接受政府的监管，接受大众及舆论的监督，接受企业内员工的制约。但是，在仍然处于无政府的国际社会，在整个世界都在竭力向跨国公司献媚、向资本低头的情形下，东道国政府、大众舆论对跨国公司的权力的监督非常薄弱。而且跨国公司规避监管的手法巧妙而多样，由此近乎为所欲为，在越来越多的行业占据优势甚至是垄断地位。在一些弱小国家，跨国公司甚至呼风唤雨，左右国家政局。

在中国，越来越多的行业也开始为跨国公司直接或间接主导甚至垄断，民营企业在资金、技术、管理、营销等诸多方面无法与这些跨国企业相抗衡，越来越多的民营企业成为跨国公司的附庸，成为跨国公司国际分工链条上的一环，没有丝毫的谈判与议价能力。但值得庆幸的是，正是由于国有企业的存在，使得中国的经济主权，在总体上依然掌握在中国人自己的手中。实践证明，凡是国有企业居于主导地位的行业，经济安全就有保障；凡是国有企业被改制、被私有化的行业，经济安全状况就堪忧。

国有企业的利益与大众利益、国家利益是一致的。国有企业急国家所急，想国家所想，在国家需要的时候，有条件要上，没有条件创造条件也要上。在抗震救灾的一线，在航空航天的一线，在自主创新的一线，在走出去为国家获取资源、拓展市场的一线，在一切高风险、低回报的一线，在其他性质的企业瞻前顾后、踟蹰不前的一线，都能看到国有企业的身影。没有国有企业，国家利益就无法得到有效保障。

最后，实现共同理想需要调动各方面的积极性，促进多种所有制的共同发展，而国有企业则是多种所有制共同发展的重要保障。国有企业多数为国民经济中的骨干企业，处于国民经济的关键领域，国有企业的主导作用对于支撑国民经济的持续发展，对于引导和带动民营经济有着关键作用。同时也是保障非公有制经济沿着社会主义方向前进，形成各种所有制相互促进的重要条件。

总之，由于国有企业在各个领域里无可替代的重要作用，国有企业当仁不让成了中国特色社会主义的共同理想的基石。新中国成立60多年来，特别是改革开放30多年来，国有企业怀着对中华民族伟大复兴、对人类未来负责的使命感，扎扎实实地履行了自己的职责，为中国特色社会主义共同理想的实现，奠定了坚实的基础。展望未来，我们有理由相信，国有企业仍将会抓住历史机遇，通过突出以人为本，加强员工队伍建设，深化内部改革，增强企业活力，扩大对外开放，利用好国际国内两个市场、两种资源，形成具有国际竞争力的大企业集团等方式，更好地承担起中国特色社会主义共同理想大厦基石的历史重任！

上篇

评妖魔化国有企业的种种奇谈怪论

评“民营经济主体论”*

◎宗　寒　周新城**

生产资料所有制是一个非常重要的范畴。在构成一个社会的经济基础的生产关系这个系统中，生产资料所有制起着决定性的作用，它是整个生产关系的基础。生产资料所有制决定了生产是为占有生产资料的人服务的，即决定了生产的目的，也决定了劳动过程中和分配过程中人与人之间经济关系的性质。所有制构成一个社会的基本经济制度。一个社会的性质，从经济上说，正是取决于生产资料所有制的形式。离开所有制，就无法认识经济关系的本质，也就无法判断社会的性质。所以，马克思主义十分重视所有制。

在我国社会主义初级阶段应该采取什么样的所有制结构？这个问题，我们党几代领导人运用马克思主义关于生产力与生产关系相互关系的基本原理，结合我国具体国情进行了艰苦探

* 本文由宗寒、周新城两位作者的文章合并而成。

** 宗寒，《求是》杂志社经济部原主任、研究员；周新城，中国人民大学马克思主义学院教授。

索，确定了公有制为主体、多种所有制经济共同发展是我国社会主义初级阶段的基本经济制度。《中国共产党党章》（以下简称《党章》）的总纲明确指出："必须坚持和完善公有制为主体、多种所有制经济共同发展的基本经济制度。"《中华人民共和国宪法》（以下简称《宪法》）第十四条规定："国家在社会主义初级阶段，坚持公有制为主体、多种所有制经济共同发展的基本经济制度。"2009 年 9 月召开的党的十七届四中全会还强调，要划清"社会主义公有制为主体、多种所有制经济共同发展的基本经济制度同私有化和单一公有制的界限。"党员要遵守《党章》，公民要遵守《宪法》，这是最起码的道理。所有制结构问题，应该说是十分清楚的了。

然而在这样一个重要原则问题上，却存在许多杂音、噪声，报刊上甚至一些中央大报上，一些学者甚至头面人物，时不时发表反对以公有制为主体、主张以私营经济为主体的言论。所谓"国退民进"，许多就是以公有制"退"出主体地位、由私营经济"进"占主体地位为目标的。有一位知名人士就在中央大报上公开鼓吹："现在已经形成'国有经济为主导、民营经济为主体、外资经济为辅助'的所有制结构。正是这样的所有制结构使我们的经济、政治、生活和人们的思想发生了翻天覆地的变化，形成了一个生动活泼、积极向上的奋发氛围，这是我们中国特色社会主义所创造的所有制结构，在今后的发展中，我们仍然要坚持这种结构，并且要不断丰富、发展和完善。"

这种明目张胆地反对公有制为主体的言论，是违反《党章》、《宪法》的。对于这样一个关系到我国社会主义前途命运的原则问题，我们不能置之不理，而应该从理论上加以澄清，分清是非。

一、反对公有制为主体的主张是完全错误的

毋庸讳言，在现阶段，非公有制经济存在具有必要性。但是承认非

公有制经济的地位和作用，鼓励、支持和引导非公有制经济与公有制经济共同发展，是不是意味着让非公有制经济成为我国社会发展的主体，取代社会主义公有制的主体地位呢？绝对不是！因为这不仅违背了我国社会发展实现规律，也是我国《宪法》规定的社会基本制度和广大人民所不能容许的。社会主义制度是建立在生产资料公有制基础上，而不可能是建立在私有制为主体的基础上。一个私有制为主体的社会，“让国有经济成为民营经济补充”的社会，是资本家当家做主的社会，不可能是劳动者当家做主的社会主义社会。基本生产资料所有制的性质是判断社会性质的根本标志。正是在这个意义上，恩格斯说：大规模的有组织的劳动，生产资料的集中，“是无产阶级运动的物质基础”①。邓小平说：“一个公有制占主体，一个共同富裕，这是我们所必须坚持的社会主义根本原则。”② 如果不坚持这两条根本原则，“仅仅是少数人富有，那就会落到资本主义去了。”③

我国非公有制经济有两个组成部分。一部分是个体经济，是指个体经济只掌握少量生产资料，依靠个人辛勤劳动，服务社会，而不剥削别人，属于个体劳动性质的经济。个体经济生产社会化程度很低，除少数有生产技巧和创新能力外，生产现代化程度也不高。如果个体经济成为主体，我国的现代化是永远不能实现的。另一部分是私营经济。私营经济是生产资料私人占有的经济，依靠雇佣劳动生产，企业主与雇工之间的关系存在剥削与被剥削的关系。在社会主义制度下，私营外资经济的发展受到我国法律的保护，生产经营为社会主义现代化服务，是我国生产力发展的重要源泉。但是它在促进生产力发展的同时，私有制本性固有的内在矛盾及所必然带来的社会矛盾依然存在，并且会每时每刻地在政治、经济、文化、思想道德、人与人的关系上强烈地表现出来。另外，外资经济也不能成为我国经济的主体。那样，我国的经济命脉就会

---

① 《马克思恩格斯全集》（第 2 版）第 17 卷，人民出版社，第 597 页。

② 《邓小平文选》第 3 卷，人民出版社 1993 年版，第 138 页。

③ 《邓小平年谱》（下），中央文献出版社 2007 年版，第 1356 ~ 1357 页。

被外资掌握，国民经济就必须按照外资的意愿发展，而不能按照我国人民的利益发展，就事实上沦为西方的殖民地。

坚持公有制为主体，它能为社会主义现代化做积极贡献，私有制的本性会受到国家法律和公有制强大作用的制约；动摇了公有制的主体地位，私有制原来在一定范围内的矛盾就会变成了整个社会的矛盾，社会就不得安宁了。私有制在社会主义制度下的这种两重性是客观存在的，必须正视，是不容回避的。另外，还必须看到，私有经济、外资经济在我国发挥积极作用、作出积极贡献的一个重要前提，是遵守我国法律法规，尊重和执行党和政府的方针政策。党和国家的方针政策，公有制经济的主体地位，为它们的发展提供了强大的政策支持、法律支持和物质支持，缺少这些支持，不要说它们不可能得到健康发展，生存也是不可能的。我国宪法规定，公有制为主体，多种所有制共同发展是我国社会的基本经济制度。违背这一条，非公有制经济发展就失去法律的依据。不执行宪法，让非公有制经济取代公有制成为主体，私有经济的发展就不可能再受到国家法律和公有制的强大影响、引导和制约，社会成为私有制主导的社会，天下成为私有制为所欲为的天下，生产社会化与私人占有的矛盾成为社会主要矛盾，社会就会变成另一个样子了。

所有制、经济基础与上层建筑是密不可分、相互影响的。劳动人民掌握主要生产资料，才能掌握政权；掌握主要生产资料和政权，才能坚持“以人为本”，为人民服务。改变基本生产资料的性质，必然改变政权的性质。公有制的主体地位发生变化，政权的性质以及上层建筑、意识形态的性质也必然发生变化。这绝不是危言耸听，而是客观规律。苏联东欧剧变的惨痛教训早已表明了这一点。

有些人反对公有制为主体，认为公有制“难以处于主体地位”的理由有三个：首先，他们认为，“现代政府的职能定位决定了公有制企业难以处于主体地位”。这种观点认为，政府是社会规则的制定者和监管者以及公共服务的主要提供者，例如我国就将政府的主要职能概括为经济调节、市场监管、社会管理和公共服务。实行市场经济的国家为了实现满足公共服务、增强调控能力、扩大社会就业、弥补市场缺陷等目的，虽然都办有数量不等的国有或者国有控股企业，但现代市场经济条件下政府的职能定位决定了政府不必要也不可能创办大量国有制企业，处于主体地位的仍然都是非公有制企业。这种说法是不能成立的。第一，没有区分政府职能的性质，把资本主义政府与社会主义政府的职能看做毫无区别；第二，没有弄清楚不同社会制度下国有企业具有的不同的性质和职能，并且，也没有弄清楚公有制的内涵，把社会主义集体所有制排除在公有制以外，把国有企业完全等同于公有制企业。

众所周知，国家是阶级统治的工具，不同社会制度的国家有不同的性质。恩格斯说：“国家无非是一个阶级镇压另一个阶级的机器，这一点即使在民主共和国制下也丝毫不比在君主制下差。”① 列宁说：“国家是阶级矛盾不可调和的产物和表现。在阶级矛盾宏观上达到不能调和的地方、时候和程序，便产生国家。反过来说，国家的存在表明阶级矛盾的不可调和。”②“我们要抛弃一切关于国家是普遍平等的陈腐偏见，因为这是一种骗局，因为只要剥削存在，就不会有平等。地主不会与工人平等，吃饱的人不会与挨饿的人平等。人们迷信般的崇拜国家，相信国家是全民政权的陈腐童话；无产阶级要把叫做国家的这个机器摒弃，并且指出这是资产阶级的谎言。”③

国家的性质不同，作为行使国家权力职能集中体现和代表的中央政府和地方政府的性质和职能自然不同。抽象地看，政府是社会规则的制定者、监管者以及公共产品和公共服务的主要提供者，都具有政治职能、经济管理职能和社会职能。然而，不同政府所制定的“社会规则”，所具有的政治、经济、管理职能是完全不同的。资产阶级政府制定法律、法规，行使政治、经济、文化、社会职能，是为巩固和发展资本主义制度，为资产阶级行使剥削的权利和谋求利润服务的，社会主义

① 《马克思恩格斯全集》（第2版）第22卷，人民出版社，第228页。

② 《列宁选集》第3卷，人民出版社1995年版，第166页。

③ 《列宁全集》（第2版）第29卷，人民出版社，第444页。

国家和政府是为巩固和发展社会主义制度，为广大人民的根本利益服务的。我们通常可以把政府职能概括为经济调节（也不是一般的经济调节，而是指对宏观经济的管理干预和调节）、市场监管、社会管理和公共服务。但千万不要用这种抽象的概括来抹杀不同制度下不同政府所调节、管理的内容、目的和性质，抹杀了这一点，就抹杀了不同国家性质的根本区别，就把社会主义与资本主义及其政府看作完全一样了。

在当代社会，世界上的许多国家确实“都办有数量不等的国有或国有控股企业”，有些西方国家的国有企业占的比重还相当高。但是，还需对不同国家国有企业的性质和内容进行具体分析。西方国家为什么办国有企业呢？西方国家办国有企业是出于维护资本主义制度的需要。生产社会化与生产资料私人占有的矛盾是资本主义制度的基本矛盾。资本主义的本质是追逐高额利润，一些公益事业和基础设施投资大、收益低，以至由于收费不能太高，必须亏损经营，资本家不愿意投资，资本主义国家就不能不代表资本家的总利益出面管起来。他们发展国有企业的目的十分明确，就是为了缓和资本主义制度的基本矛盾，为个体资产阶级“分忧”，为发展整个资本主义服务。所谓“弥补市场经济的缺陷”，无非是弥补和调节资本主义的矛盾，但这种弥补和调节是在资本主义制度范围进行的，并不改变资本主义的性质，更不会触动资本主义根本制度。所以，经典作家把西方国家的国有经济称作“用国家的名义装饰起来的”私有经济①，“没有私人财产控制的私人生产”②，“无论转化为股份公司和托拉斯，还是转化为国家财产，都没有消除生产力的资本属性”③。我们看到，西方国家在不同情况下往往将办国有企业与搞非国有化交替进行。在一些大型私有企业行将破产，可能影响社会正常运行秩序时，就以国家的名义购买下来成为国有企业，“私有化”对资本家有利时，又将企业低价卖给私人。但不论采取哪种形式，资产

---

① 《马克思恩格斯全集》（第2版）第23卷，人民出版社，第823页。

② 《马克思恩格斯全集》（第2版）第25卷，人民出版社，第496页。

③ 《马克思恩格斯全集》（第2版）第3卷，人民出版社，第753页。

阶级国家作为“总资本家”的本质不会改变，西方国有企业为整个资本服务的本质不会变。

在我们国家，发展国有企业不是为了“弥补市场缺陷”。我国建立和发展社会主义国有企业，是为了从根本上摆脱和消除生产资料“迄今具有的资本属性”，结束劳动者与生产资料分离和对立的状态，建立和发展社会主义制度的生产关系基础和物质基础。在我们国家，国家是真正的“整个社会的正式代表”。生产资料归国有，即归国家所代表的全国人民和全体劳动者共同所有，归那些真正使用生产资料和真正生产这些产品的人占有。建立国有制，表明生产资料已经由与劳动者处于完全分离的对立物，走向与劳动者统一和结合；由剥削与压迫劳动者的手段，转化为由他们自己支配和运用，为自己谋利益的手段。国有经济在我国的产生和发展，代表着建立在公有制基础上的一种新型的消灭了剥削的社会主义生产关系已经在我国建立起来，并占主体地位。这种主体建立起来，我国的社会主义制度才能建立起来；它得到巩固和发展，我们的社会制度才能巩固和发展。同时，国有经济必须具有强大的生产力，控制经济命脉，在国民经济中起主导作用。这是与它的生产关系相适应的，是公有制为主体在生产力上的表现。国有经济如果不具有先进强大的生产力，不控制经济命脉，在国民经济中不起主导作用，社会主义制度就不可能表现出自己的优势和优越性，公有制为主体就会成为一句空话，社会主义也就有名无实了。正因为如此，我国宪法明确规定：“中华人民共和国的社会主义经济制度的基础是生产资料的社会主义公有制，即全民所有制和劳动群众集体所有制。”“国有经济，即社会主义全民所有制经济，是国民经济中的主导力量。国家保障国有经济的巩固和发展。”

有些反对公有制为主体的学者，不仅没有弄清楚我国国有企业的性质和作用，把西方国家的国有经济与我国公有制经济完全相提并论，而且把集体所有制排除在公有制以外。实际上，社会主义国有经济与集体经济共同构成我国社会主义经济制度的基础。集体所有制的特征是生产资料归劳动者集体所有，劳动者共同拥有和使用生产资料，分工合作，各尽所能，按劳分配为主，辅之以按股分红，共同享受劳动成果。集体所有制的积累也为集体所有，大部分用于扩大再生产，形成新的生产资料；另一部分用于消费，提高劳动者的生活水平。集体所有制的生产资料有的是集体共有，有的是劳动者入股，进行股份合作，所有权仍归个人。不论哪种所有形式，都建立在劳动合作的基础上，这是它的本质，也是它的优势所在。它能够适应不同的生产力水平和不同的客观条件，把劳动者组织起来，既消除了剥削和与生产资料的对立，又可以集中使用和更好地配置生产资料，发挥集体协作的优势，克服个体劳动的局限性，所以能够促进生产力更好更快发展，促进走共同富裕的道路。

坚持公有制为主体，发展公有制，任何轻视集体所有制的发展壮大都是不对的，对促进我国广大城市繁荣发展、促进广大劳动者共同致富是有害的。

其次，还有一种似是而非的说法是，“市场经济的发展要求非公有企业成为主要的企业形态”。这些人说，实现平等交换要求企业产权清晰，但公有制企业的财产占有权、实际使用权、收益分配权和财产处置权由谁行使，实际上是不清楚的，所以市场经济国家在企业制度的安排上，主要是非公有制企业。这是市场经济国家的一般规律。然而，这种论证的前提是错误的。市场经济的性质是完全不同的：建立在社会主义公有制为主体基础上的市场经济，是社会主义市场经济；建立在生产资料资本主义私有制基础上的市场经济，是资本主义市场经济。在这两种市场经济中，虽然企业自主经营、等价交换、平等竞争等一般规律是同样起作用的，但它们还有各自的特殊规律在起作用。之所以这样，是由于市场经济的经济基础不同。我国市场经济建立在公有制为主体基础上，是与社会主义基本经济制度结合在一起的；资本主义市场经济建立在私有制基础上，是与资本主义制度结合在一起的。占主导地位的所有制不同，资源配置的方向和方式、交换的内涵和目的，以及宏观管理和微观运行的机制自然有重大差别，怎么能无视社会主义和资本主义性质的根本区别，用“这是市场经济国家的一般规律”来加以涵盖呢？不谈我国建立和发展的是社会主义市场经济，宣传“市场经济的发展要求非公有企业成为主导的企业形态”，要把我国的市场经济带向什么方向？

这些论者断定我国公有制企业“财产占有权、实际使用权、收益分配权和财产处置权由谁行使，实际上是不清楚的”，未免过于武断了。过去有人攻击公有制的一个主要理由是“产权不清晰”，改革的实践是对这种论断最好的驳斥，如今这种观点已失去市场。现在又抬出占有权、使用权、分配权和处置权“不清楚”的论调，但却拿不出任何“不清楚”的论据。国有企业发展改革的实践可以明白地告诉他们：正如我国公有制企业的产权是十分清晰的那样，公有制企业的占有权、使用权、收益分配权和处置权也是清晰的，国有企业的生产资料由企业占有、使用、处置（经所有者同意），收益按照兼顾国家、企业和个人利益的原则进行分配；集体企业的财产不仅为劳动者集体所有，也由劳动者集体占有、使用和处置，收益除应缴税款外，由劳动者集体根据生产发展的需要和自己的利益进行分配。有什么“不清楚”的呢？不错，我国企业经营管理体制还很不完善，在正确处理国家、地方、企业与劳动者之间关系方面，还有不少问题和矛盾有待通过改革加以完善解决。然而，改革的方向和原则是明确的。调整和改革国家和企业之间的关系，加强企业管理，是为了巩固和发展公有制的主体地位，而不是借口“不清楚”，使之主体地位化为乌有。

此外，认为公有制“难以处于主体地位”的第三种说法是：国有企业“一大二公，政企不分，经营者和劳动者都缺乏积极性，企业缺乏活力和竞争力，阻碍了经济与社会的发展。”这是一些人谈了多少年的老调子，但这种老调子现在已无多少人相信。这里只需举出两个数字：一是劳动生产率。劳动生产率是企业经济效益、活力和竞争力的基本标志。与私有企业比较，我国国有企业的劳动生产率不仅高得多，而且上升得更快。2000 年，国有企业的劳动生产率比私有企业高 20%，比全国平均水平高 0.07%；2004 年，国有企业比私有企业高 63%，比全国平均水平高73%。二是实现利润额、产值利税率和上交财政的比重。多年以来，我国国有企业的产值利税率高于10%，上交财政的利税额占国家财政收入的比重高于70%，而个体私有经济的产值利税率低于10%，上交税金占财政收入的比重不到20%。2006年，我国159家中央国有企业实现利润7546.9亿元，比上年增长18.2%；1031家省市级国有企业实现利润2097.2亿元，比上年增长38%。国有及国有控股企业户数占全部规模以上工业企业的11%，但实现利润占44.9%，上交税金占56.7%。这些年来，国有企业为国民经济发展提供了最重要最关键的产品、技术、积累和人才，建设了关系现代化长远发展的最重大工程、企业和基本建设项目，为现代化建设作出了重大贡献。企业办法越来越活，资产规模和质量大幅度上升，说它“缺乏活力和竞争力，阻碍了经济与社会发展”的根据何在？至于说劳动者的积极性，在国有企业中，劳动者是主人，在私有企业中，劳动者是被雇佣者。他们的地位及与企业的关系不能相提并论，从而积极性也不一样。观察劳动者的积极性，如同观察整个企业的绩效一样，不能只看局部，而应看全体；不能只看一时，而应看长时期。用一时一处的情况来判断全局是不正确的。

二、全盘私有化的主张在理论和实践上都站不住脚

与坚持公有制为主体相联系的，还有一个如何认识私营经济的作用问题。如果私营经济像某些人所说的那样，是“先进生产力的代表”，那么完全可以而且应该“以私营经济为主体”了。2009年8月13日《南方周末》刊登的一篇题为《国有经济何妨正名为“非私经济”》的评论员文章，就是持这种看法。文章说：“从命名上，说非公经济这个词儿本身，已包含价值上的优劣判断，揭示了个体户和私企的从属地位。”“今天私营经济的私字，已不再像刻在海丝特·白兰太太额头上的红A字了。它不仅不再是一种耻辱，而且代表着先进生产力……何

不名正言顺，别再用非公经济来称呼它，直呼其名为私营经济。而对那些并未真正体现公有精神，在竞争领域与民争利的国企何妨称为‘非私经济’呢？”

这篇评论员文章，赤裸裸地表露了私人资本的狂傲。过去，公有经济占主体地位，所以把私营经济称为非公经济；现在，私营经济壮大了，自认为可以成为国民经济的主体了，于是要求把主次颠倒过来，要把公有经济称为“非私经济”了。

这种狂傲的背后，有一个理论问题，即在当今条件下，究竟谁是先进生产力的代表，谁能够代表先进生产力发展的要求？是公有制还是私有制？这需要我们用马克思主义的基本原理给予回答。

第一，在社会主义条件下，私营经济的经营环境发生了很大变化，但性质仍然是资本主义的。

有人提出，在我国这样的社会主义国家里的私营经济，应该同资本主义国家里的私营经济不一样。他们经常说，我国政治上是共产党领导，经济上是公有制为主体，在这种条件下的私营企业，要遵守社会主义的法律和规章，要为社会主义服务，怎么能说同资本主义国家里的私营企业是一样的呢？他们由此得出结论，我国的私营经济是社会主义性质的，不能再说是资本主义性质了。对这种观点需要作一些分析。

毫无疑问，社会主义条件下的私营经济同资本主义条件下的私营经济是存在一定的差异的，问题在于是什么样的差异。要区分两种不同的差异：一种是由企业内部生产关系决定的根本性质的差异，另一种是由经营环境和经营条件决定的经营形式、管理方法的差异。这两者不能混为一谈。

按照马克思主义的观点，一个企业的性质取决于它内部的经济关系：首先，是生产资料归谁所有；其次，是生产资料所有者与劳动者的关系，即在生产过程中生产资料与劳动力相结合的方式；最后，是企业收入是如何分配的，即劳动成果的分配方式。在私营企业里，生产资料为私营企业主（老板）所有，他在市场上按劳动力的价值购买劳动力这种商品，也就是雇佣工人，然后把他所占有的生产资料同被雇佣的工人结合起来，组织生产，最后凭借生产资料所有权，无偿地占有工人在生产过程中创造出来的超过劳动力价值的那一部分价值，即剩余价值。私营企业是建立在私有制基础上的，私营企业主与工人是雇佣与被雇佣、剥削与被剥削的关系，因此，私营企业是资本主义性质的企业。它与社会主义公有制企业有着根本的区别。

同资本主义国家相比，我国私营企业的外部经营环境发生了很大变化。从经济上说，由于它是在社会主义市场经济中运行的，因而它的经营机制和管理方法，显然会有自己的特点。但这种差异终究只是由外部条件决定的企业具体的运行状况。外部条件会对企业产生一定影响，但不会改变企业的根本性质，因为企业的性质是由它内部的经济关系决定的。内因是根据，它决定事物的性质；外因是条件，它只能决定事物本质的具体表现形式。私营企业的性质并不会随着外部条件的变化而发生变化。决不能说，资本家在资本主义国家里办的企业是资本主义性质的，跑到社会主义的中国来办企业，同样是私有制，同样是雇佣、剥削工人，却变成了社会主义性质的了。这是说不通的。

第二，私营经济是社会主义市场经济的重要组成部分，并不等于它就是社会主义经济的一部分。

党的十五大提出："非公有制经济是我国社会主义市场经济的重要组成部分。"① 有人由此作出论断，认为非公有制经济不再是"对社会主义经济的补充"，而是"社会主义经济的重要组成部分"了。既然公有制经济、非公有制经济都是社会主义经济的组成部分，而且非公有制经济还是其重要组成部分，私营企业具有社会主义性质就是顺理成章的结论了。这显然是错误的。问题在于得出这一结论的前提，即把非公有制经济是"社会主义市场经济的重要组成部分"偷换成"社会主义经济的重要组成部分"了。

---

① 《十五大以来重要文献选编》(上)，人民出版社 2000 年版，第 22 页。

社会主义经济与社会主义市场经济并不是同一概念。社会主义经济是指经济的性质。只有公有制经济才是社会主义性质的经济，一切建立在私有制基础上的经济都不可能成为社会主义经济的一部分，更不可能成为它的重要组成部分。非公有制经济，有的是劳动人民个体经济，它本身虽然并不是资本主义性质的，但也不是社会主义性质的，而是既是私有者，又是劳动者这样的两重性经济；有的是资本主义经济，如私营经济、外资经济，因为它们不仅以私有制为基础，而且雇佣和剥削工人。这种性质并不会因为它们存在于社会主义初级阶段而发生改变。

社会主义市场经济则是指社会主义条件下的一种经济运行机制。邓小平指出："计划和市场都是方法嘛。只要对发展生产力有好处，就可以利用。"① "计划和市场都是经济手段。"② 既然市场经济是一种发展生产的方法、调节经济的手段，那么，它本身说明不了性质，它的性质取决于谁来利用和为什么目的利用这种方法、手段。"它为社会主义服务，就是社会主义的；为资本主义服务，就是资本主义的。"③ 换句话说，市场经济的性质取决于它同哪一种社会基本制度相结合，同社会主义基本制度相结合，就是社会主义市场经济。我国的市场经济体制之所以是社会主义性质的，正是因为它是建立在以公有制为主体、国有经济为主导这一基础上的。但是，参与社会主义市场经济运行的行为载体可以是多种多样的，不能因为它们成为这种运行机制的行为载体就认为它们的性质都是社会主义的，正如在资本主义条件下小农经济参与资本主义市场经济的运行，我们不能因此就认为它是资本主义性质的经济一样。包括私营企业在内的非公有制经济在社会主义市场经济中发挥它应有的作用，并不会使得非公有制经济改变性质，变成社会主义经济。

报刊上常见一种说法，非公有制经济"从补充到重要组成部分"，似乎它们不再是社会主义经济的补充了，而是与公有制经济一样，都是社会主义经济的组成部分了。其实，"补充"是相对于"主体"来说

---

① 《邓小平文选》，第3卷，人民出版社1993年版，第203页。

②③ 同上，第373页。

的，它指的是非公有制经济在所有制结构中的地位。既然明确公有制处于主体地位，那么非公有制经济当然就是补充；“重要组成部分”是就参与社会主义市场经济运行的行为载体的比重而言的，既然目前非公有制经济在国民经济中的比重已经相当大了，当然它们是这种运行机制行为载体的重要组成部分。党的十五大提出“非公有制经济是我国社会主义市场经济的重要组成部分”，从正面提出了坚持多种所有制经济共同发展的必要性，重视非公有制经济的作用，但这一论断既没有否定非公有制经济的非社会主义性质，也没有否定非公有制经济在所有制结构中的补充地位，因为党的十五大报告多处提到要坚持公有制为主体，要求不断增强公有制的主体地位和国有经济的主导作用。

需要强调的是，理论概念必须有科学地界定的内涵，不能随意偷换。党的十五大明明说的是“非公有制经济是社会主义市场经济的重要组成部分”，为什么偏偏要把“市场”两个字删去，改成“社会主义经济的重要组成部分”？去掉两个字，意思就全变了。要警惕这种偷梁换柱的手法，而某些人正是用这种手法歪曲中央精神的。

第三，私营经济对社会主义国家的国民经济发展有着积极作用，并不等于它就成为社会主义性质的经济成分了。

有人是以私营经济对当前我国国民经济的发展具有积极作用作为根据，来论证它们是社会主义经济的一部分的。其实，经济性质与经济作用并不是一回事。经济性质是指该种经济成分内部的生产关系，而经济作用是指在一定条件下该种经济成分对生产力发展的外在的客观作用，两者虽有联系，但不能混为一谈。在社会主义初级阶段，对国民经济发展有积极作用的经济成分，在性质上不一定是社会主义的；反之，性质上不是社会主义的经济成分，在一定条件下也可能有利于生产力的发展。

决不能因为在社会主义初级阶段私营经济仍有利于生产力的发展，就认为它们在性质上变成和公有制经济一样了，都是社会主义经济了。我们可以看一看列宁对新经济政策时期租让制的分析。他说：邀请外国资本家到俄国来，这是否正确呢？这是正确的，因为这可以“迅速改善甚至立即改善工农的生活状况”。“把资本家请到俄国来不危险吗？这不意味着发展资本主义吗？是的，这是意味着发展资本主义，但是这并不危险，因为政权掌握在工农手中。”“在这种条件下发展资本主义是不危险的，而产品的增加却会使工农得到好处。”① 租让制的性质是资本主义的，但对工农有好处就可以采用；然而社会主义国家实行租让制没有也不可能改变租让制的资本主义性质。这充分反映了列宁作为无产阶级革命家的原则坚定性和策略灵活性。

在分析我国社会主义初级阶段的私营经济时，必须像列宁对待租让制那样，从实际出发，把经济性质与经济作用区分开来。一方面，必须认识到私营经济的积极作用，大胆地利用私营经济，坚定不移地实行多种所有制经济共同发展；另一方面，必须看到私营经济在性质上与公有制经济有着原则的区别，私营经济是资本主义性质的，因而只有坚持公有制的主体地位才能保持我国社会的社会主义性质。正因为如此，邓小平同志在谈到发展非公有制经济时，强调头脑要清醒，他指出，只要经济上坚持公有制为主体，政治上坚持共产党的领导，这就不可怕。我们既不要因为私营经济是资本主义性质的就否认它的经济作用，从而不敢鼓励和支持它的发展；也不要因为私营经济对发展经济具有积极作用，就否认它的资本主义性质，把它混同于社会主义经济。

第四，在社会主义初级阶段，私营经济的作用具有两重性：既有积极作用的一面，又有同社会主义的本质要求相矛盾的一面。

应该看到，在社会主义初级阶段，资本主义性质的私营经济的作用具有两重性，它既对国民经济的发展有一定的积极作用，因而是建设中国特色社会主义的一支重要的力量；又具有无偿占有工人创造的剩余价值的剥削性质，因而与社会主义的消灭剥削的本质要求是不一致的。必须全面地看待这种两重性。然而在实际生活中，人们往往只讲它有利于

---

①《列宁全集》第41卷，人民出版社1986年版，第239页。

国民经济发展的一面，而忽视后一方面，有意无意地否认私营经济存在剥削，否认资本家同雇佣工人之间的剥削关系，这种认识是片面的。按照这种片面的认识，在实际工作中就不可能正确地对待私营经济，既不能正确地处理私营经济存在的劳资之间的内部矛盾，也不能正确地处理私营经济同公有制经济之间的外部矛盾。

在私营企业内部，资本家与工人之间既有利益共同的一面，建设中国特色社会主义是他们共同的目标，企业的发展对双方都有好处；也有利益矛盾的一面，两者经济地位不一样，在生产和分配中不可避免出现矛盾，甚至发生冲突。相应地，私营企业中的党组织、工会的职能也应该是两重的，一方面要努力帮助企业主搞好企业的经营管理，增强企业在市场上的竞争力，谋求企业的发展；另一方面要监督企业主贯彻党的方针政策和执行国家的法律法规，坚决保护和捍卫工人的合法利益。

正因为私营经济的作用具有两重性，我们对待私营经济的政策也有两个方面：一方面要鼓励、支持私营经济的发展，充分发挥它对发展生产、满足人民需要的作用。我们应该为私营经济的发展创造必要的前提，放宽市场准入条件，提供金融支持，保证平等的市场竞争。另一方面要注意引导私营经济朝着有利于社会主义的方向发展，引导私营企业把自身的发展同国家的发展结合起来，把个人富裕同全体人民的共同富裕结合起来，把遵循市场规律同发扬社会主义道德结合起来。应该把鼓励、支持同引导两方面统一起来，不能只注意一方面，忽视另一方面。

在公有制经济与私营经济的关系上，也具有两重性，即既有统一的一面，又有矛盾的一面。在目前生产力水平的条件下，两种经济成分都可以在建设中国特色社会主义事业中发挥各自的作用，都可以在发展经济、满足人们多样化需要方面作出各自的贡献，因而一切符合“三个有利于”的所有制形式，都可以而且应该用来为社会主义服务。但是，公有制经济与非公有制经济是两种不同性质的经济成分，它们的所有制基础、生产目的、与劳动者的关系从根本上说是不同的，因而他们在发展过程中也必然会产生各种矛盾、摩擦甚至冲突。由于前一方面理论界讲得很多了，我们只就后一方面多说几句。

当前，公有制经济同非公有制经济之间的矛盾集中表现在哪种经济成分应该占主体地位的问题上。近年来由于资本主义性质的经济成分的发展，资本家经济实力的增强，这种斗争越来越明显和激烈了。这一点，美国前总统尼克松看得非常清楚，他说：“在经济方面，中国朝自由市场制度前进的过程已经走了一半。现在，它的两种经济——一种私有，一种公有——正在进行殊死的竞争”，而且“战斗还远远没有结束”。只要美国“继续介入中国的经济，就能在帮助私营经济逐步销蚀国营经济方面扮演重要的角色。”[①] 2000 年，美国前总统克林顿也讲，美国要利用中国加入世贸组织的机会，在中国推行美国的“价值观念”，“加速大型国有企业的衰亡”，由“私营企业取而代之”，给中国内部“为人权和法治而奋斗的人们增添力量”，以使中国作出美国所需要的那种“选择”。[②] 在我们国内，也有人极力主张由私有经济取代公有经济的主体地位。例如，有人主张，主体地位不是谁封的，哪种经济成分行，就应该由它占据主体地位，而符合“人的自私本性”的私营经济“效率高”，理所当然应该由它取代公有制成为国民经济的主体。当我们提出对国有经济进行战略性调整时，有人就公开主张“国退民进”，对私营经济应“有需就让”，要求公有制经济退缩到对私有制经济的发展起保障作用的地位，让私有经济在整个国民经济中发挥主体作用。这种主张实质上就是非公有制经济同公有制经济争夺主体地位的斗争在理论上的反映。这种矛盾和斗争已经不仅仅停留在理论上，而且表现在经济改革的各项实际政策上了。例如，前几年刮起了一股出卖国有企业的歪风，大量国有企业被“半卖半送”、“明卖实送”地卖给“有经营能力者”、“战略投资者”，借国有企业“改制”之机肆意侵吞国有

---

① 尼克松：《透视新世界》，中国言实出版社 2000 年版，第 162、163、171 页。

② 美国驻华大使馆新闻处 2000 年 9 月《背景材料》。

资产，导致公有制在国民经济中的比重迅速下降；出台了各种各样的优惠私营企业、外资企业的政策，同时对国有企业进行种种刁难和排挤，使非公有制经济相对于公有制经济具有明显的政策优势，从而获得高速度的膨胀。这类事例，屡见不鲜。长此以往，公有制的主体地位就岌岌可危。一旦出现私有制经济取代公有制经济成为国民经济的主体的情况，我国的基本经济制度就会变质，我们的社会主义制度就会失去经济基础。那时，中国将会是一个什么样的局面？我们靠什么来坚持社会主义制度，靠什么来巩固人民的政权，靠什么来保证实现全体人民的共同富裕？这实际上意味着帝国主义“和平演变”战略的得逞。

第五，关键是要全面准确地贯彻“两个毫不动摇”的方针。

正确理解私营经济的性质和作用，目的是巩固和发展公有制为主体、多种所有制经济共同发展这一社会主义初级阶段基本经济制度，既反对私有化，又反对单一的公有制。这不仅是理论问题，更是要在实际工作中加以落实。在这方面，关键是要全面地贯彻党的十六大提出的“两个毫不动摇”的方针，即“第一，必须毫不动摇地巩固和发展公有制经济。发展和壮大国有经济，国有经济控制国民经济命脉，对于发挥社会主义制度的优越性，增强我国的经济实力、国防实力和民族凝聚力，具有关键性作用。集体经济是公有制经济的重要组成部分，对实现共同富裕具有重要作用。第二，必须毫不动摇地鼓励、支持和引导非公有制经济发展。个体、私营等各种形式的非公有制经济是社会主义市场经济的重要组成部分，对充分调动社会各方面的积极性、加快生产力发展具有重要作用”①。

应该看到，两个“毫不动摇”不是简单的并列关系。任何事物都是矛盾双方的对立和统一，“矛盾着的两方面中，必有一方面是主要的，他方面是次要的。其主要的方面，即所谓矛盾起主导作用的方面。事物的性质，主要地是由取得支配地位的矛盾的主要方面所规定的。”②

---

① 《十六大以来重要文献选编》（上），中央文献出版社2005年版，第19页。

② 《毛泽东选集》，第1卷，人民出版社1967年版，第322页。

两个“毫不动摇”的方针也是如此。两个“毫不动摇”统一于社会主义现代化建设的进程中，不能把两者对立起来，但两者是有主次之分的，巩固和发展公有制经济是这一方针的主要方面，它决定了这一方针的社会主义性质。

这是因为，第一，公有制经济占主体地位是我国社会保持社会主义性质的根本保证。生产资料公有制是社会主义的、是它与资本主义相区别的本质特征。我国目前还处于社会主义的初级阶段，在所有制问题上，还不能全面实行公有制，而只能实行公有制为主体、多种经济成分共同发展的制度。然而我国社会的社会主义性质，却是由公有制占主体地位所决定的。在自原始社会瓦解以后至今的人类社会发展的历史上，任何社会的经济成分都不是单一的，都存在几种经济成分。在这种情况下，怎样从经济上确定一种社会制度的性质呢？一种社会制度的性质是由占主体地位的那种经济成分的性质决定的，因为它决定着、制约着其他经济成分的存在和发展。第二，坚持公有制为主体是对非公有制经济实行鼓励、支持和引导的政策的前提。我们之所以有能力对非公有制经济实行鼓励、支持和引导的政策，关键也在于公有制经济占了主体地位。公有制尤其是国有经济，是社会主义国家掌握的、能够领导和控制整个国民经济的实力所在。一旦社会主义国家失去了公有制这个经济基础，这个国家就没有能力再对非公有制经济实行鼓励、支持和引导的政策了，而只能听任非公有制，尤其是资本主义经济自由发展了。这样，第二个“毫不动摇”也就不能再存在了。

所以，在两个“毫不动摇”中，毫不动摇地坚持公有制的主体地位是主要的方面，它是毫不动摇地鼓励、支持和引导非公有制经济发展的前提。

评“国有企业垄断论”

◎张　宇　张　晨*

改革开放以来，中国的国有经济获得了巨大发展，特别是新世纪以来，国有企业的经营绩效明显提高。2002～2007年，全国国有企业销售收入从8.53万亿元增长到18万亿元，年均增长16.1%；实现利润从3786亿元增长到16200亿元，年均增长33.7%；上缴税金从6794亿元增长到15700亿元，年均增长18.2%。国务院国资委监管的中央企业资产总额从7.13万亿元增长到14.79万亿元，年均增长15.71%；销售收入从3.36万亿元增加到9.84万亿元，年均增长23.97%；实现利润从2405.5亿元增加到9968.5亿元，年均增长32.89%；上缴税金从2914.8亿元增加到8303.2亿元，年均增长23.29%；总资产报酬率从4.9%提高到8.3%，净资产收益率从4.3%提高到11.9%。2008年，受到全球金融危机影响，全国国有企业实现利润11843.5亿元，同比下降25.2%，但累计实现营业收入210502.3亿元，同比增长17.8%，已交税金17807.6亿

* 张宇，中国人民大学经济学院教授；张晨，中国人民大学经济学院讲师。

元，同比增加 2421.4 亿元，增长 15.7%。在金融危机的不利条件下，国有企业依然实现了较快增长，不少国有企业还通过兼并、收购和重组在危机中获得了新的发展。

国有企业经营绩效的提高是中国国有企业改革发展的重要成果，也是社会主义市场经济体制业已确立并逐步完善的重要标志，意义重大而深远。不过，这一点并非是人们的共识，一些学者特别是持新自由主义观点的学者认为，国有企业经营绩效提高并不是什么好的事情，而是相反；国有企业绩效的改善并非来源于企业效率的提高，而主要来源于国有企业的垄断地位；国有企业的发展壮大会挤压私人企业的空间，导致“国进民退”，不利于市场经济的发展；深化经济改革必须打破国有企业在一些关键性部门的垄断地位，加快垄断性国有企业的私有化进程，同时使国有企业完全退出竞争领域，造就所谓真正的市场经济。上述观点的实质是把国有企业效益的提高归结为垄断，把反垄断的关键归结为私有化，这就是“国有企业垄断论”。“国有企业垄断论”在事实上缺乏依据，在理论上站不住脚，在实践上是有害的。

一、中国的国有企业不都是垄断性企业，把国有企业经营绩效提高的主要原因归结为垄断不符合实际

国有企业的存在范围是随着生产力和社会主义市场经济体制的发展而变化的。在传统的计划经济体制中，国有企业在国民经济中占绝对统治的地位，这种情况与社会主义市场经济发展的要求不相适应。中共十五大根据社会主义市场经济条件下我国所有制结构新的变化，对国有经济的主导作用作了新的说明，提出：“国有经济起主导作用，主要体现在控制力上。要从战略上调整国有经济布局。”中共十五届四中全会通过的《中共中央关于国有企业改革和发展若干重大问题的决定》进一步指出，国有经济分布过宽，整体素质不高，资源配置不尽合理，必须着力加以解决。国有经济需要控制的行业和领域主要包括：涉及国家安

全的行业，自然垄断的行业，提供重要公共产品和服务的行业，以及支柱产业和高新技术产业中的重要骨干企业。其他行业和领域，可以通过资产重组和结构调整，集中力量，加强重点，提高国有经济的整体素质。2006 年 12 月国务院办公厅转发了国资委《关于推进国有资本调整和国有企业重组的指导意见》。《意见》明确了国有经济发挥控制力、影响力和带动力的具体行业和领域，提出国有经济应对关系国家安全和国民经济命脉的重要行业和关键领域保持绝对控制力，包括军工、电网电力、石油石化、电信、煤炭、民航、航运等七大行业。这些领域国有资本总量增加、结构优化，一些重要骨干企业发展成为世界一流的企业。同时，国有经济对基础性和支柱产业领域的重要骨干企业保持较强的控制力，包括装备制造、汽车、电子信息、建筑、钢铁、有色金属、化工、勘察设计、科技等行业。这些领域国有资本比重下降，国有经济影响力和带动力增强。从上述意见中可以看出，虽然自然垄断行业是国有企业分布比较集中的领域，但是，从本质上看，我国国有企业存在的范围并不是以垄断或竞争为依据的，而是以国民经济和社会发展的总体需要以及发挥国有经济控制力的需要为依据的。

根据 2007 年的统计，我国国有资产主要分布在工业、交通运输业和邮电通信业，分别占到全部国有资产的 48.6%、13.4% 和 9.3%。工业中，国有资产主要分布在石油石化、电力、冶金、烟草、煤炭和机械行业，分别占到全部国有资产的 13.7%、10.1%、7.0%、4.5%、3.7% 和 2.5%。从利润角度看，2007 年，国有及国有控股的工业企业共实现利润 10795.19 亿元，其中，石油和天然气开采业、电力热力的生产和供应业、黑色金属冶炼和压延加工业以及交通运输设备制造业和煤炭开采和洗选业的利润额位列前五，占到全部国有及国有控股的工业企业利润总额的 70.6%，而位列利润占比前两位的石油天然气开采业与电力热力的生产和供应业的利润分别占 32.2% 和 16.1%。另外，电信业国有企业实现利润约 1737 亿元，约占当年国有企业全部利润的 10.7%。因此，我们可以选择国有资产占比较大，且利润贡献较多的行业，即石油石化、电信、电力、钢铁以及煤炭行业来考察一下国有企业的垄断或竞争的程度。

理论界一般采用市场集中度（CRn）和HHI指数来反映一个行业的市场结构状况。市场集中度是指同一行业内，前若干家企业的销售收入（或者就业量、资本量等）占整个产业的比重。HHI指数是由经济学家赫希曼和赫芬达尔先后提出的，该指数定义为产业内企业市场占有率的平方和，不但考虑了企业总数，而且考虑了企业的规模分布，HHI越大，则产业内竞争性越差，垄断性越强。HHI指数取决于各企业的不均等程度和企业数量，也可以用来测算市场竞争状况与市场集中度，是一个较好的衡量垄断程度的指标。相比较而言，市场集中度更倾向于反映一个产业中的市场结构，而HHI指数则更能反映一个市场的竞争强度。假设某产业中仅存在市场占有率相同的6家企业，那么，该产业的市场集中度CR4 = 0.64，可认为市场集中程度较高，但HHI则仅为0.15，产业内竞争性较强。而事实可能也较为接近HHI展示的结果，如果该产业内的企业不进行垄断协议等非法经营行为而又实力相当，该产业的市场竞争应当相当激烈。相反，如果行业内只存在1家支配性企业，其市场份额只需达到43%，就能使该行业的HHI指数显示该行业存在明显的垄断力量。这与现实中存在支配型企业的市场结构状况一致。① 国内有学者根据不同的数据对各个产业的市场集中度和HHI指数进行过估算，同时，为了反映近年来国有资产主要分布行业的市场结构情况，我们使用2006年数据对这些行业的CR4和HHI指数也进行了估算。

根据估算结果，我们可以对国有企业的市场结构作出具体判断。

石油石化行业 在石油石化行业的子行业原油天然气生产行业和成品油生产销售行业中，市场集中度都非常高，其中原油天然气生产行业的产量主要来自三家国有企业即中国石油、中国石化以及中国海

① 威廉·G·谢泼德、乔安娜·M·谢泼德：《产业组织经济学》（第五版），中国人民大学出版社2007年版。

洋石油，成品油产量更是主要来自中国石油、中国石化两家。因此，我国的石油石化行业具有较强的垄断性，呈现寡头垄断局面，但也不是没有竞争性。根据我们的估算，成品油生产和销售行业的 HHI 指数为 0.41，因此该市场并非如市场集中度反映的缺乏竞争，相反，由于中国石油和中国石化两家公司实力相当，在成品油市场上的竞争相当激烈。

电信行业　电信行业又可细分为基础运营和其他通信增值服务两个性质不同的领域。2008 年，工业和信息化部、国家发展和改革委员会、财政部三部委联合出台了电信业重组的方案，通过此次重组，目前我国电信基础运营业务主要集中在中国移动、中国电信和中国联通三家国有企业。我们根据 2006 年即重组前的行业数据测算，该行业的市场集中度 CR4 为 0.98，而 HHI 指数则为 0.29。这反映了我国电信基础运营行业在市场集中度较高的同时，塑造了较强的竞争格局。尽管对于电信基础运营业务的市场结构特征学术界还有争议，但其具有的自然垄断行业的一些特征却是难以否认的，例如其网络性、规模经济（成本弱增性）、存在大量沉没成本等特点。这些特征决定了该行业绝不可能完全实行自由进入、自由竞争的行业制度，而需要限制过度竞争并实行政府管制。电信业的过度竞争由于有悖于该行业的技术特征，同样存在着效率低下问题。从世界各国的电信业改革案例中，我们看到电信业的竞争格局主要是通过原有垄断企业分拆、政府发放运营牌照以及不同程度的政府管制等方式实现的。我国电信业的改革也遵循了大体相似的逻辑和路径，通过不断的改革和调整，在避免过度竞争带来投资浪费的同时，塑造了具有较强竞争性的电信行业格局。2008 年，针对我国电信业在竞争架构、资源配置和发展趋势等方面出现的一些新情况、新问题，如移动业务快速增长，固话业务用户增长慢、经济效益低，企业发展差距逐步扩大，竞争架构严重失衡等问题，我国对电信产业进行了改革重组，通过发放三张 3G 牌照，形成了三家拥有全国性网络资源、实力与规模相对接近、具有全业务经营能力和较强竞争力的市场竞争主体，目的就在于形成适度、健康的市场竞争格局，既防止垄断，又避免过度竞争和重复建设。因此，简单地将我国的电信业归为垄断行业是不符合实际的，我国电信业目前呈现出的，是既有自然垄断因素，又有政府产业政策规制，同时又具有较强的竞争性的行业格局。

电力行业 电力行业又可细分为发电和电网即电力生产和电力输送两个技术特征不同的子行业。其中，电网具有网络性、关联经济性、规模经济（成本弱增性）、存在大量沉没成本以及普遍服务性等特点，属于典型的自然垄断行业。而发电行业则不具有这些特征，应当通过市场竞争机制实现行业效率的提高。通过一系列改革调整，目前我国在电网行业中形成了国家电网和南方电网两家企业的垄断格局，而在发电行业则形成了多家国有发电企业“竞价上网”的竞争性格局。根据我们的测算，2006 年发电行业的行业集中度 CR4 为 0.33，较 2000 年有所提高，但 HHI 指数为 0.03，行业内竞争性较强。因此，在实行了“厂网分离”的改革后，我国电力行业目前的市场结构是，电网即电力供应行业属于自然垄断行业，由非对称的两家企业实行垄断经营，由电力监管委员会对其进行监管，而发电行业则由多家实力相当的企业相互竞争。

钢铁行业 钢铁行业是一国工业化水平的重要标志，是我国最重要的基础产业之一。近年来，我国钢铁行业发展极为迅速，行业内竞争较为充分。根据我们的测算，钢铁行业的市场集中度 CR4 = 0.28，而 HHI 指数为 0.03。此外，我国每年不仅出口大量钢铁产品，而且仍需从国外进口钢铁产品，考虑到我国钢铁行业面临的国际钢铁巨头的竞争，我国钢铁行业的竞争性就更大了。

煤炭行业 煤炭是我国的主要一次能源和优势产业。近年来，煤炭行业通过资源整合以及“关停并转”小煤矿等一系列政策措施，我国煤炭行业的市场集中度有所提高，然而，煤炭行业生产仍较为分散，行业内竞争较为激烈，根据我们的测算，煤炭行业的市场集中度 CR4 = 0.18，而 HHI 指数为 0.01。因此就煤炭行业的市场结构而言，属于竞争性行业。

除了上述电网、石油石化、电信基础运营、铁路交通运输、烟草以及一些社会服务业中的子行业（如自来水生产供应）等行业有着较强的垄断性之外，我国国有企业大部分存在于竞争行业，如建筑、房地产、汽车、机械制造、信息产业、金融业、商业和社会服务业等。从国有企业的行业分布上看，分布于竞争型行业的国有企业占国有企业总数的90%以上。

此外，在全球化的条件下，判断一个企业是否处于垄断地位还要考虑到国际竞争的影响，从全球市场的角度看，能够处于垄断地位的国有企业更是少数。以石油石化行业为例，我国国有石化企业积极参与全球国际竞争，2008年中国石油国内产原油10825万吨，国外产原油9270万吨（其中3050万吨为权益产量），近一半的利润来源于国外市场；而在国内市场上，国有石油石化企业同样受到全球化带来的竞争。为兑现进入WTO的承诺，2004年12月，我国正式开放中国石油零售市场，BP、壳牌、埃克森—美孚等国际大型石油公司开始进入成品油零售市场，虽然占有加油站份额小，但进入的却是中国经济最发达、中国成品油需求量最大、利润最高的广东、浙江、江苏、福建等省。2006年12月商务部发布了《成品油市场管理办法》和《原油市场管理办法》，自2007年1月1日起施行，对外开放国内原油、成品油批发经营权，允许具备条件的企业从事原油、成品油批发经营。随着我国成品油市场的逐步开放，中国石油企业势必将面临外国石油公司特别是以埃克森—美孚、壳牌、BP为首的国际大石油公司，以及一些产油国大公司，如俄罗斯石油公司等的激烈竞争。

因此，中国的国有企业并不都是垄断企业，把国有企业经营绩效的提高主要归之为垄断是不符合实际的。

二、国有企业与垄断并没有直接关系，私有企业的垄断更为普遍

一些学者常常将国有经济占据绝对优势地位的行业“定义”为

“国有垄断行业”或“国有垄断部门”，将处于这些行业的国有企业“定义”为“国有垄断企业”，这种看法有意无意地把市场结构和所有制结构混为一谈。

垄断作为一种市场结构状态，与所有制形式并没有直接的关系。“公有制并不意味着国家垄断，私有制也并不是必然伴随着竞争。”“公有制和竞争完全可以相互兼容”。① 在社会主义市场经济中，国有企业和非国有企业都是市场主体，在市场竞争中处于平等地位，都要服从市场竞争规则。某些行业中的某些企业由于在技术的创造、资源的占有或权力的分配等方面具有特殊的地位和优势，从而在生产、交换和价格的形成上具有了一定程度的控制力，从而形成某种形式的垄断，这种情况无论是在公有企业还是私有企业中都会存在，并不是只存在于国有企业中。实际上，在资本主义经济中，私有企业垄断是更为普遍的。

19 世纪末 20 世纪初，资本主义由自由竞争阶段进入垄断阶段，垄断开始成为资本主义经济的一个基本特征，因此，从列宁开始，马克思主义理论把现代的资本主义定义为垄断资本主义，生产的集中和垄断以及在此基础上形成的金融资本相对于其他一切形式的资本的优势和统治地位，是垄断资本主义阶段的最本质的特征。事实上，当代西方发达资本主义国家普遍存在各种形式的垄断和垄断组织，这些垄断企业广泛地分布于美国的各个行业之中。

随着垄断资本主义在世界范围内的发展，世界市场中有很多行业，特别是在经济中占有极其重要地位的行业都不同程度地存在着大型跨国公司垄断。比如，在初级产品市场中，15 家棉花跨国公司控制着世界棉花贸易的 90% 左右，6 家铝业公司的铝土产量占世界的 45% 以上，氧化铝产量占世界的 50% 以上②，2006 年世界最大 50 家石油公司的原油和天然气储量分别占全球总储量的 84% 和 66%，产量分别占全球总产量的 81% 和 71%。在高科技产业最具代表性的飞机制造业中，波音

① 约翰·维克斯、乔治·亚罗：《私有化的经济学分析》，重庆出版社 2006 年版。
② 刘国平、范新宇：《国际垄断资本主义时代》，经济科学出版社 2004 年版。

公司和欧洲空中客车公司生产的客机占据世界民航机市场的近 90%，几乎完全瓜分了干线民航机的全球市场。在电子信息产业中，美国微软公司占有了全世界计算机操作软件的绝大部分市场，其 Windows 操作系统的市场份额长期处于 90% 以上，英特尔公司则占据了计算机中央处理器（CPU）近 80% 的市场份额，而在高性能计算机即服务器市场中，IBM 和 HP 两家公司的市场份额更是超过 8 成。在流通业中，沃尔玛、家乐福等零售巨头在世界各地迅猛扩张，不仅在下游零售业中占据卖方垄断地位，而且在上游采购中谋取买方垄断，沃尔玛在美国零售市场中的份额达 10% 以上，而在刚刚开放不久的中国就已开设 140 多家门店，并试图通过并购控制更大的市场份额。在金融业中，摩根、高盛等投资银行和四大会计师事务所也具有非常强的垄断地位。此外，跨国垄断企业还通过结盟、兼并等方式不断扩充自己的垄断地位。发生在 20 世纪末 21 世纪初的波音公司和麦道公司、埃克森公司和美孚公司、戴姆勒 - 奔驰公司和克莱斯勒公司，以及美国在线和时代华纳的兼并案无不在其各自领域增强了这些企业的垄断力量。当前，跨国公司已经成为国际垄断资本的最主要形式，对全球经济的主要领域进行控制。

在我国，跨国垄断企业的力量也日益强大，甚至垄断了我国的一些重要行业，如英特尔、微软、IBM 等跨国公司对于我国计算机处理器、软件、服务器等信息产业关键领域的垄断；丰益集团对于我国食用油的垄断；博世、博格华纳等对于我国汽车关键零部件的垄断；宝洁、联合利华等对于我国日化、饮料等快速消费品行业的垄断；沃尔玛、家乐福等跨国零售企业对于我国零售业的垄断；四大会计师事务所对于上市公司审计业务的垄断；高盛、摩根、花旗、瑞银等国际投行对于我国企业境外上市保荐承销业务的垄断，等等。一些学者对早已经形成了 100 多年的现代垄断资本主义和国际跨国垄断资本日益加强的统治，避而不谈、视而不见，对中国的所谓的“国有企业垄断”却大加鞭挞、横加指责，以“反垄断”为借口否定国有经济的主导作用，为推行私有化鸣锣开道，这种不顾事实的片面的言论，只能被看成是一种赤裸裸的新自由主义意识形态的宣传。

三、垄断是生产社会化发展到一定阶段的客观结果，应当辩证地认识垄断的作用

上面的分析说明，国有企业并不等于垄断，垄断与所有制没有直接的联系，其实，即使对于真正的垄断现象，我们也要有客观和科学的态度，而不能简单地批判和否定。

在西方经济理论中，垄断意味着“没有其他人能够生产或销售它的产品或替代品”①，而在美国《布莱克法律大辞典》中，则将垄断定义为“一个或少数几个公司独占某种商品或服务的一种市场结构”。在日常语境中，垄断似乎天然地与低效率相联系，成为人们指责的焦点。然而，事实并非如此。

从成因上看，垄断可分为自然垄断、行政垄断、经济垄断等类型。其中，在自然垄断领域，由于某些产品或服务在技术上的特殊性，例如网络性、规模经济、存在大量沉没成本等，使得垄断性经营效率更高，而竞争往往是不稳定的和破坏性的。行政垄断是由于国家行政部门通过行政手段排除或限制竞争而形成的，行政垄断分为两类：一类是国家对于具有高度稀缺性的资源部门或涉及国家安全的战略性部门采取的垄断性经营的政策导致的垄断；另一类则是国家行政部门通过滥用行政权力，非法排除市场合理竞争的行为而导致的垄断，如指定交易、地区市场保护、准入障碍等。前一类行政垄断具有客观基础和合理依据，而后者则会带来社会效率损失，因此反行政垄断的对象应当是后者而不是前者。经济垄断是指市场主体通过市场竞争形成的产品的生产和销售由少数几个企业控制的市场结构状态，主要表现为寡头垄断和垄断竞争。

西方经济学者大都认为自然垄断具有效率优势，但对经济垄断的功

---

① 萨缪尔森、诺德豪斯：《经济学》，中国发展出版社 1992 年版。

能却存在分歧。20 世纪 30 年代，哈佛学派提出了“结构—行为—绩效”的结构主义理论（SCP）。该理论认为，市场结构决定企业市场行为，企业的市场行为又决定市场绩效。因此，垄断的市场结构一定会导致市场的非效率，只有竞争性的市场结构才能保证有效竞争，从而维护市场效率。然而，由于各个行业的自身特点和外部环境不同，这一结构主义判别标准与规模经济冲突很大，甚至在一定程度上被认为是“不断运用各种办法折腾效率最高的企业”。在加尔布雷斯看来，在竞争和垄断之间存在着一种困境，竞争过度不可取，垄断也不好，但在一定条件下垄断却是获取规模经济、使社会福利改善的前提。熊彼特也认为，“纯粹的长期垄断的事例必定非常罕见”，并且对于垄断的界定也常常是不确切的：“垄断的概念，正如任何其他概念一样，正被松弛地使用着。人们谈论一个国家对这些或任何其他物品实行垄断，即使谈论的行业是高度竞争的。”① 20 世纪 70 年代以德莫塞茨、波斯纳、斯蒂格勒为代表的芝加哥学派，在批评结构主义的基础上，提出了行为主义理论，该理论认为，市场结构、市场行为和市场绩效之间不是单向决定的，而是互动的关系。市场结构是自然演进的结果，规模经济往往是效率的来源。因此，垄断不仅不是低效率的，相反恰恰是高效率的体现。因此，反垄断应当保护竞争机制，而不是单纯保护竞争者。鲍莫尔等人提出的“可竞争理论”同样反对市场结构与企业行为之间的单一、既定的关联，强调了“潜在竞争”对现有企业行为的影响。由于市场中潜在竞争者进入威胁的存在，必将迫使在位的垄断企业通过不断的技术创新、降低成本维持其市场地位，在这种情况下，其行为会像竞争性企业一样，其垄断地位恰恰是由于其较高的效率所实现和保证的。② 在行为主义思想影响下，各国开始调整“垄断标准”，改变了以往仅以市场份额和市场集中度确定的“市场支配地位”作为垄断认定标准并使其遭到处罚的立法原则，开始转向以注重经营者“滥用市场支配地位的行为”

---

① 熊彼特：《资本主义、社会主义与民主》，商务印书馆 1999 年版。

② 泰勒尔：《产业组织理论》，中国人民大学出版社 1997 年版。

的垄断认定标准，这种转变实际上就是对垄断在客观上具有的积极作用的承认。

在马克思主义经济学的视野中，垄断的出现是与生产社会化和资本的本质密切相关的。自由竞争必然引起生产的集中，而生产的集中发展到一定阶段就必然引起垄断。这是因为，资本家为了在追逐剩余价值的竞争中取得优势，必须不断进行技术创新，提高管理水平，降低生产成本，扩大生产规模，以提高劳动生产率，在竞争中取得优势，获取超额利润。而信用、股份制和资本市场的发展，克服了单个资本主要依靠内部积聚的方式进行资本积累的局限性，把分散的小额资本迅速集中起来发展为大资本，这极大地推动了生产和资本的集中。而生产的集中和资本的集中发展到一定阶段，就会不可避免地形成垄断。一方面，当一个部门被极少数大企业所控制的时候，他们彼此之间可以较容易地达成协议，从而使垄断成为可能；另一方面，由于少数大企业规模巨大，实力雄厚，造成中小企业难以同它们进行竞争，从而使得处于绝对优势地位的大企业本身具有垄断力量。

需要注意的是，现代资本主义的高度垄断，并不能全部由技术因素和规模经济的要求来说明。生产集中只是产生垄断的必要条件而不是它的原因，资本主义垄断的根源首先在于资本自身。资本在竞争关系中所具有的排他性，在一定条件下就会发展为独占性，成为垄断的根源，垄断的形成也是资本积累过程内在矛盾发展的必然结果。资本积累的目的是扩大利润量和提高利润率；但积累程度越高，利润率下降的压力却越大，较高程度的积累大大提高了资本的有机构成，使产品实现问题尖锐化，加强了大企业经营和投资的不确定性，这一矛盾的加剧迫使大资本不得不限制自由竞争而走向垄断，以扼制利润率下降和实现利润最大化的积累目标。资本主义国家的有关政策也会促进垄断资本的发展。①

① 高峰：《发达资本主义经济中的垄断与竞争》，南开大学出版社 1996 年版。

因此，自由竞争必然导致垄断，垄断资本主义是生产社会化发展的客观结果。当然，“从自由竞争中成长起来的垄断，并不消除竞争，而是凌驾于这种竞争之上，与之并存”，“在资本主义制度下，垄断决不能完全地、长久地排除世界市场上的竞争”。① 垄断与竞争的关系正如马克思所指出的那样：“在实际生活中，我们不仅可以找到竞争、垄断和它们的对抗，而且可以找到它们的合题，这个合题并不是公式，而是运动。垄断产生着竞争，竞争产生着垄断。垄断者彼此竞争着，竞争者变成了垄断者……合题就是：垄断只有不断投入竞争的斗争才能维持自己。”②

因此，对于垄断我们要采取“两点论”的辩证态度：一方面要看到，垄断是生产社会化的必然产物，在一定程度上适应了生产力发展的要求，对于经济发展具有积极的促进作用；另一方面要看到，处于垄断地位的企业有可能滥用其市场支配地位，会妨碍市场竞争，制约市场经济发展的活力。因此，国家对于垄断企业的行为需要加以适当调节，以维护公平竞争，保障社会利益。但是，反垄断的目的是要防止企业利用垄断地位作出损害社会利益的行为，而不是取消企业的垄断地位，因为企业的这种垄断地位是与企业的规模优势、技术优势和经济优势相联系的，试图凭借法律或行政手段人为地取消这种优势，事实上是对先进生产力的破坏。

四、国有企业经营绩效的改善主要不是来源于垄断，而是来源于国有经济的结构调整和体制创新

“国有企业效益提高主要来源于垄断”这一说法的依据是国有企业中的盈利大户主要是垄断企业。例如，2008 年，中石油、中石化、中海油、中国移动、中国联通、中国电信这六家企业实现的利润总额占到

① 《列宁选集》（第 3 版），第 2 卷，人民出版社 1995 年版。

② 《马克思恩格斯选集》（第 2 版），第 1 卷，人民出版社 1995 年版。

中央管理企业利润总额的62.9%。有学者认为这些企业所处的行业有较强的垄断特征，因此，其巨额利润中的相当一部分应当属于由于垄断地位带来的超额利润。这一貌似合理的判断其实理由并不充分。

垄断企业获取垄断超额利润必须通过制定垄断价格等垄断行为实现，因此，企业盈利是否来源于垄断，不应以企业是否具有垄断的市场地位作为标准，而应以企业是否有“滥用市场地位”的垄断行为作为标准。在我国，垄断行业由于受到政府规制，“滥用市场支配地位”的垄断行为事实上受到了很大限制。例如，石油石化行业中最重要的产品即成品油和天然气是由政府进行定价的，电力供应价格也是由政府确定的。从绝对价格来看，这些所谓“国有垄断行业”的产品价格与国际水平相比，大多处于中低水平。以电价为例，在2003年世界主要国家生活用电价格的横向比较中，除中国以外，澳大利亚的生活用电价格最低，2002年为0.062美元/千瓦时，按当年汇率计算，折合人民币0.513元/千瓦时。中国国家电网公司系统2003年生活用电电价是0.411元/千瓦时，低于澳大利亚。① 根据美国EIA等统计数据（已按汇率转换成美元），2004年60个国家和地区的工业和居民电价水平排名中，我国工业电价处于第44位，居民电价处于第54位，电价水平相对较低。② 成品油价格争议较大。2009年5月，国家发改委提高成品油批发价格后，有人提出中国成品油价格高于美国，事实上这是一种误解。以我国成品油价格与美国直接比较意义不大，这是因为美国长期采取对成品油的低征税以刺激消费的成品油税收政策。美国成品油价格里的州税和联邦税加起来比例大概是15%～20%，有时还低于15%。而中国对成品油的税收除了消费税以外，加上生产环节的税一共占油价大概30%左右。在世界成品油消费量较大的国家中，我国的成品油价格处于较低水平，低于欧盟、日本等国或地区的成品油价格。

---

① 王熙亮、汤珺：《世界主要国家电价水平的对比分析》，《国际电力》，2005年第6期。

② 李英：《我国电价水平的国际比较》，《国家电网》，2006年第10期。

因此，这些具有垄断地位的企业并不一定会通过实行垄断价格获取超额利润，相反，由于政府定价考虑了宏观经济形势和社会经济状况等诸多因素，在定价较低的时候，往往造成相关垄断企业的亏损。例如，中国石化是国内最大的原油加工和成品油销售企业，同时又是国内最大的原油进口商，70%以上的原油资源需要按国际原油价格外购。2008年前三季度，国际油价持续走高，与国内成品油价格严重倒挂，这使得中石化炼油相关成本大幅增加，2008年炼油板块实际亏损1144亿元。国家电网积极深入地推进农村“户户通电”工程，大力投资农网改造，努力实现城乡同网同价。截至2008年底，公司供电区域25个省（自治区、直辖市）的1663个县实现了城乡居民生活同网同价，其中，有19个省（自治区、直辖市）的1142个县实现了城乡各类用电同价，农民生活用电价格由1998年的0.756元/千瓦时降低到目前的0.5373元/千瓦时，降低了0.2187元/千瓦时，2008年减少农民电费支出260亿元，减轻了农民负担。2008年，公司继续深入推进农村“户户通电”工程，完成投资24.3亿元，为19.5万户无电户、75.8万无电人口通电。该工程从2006年实施以来，累计解决了118.6万无电户、439.4万无电人口的通电问题。城乡输电的边际成本并不相同，因此农网输电的亏损需要由国家电网消化。另外，“户户通电”作为不可能盈利的民生工程，其成本也需要国家电网承担。

事实上，国有企业利润来源集中于上述行业的最重要原因在于，这些行业同时也是国有资产分布的主要行业。以石油石化、电信、电力三个行业为例，该三个行业的2007年利润占全部国有企业利润的42%左右，而其资产总额也占到了全部国有资产的33%。考虑到国有资产在社会福利业等非利润行业的分布，以及石油石化行业受到全球行业景气影响带来的利润增长，这一利润与资产的匹配是较为合理的。因此，“国有企业盈利主要来源于垄断”这一说法的前提是不成立的，其结论自然不足为信。

对“国有企业效益提高主要来源于垄断”这一说法的一个有力反

证是，近年来国有企业效益的改善是全方位的，并不限于垄断行业。为了排除国际金融危机带来的影响，我们利用2007年前三季度国有企业的绩效表现来说明这一问题。2007年前三季度，石油石化、电信、电力、冶金、交通、煤炭、贸易、汽车、烟草、有色、机械、轻工等12个行业实现利润超过百亿元，这其中不乏处于竞争性行业中的国有企业；另外，建材、交通、纺织、电子、医药、汽车、冶金、电力、轻工、贸易、化工、烟草、机械等13个行业增长较快，利润增速均在重点企业平均增长水平之上，这些利润增速较快的行业则主要处于竞争性行业。目前，我国的许多国有企业在生产规模、科技创新、全员工效、安全指标和发展速度等主要技术指标上不仅在国内一流，在国际上也处于领先地位。比如，2005～2007年，中央企业获国家科技进步一等奖19项，二等奖154项，分别占该奖项的47.5%和27.1%。2006年和2007年国家科技进步特等奖全部由中央企业获得。中国石化、兵器装备集团、中国石油每年申请专利总数均超过1000项。这些情况都说明，国有企业经营绩效的提高有着坚实的基础，而绝不能仅仅归结为所谓的垄断。

那么，近年来国有企业经营绩效改善的主要原因是什么呢？我们认为，最主要的有两个方面：一是从20世纪90年代中期开始，我国对国有企业进行了抓大放小、有进有退的结构调整和资产重组，把国有经济的重点放到关系国民经济命脉的重要行业和关键领域，提高了国有资产的整体质量，增强了国有经济的控制力、引导力和带动力。二是经过多年的深入改革，国有企业的产权制度、管理体制和治理结构发生了根本性变化，形成了与市场经济相适应的新的企业制度，国有企业的竞争力和活力大大增强了。可以说，国有企业改革的进程与我国市场化改革的进程是相互交织的，其绩效改善与其市场化改革进程是同步的，其业绩提高与竞争的强化是相伴的，国有企业的改革增强了市场竞争而不是减少了市场竞争，市场化改革和竞争强度的提高促进了国有企业绩效的提高。

五、反垄断不是当前经济改革的主要任务，推动科学发展需要进一步做大做强国有企业

有一种观点认为，垄断行业的改革是当前中国经济改革的主要任务，而打破国有企业的垄断地位又是改革的关键，这种观点值得商榷。事实上，与主要发达市场经济国家相比，当前我国市场结构所面临的主要问题是企业规模偏小，行业集中度偏低，而不是所谓的垄断。

大型国有企业是我国大型企业的代表，然而从总体上看，其企业规模仍然是较小的。2006 年，全国大型国有企业集团平均资产总额为 142 亿元，仅相当于当年《财富》世界 500 强企业平均资产（1354.9 亿美元）的 1.3%。在国有企业中，中央企业的规模相对较大，然而与世界大型企业相比，仍是小巫见大巫。根据美国《财富》杂志最新公布的 2009 年世界 500 强企业排名，我国入围的企业与世界同行业领先企业的差距仍然较大：石油石化行业中，中国石化、中国石油、中国海油三家企业的年销售收入合计尚不及壳牌石油公司一家；电信行业中，中国移动的营业收入仅为美国电话电报公司的一半；航运业中，中国远洋的营业收入约为马士基的 40%；航空设备制造业中，中国航空工业集团的营业收入仅为美国波音公司的 1/3；矿业中，中国铝业的年营业收入仅为必和必拓的 30%；钢铁行业中，宝钢的营业收入不足安赛乐米塔尔公司的 3 成；汽车业中，上汽与一汽的营业收入总和还不到丰田汽车的 1/4。而在标志一国工业技术能力的装备制造业中我国尚无企业入围世界 500 强，中央三大电气集团的营业额仅为美国通用电气的 2.5% 左右，约为德国西门子公司的 4.4%。企业规模偏小，一方面制约了企业规模经济的实现，不利于企业降低成本、提高竞争力，特别是不利于企业在全球化竞争中取得有利地位。

同时，我国主要行业的行业集中度偏低。魏后凯利用第三次全国工业普查数据，深入考察了我国制造业的行业集中度状况，其结论是：

“目前中国绝大多数制造业的集中度都非常低，产业组织结构高度分散，许多行业都属于典型的‘原子’市场结构”，“与主要发达市场经济国家比较，我国制造业的市场集中程度很低，组织结构高度分散”，“它（市场集中程度低）不仅导致规模经济的丧失，而且也加剧了生产能力过剩和市场的过度竞争状况，不利于我国产业竞争力的提高。”①

在全球竞争的大背景下，我国企业规模相对较小，产业组织结构分散，势必造成在与外国大型跨国公司竞争中由于实力悬殊、竞争力不足而败下阵来。这一危机在很多方面业已显现。国务院发展研究中心的报告指出，在中国已开放的产业中，每个产业排名前5位的企业几乎都由外资控制；在中国28个主要行业中，外资在21个产业中拥有多数资产控制权。② 作为一个处在发展中的社会主义大国，我们的发展面临着激烈的国际垄断资本的竞争，只有做大做强国有企业，才能应对这种激烈的国际竞争的需要。同时，坚持公有制的主体地位和国有经济的主导作用，也需要保持国有企业在关键性部门特别是垄断性部门的控制力，这样才能巩固和完善社会主义基本经济制度。应对当前严重的国际金融经济危机，实现国民经济的全面协调可持续发展以及构建社会主义和谐社会，都需要国有企业作为重要的经济基础，都需要进一步做大做强国有企业。以石油石化行业为例，2007年12月3日，美国《石油情报周刊》（简称PIW）依据各石油公司2006年的原油储产量、天然气储产量、炼制能力以及油品销售量公布了2006年世界最大50家石油公司综合排名。根据这一排名，进入前50名的大石油公司的原油和天然气储量分别占全球总储量的85%和63%，产量分别占全球总产量的80%和70%。由于我国国民经济的快速增长和国内石油天然气储量限制，大规模进口石油天然气已经成为不可逆转的事实。国家发改委发布的《2008年石油行业运行情况及2009年趋势预测》称，2008年我国石油产品进口大幅增长，消费对外依存度继续提高。据行业统计，原油消费对外依

① 魏后凯：《中国制造业集中状况及其国际比较》，《中国工业经济》，2002年第1期。

② 江涌：《猎杀“中国龙”？——中国经济安全透视》，经济科学出版社2009年版。

存度47.9%，全年石油消费对外依存度达到49.8%。在这种条件下，做大做强石油石化企业，提高石油石化行业的市场集中度，不仅是符合石油石化行业发展的一般规律和国际经验的，而且是我国石油石化企业参与国际市场竞争、维护我国经济利益和经济安全以及实现经济的自主发展的重要保证。在事关国家安全和国家经济命脉的战略性部门，问题的关键不在于有没有垄断，而在于谁来垄断。从一定意义上说，对于国有企业在关键性部门中的垄断我们不仅不应当反对，相反应当给予大力的支持。

综上所述，“国有企业垄断论”缺乏理论支持和事实依据，其结论和主张都不足采信。深化国有企业改革和促进国有企业的发展要警惕“国有企业垄断论”的误导，坚持和完善社会主义初级阶段的基本经济制度，进一步发挥国有经济的主导作用，壮大国有经济，提高国有企业的竞争力。

第一，充分发挥国有经济的主导作用，不断提高国有经济的控制力、影响力和带动力。

我国实行的是社会主义市场经济即与社会主义基本制度相结合的市场经济，社会主义市场经济中的国有企业与资本主义市场经济中的国有企业存在着本质的差别。在资本主义市场经济中，私有制是主体，国有制是补充，而社会主义市场经济则是以公有制为主体、多种所有制经济共同发展为基本经济制度的，《中华人民共和国宪法》第六条和第七条明确指出：“中华人民共和国的社会主义经济制度的基础是生产资料的社会主义公有制，即全民所有制和劳动群众集体所有制。”“国有经济，即社会主义全民所有制经济，是国民经济中的主导力量。”坚持和完善社会主义基本经济制度，就必须毫不动摇地巩固和发展公有制经济，增强国有经济活力、控制力、影响力。

实践证明，坚持国有经济的主导作用和国有企业的支柱作用，有利于国家从社会全局和长远的利益出发引导、推动、调控经济和社会发展；有利于克服单纯市场调节的局限，实现国民经济持续协调和稳定发展；有利于增强国家的经济实力、国防实力、民族凝聚力以及应付各种突发事件和重大风险的能力；有利于建设创新型国家，走中国特色的自主创新道路，提高国家的竞争力；有利于保持国家对关键行业和领域的控制力，维护国家的经济安全；也有利于保障社会的公平正义，实现社会的共同富裕和构建社会主义和谐社会。坚持发挥国有经济的主导作用和国有企业的支柱作用，是中国的经济改革与发展获得成功的一条根本经验。目前欧美等国或地区的金融危机和主权债务危机进一步证明，不顾一切的盲目的私有化是有害的，必然导致劳动与资本的对立、财富和收入分配的两极分化以及严重的经济危机，特别是私人垄断资本和金融资本贪婪本性的恶性膨胀与现代信息技术和金融全球化的结合，具有极大的掠夺性、投机性和破坏性。只有不断完善社会主义基本经济制度，才能实现经济的科学发展和社会的和谐稳定。

第二，做大做强国有企业，不断提高国有企业的国际竞争力。

虽然我国目前已经形成一批实力较强的大公司、大企业集团，然而与发达国家的跨国公司相比，这些企业的总体规模仍然较小，国际竞争力仍然较低。在全球化时代，培养一批具有国际竞争力的大公司、大企业集团，发挥这些大公司、大企业集团的骨干、导向和示范作用，对于增强我国的国际竞争力具有重大的意义。随着经济全球化的不断加深，国际竞争日趋激烈，全球范围内资本的集中和垄断趋势进一步加剧，国际垄断资本对国家主权和经济安全的侵蚀更加严重。在这种全球竞争条件下，要想实现科学的自主的发展，就必须从社会全局和长远利益出发，依托社会主义国家的强大力量和有效的调控，充分利用国有企业的制度优势，加速国内资本的集中和积累，加强对战略性资源的开发和利用，推动重点部门和重点企业的迅速扩张，推进产业结构的调整和自主创新战略的实施，保持国家对关键行业和领域的控制力，努力做大做强国有企业。

第三，完善国有企业的治理结构，加强对垄断性国有企业的监管。

在现代市场经济中，无论是国有制还是私有制，只要实行股份制都会面临着“内部人控制问题”和“委托代理问题”，企业的管理人员都是拿社会或公众的财产而不是自己的财产来从事经营管理，甚至是投机和冒险，导致企业出现“内部人控制”的问题，损害公共利益。这一问题，在转型中的国有企业中表现得也比较突出，深化国有企业改革应当在解决这一问题上有所突破。一方面要进一步完善国有资产管理体制，加强对国有资产的监督与管理，另一方面要建立完善企业的职工和其他相关利益主体民主参与企业治理的具体制度，为实现效率与公平的结合以及构建社会主义和谐社会奠定微观基础。

当前，一些垄断性行业存在诸如“霸王条款”、“职工收入偏高”、“服务质量不高”等问题。解决这些问题，一方面要健全和完善对垄断行业的监管，规范垄断企业的行为，使垄断企业的行为符合社会利益；另一方面要适当引入竞争机制和非公有制经济，调动各方面的积极性，鼓励竞争、鼓励生产、鼓励创业、鼓励投资、鼓励就业，增强经济发展的活力，提高垄断行业的经营效率和服务水平。但是，不能把反垄断与私有化混为一谈，更不能以反垄断之名行私有化之实。

第四，推动国有企业在竞争性领域的改革与发展，使国有企业在市场竞争中不断发展壮大。

有一种流行的观点认为，国有企业改革的目标是让国有经济完全退出竞争领域，专门从事那些私有企业不愿意经营的或市场机制无法调节的公共产品，去补充私人企业和市场机制的不足。这一观点与我国国有企业改革方向完全是背道而驰的。我国建立和发展社会主义市场经济以及推动国有企业改革的根本目的，就是要把公有制与市场经济结合起来，使公有制企业特别是国有企业适应市场竞争的要求，在市场竞争中得到发展壮大。如果说国有企业只能存在于非竞争领域，那么建立和完善社会主义市场经济就成了一句空话。实际上，垄断和竞争的区分是相对的、相互渗透的，完全竞争和完全垄断都只是一种理论上的抽象。在现实中，国有企业有垄断性的，也有竞争性的，更多的是垄断性与竞争性并存，如果国有企业都退出竞争领域，发挥国有经济的控制力、影响力和带动力就失去了基础。当然，国有经济主导作用的发挥不能通过国有企业在竞争性领域的全面扩张来实现，而要以控制力、影响力、带动力为着眼点，坚持“有进有退”，“有所为有所不为”，集中力量，加强重点，提高国有经济的整体素质。但是，我们不能作茧自缚，自废武功，把国有企业的作用仅仅局限于所谓的非竞争领域，甚至用行政命令的办法强制国有企业放弃竞争领域，相反，我们要坚持各种所有制经济平等竞争的方针，鼓励和支持国有企业积极地参与到国际国内的激烈竞争中，在竞争中发展壮大国有企业，更好地发挥国有经济的主导作用。

评“国有企业腐败论”

◎杨松林*

近二三十年来，以钱权交易、以权谋私为形式的腐败问题日趋严重，逐渐渗透到社会各个角落，已经成为严重影响经济正常发展、社会安定和伦理道德建设。近年来，频频发生国有企业高管腐败事例，一些人认为国有企业的存在是中国滋生腐败的根源。有人甚至提出，公有制是滋生腐败的最佳制度。

日益严重的腐败问题与国有企业的关系究竟如何？当前的腐败是不是公有制制度滋生的？以及如何治理普遍存在的腐败问题？这些正是本文试图探讨的内容。

一、公权和金钱——腐败发生的条件

所谓腐败就是指滥用公权，公权与金钱进行交易。没有权力自然不存在权钱交易，因此有“权力导致腐败，绝对权力导致绝对腐败”的说法。这个判断句已经作为人们论述腐败

---

* 杨松林，独立学者。

问题的大前提。由于国家行政权力高度集中是社会主义体制的一个共同特征，因此，把腐败和绝对腐败说成是社会主义国家的专利似乎就有些缘由。

权利在任何社会都是存在的，尤其是公权。无论古代还是现代，只要国家存在，公权就存在。从逻辑上讲，只要有公权就存在权力与金钱交换的可能性。

同时，既然一般意义的腐败是公权与金钱的交易，那么假如没有金钱，或者说资本，逻辑上一样不会发生腐败。问题在于，金钱和资本也是自市场交换出现后就一直存在。这样看，只要国家存在，公权存在，市场存在，金钱存在，钱权交易的腐败就必然存在。腐败像一个硬币，一面是公权，一面是资本。失去其中任何一面，腐败就不存在了。可惜人类自进入文明时期，公权和资本就都存在。

如果继续推演这个道理，权力越集中，腐败就可能越严重。但是是否存在金钱的作用越小，或者说是社会中缺失与权力交换能力的资本，一般意义的权钱交易也会减弱呢？从逻辑上讲是可能的。同时，一个高度发达的市场经济，资本有强烈与权力交换的冲动，但因公权被制约，一般意义的权钱交易也应该会减弱。

假如可以这样推演，是不是当权力高度集中，同时市场化无节制发展的国家，腐败就特别严重呢？逻辑上讲应该是可能的。

以上判断并不仅仅是逻辑推演，观察一下历史会发现还有充分例证。

我们都说苏联时期权力高度集中，因此腐败很严重。腐败导致了苏共脱离了苏联老百姓，以至于苏共解体前的民调中，认为苏共代表劳动人民的只占7%，代表工人的只占4%，代表全体党员的只占11%，而代表官僚、干部、机关工作人员的竟达85%。最终在叶利钦策动苏联解体，宣布苏共为非法组织时苏联群众很漠然。

但是，如果认真阅读一下苏共“腐败史”会发现，苏联在很长时期的所谓腐败，并不是一般意义的权钱交易，而是以权谋私。也就是整个公权体系逐步形成一个利用公权自我服务体系。公权被大量用以享受高级别墅和出国，安排子女，侵吞国家财产活动，并没有行贿受贿、利用职权出卖公权以赚取钱财的史实。原因很简单：当时没有私人资本，不存在公权与资本交易的机会。而且即使到所谓腐败最高峰时期，这些能够享受特权的官员及其家属充其量不到300万人，涉及金额与苏联当时世界第二的财富创造相比，或者与那种几乎无官不贪，动辄涉及数千万甚至上亿的受贿相比，被侵吞的社会财富微不足道。

斯大林时期所谓“资产阶级法权”还比较严重，干部与职工的工资差别，市民与农民的收入差别，知识分子与普通劳动者的工资差别还比较大，到了赫鲁晓夫时代，这个差别已经被严重缩小，工农之间、脑体之间收入差距几乎被抹平。可以说苏联曾经创造过人类历史上基尼系数最小的“共同富裕”时代。20世纪60年代的中苏论战中，中国共产党只能从官僚主义方面批评苏共，但很少能指出腐败的例子。

苏联真正出现一般意义腐败恰好是所谓市场体系引入时期。1965年勃列日涅夫上台后，由柯西金主持进行了“新经济体制”的改革，改革的核心一是强化经济核算，二是所谓“物质刺激”，也就是建立和扩大了归企业自行处置（大多用以奖金）的企业基金。有了金钱自然有了以权谋私的机会。据1966年实行新经济体制的704家企业统计，来自利润提成的物质鼓励基金，管理人员、工程技术人员得总额的81.7%，工人得总额的18.1%。

到安德罗波夫时代，市场经济因素被进一步引入。面对严峻的农业问题，1983年3月，苏共中央政治局和全苏农业会议分别作出决议，决定在集体农庄和国营农场中广泛推行集体承包制，并扩大了自留地和自由市场数量。1985年戈尔巴乔夫上台，很快就进行了经济体制改革，一些产业管理部门改为“康采恩”，部长变成董事长，允许私有经济存在并给予与国有经济平等地位。官僚取得的支配权逐渐演变为隐性的占有权。当时连共青团也动了起来，开始经营“共青团经济”，开办共青团商品交易所等。“人们委托我成为百万富翁”成为当时一些青年干部的口头禅。官僚利用权力开始在国有的名义下暗自积聚个人资本。虽然从戈尔巴乔夫上台到苏联解体只有两三年，但意义是深刻的。1992年，利加乔夫在《戈尔巴乔夫之谜》一书中，形容“改革的真正悲剧”时说：“可怕和无孔不入的营私舞弊势力，简直是一瞬间，大约一两年时间，就取代了几十年在苏共和整个社会中滋长并泛滥的营私舞弊分子。这股势力扼杀了1985年4月以后在党内出现的健康发展的开端。这股寄生势力就像繁殖很快的马铃薯甲虫一瞬间吃光马铃薯的嫩芽那样，很快就使改革的幼芽枯萎了。结果，一个奋起实行改革的国家就这样失去了平衡，受到动摇，现在已坠入深渊。”

显然，在高度集权的体制中，腐败是随着市场化和金钱的作用增加而强化的。苏联最严重腐败时期恰好在其解体前后，这个时期新的权力体系没有产生，行政和经济权力依然高度集中，同时休克疗法提供了最无节制的市场化过程，人类历史上最严重的一次个人利用公权侵吞全民财产的事情发生了。到1996年，俄罗斯一半以上资产被8个巨富占有，他们甚至控制了大部分有影响的媒体，影响着俄罗斯的政治进程。而这些富豪中，61%来自前政府官员。权钱交易的最高峰时期，叶利钦和大部分政府官员要看老板的颜色行事。

苏联和俄罗斯的近现代史演绎了一个从权力高度集中情况下市场化过程中腐败产生的典型过程。这个过程让“权力产生腐败”有了更完整的内涵：腐败就是权钱交易。权力产生腐败，金钱也产生腐败，绝对的权力与绝对的金钱一起才产生绝对的腐败。

二、国有经济遭遇市场化产生最大腐败

苏联的腐败发生的特点和过程与中国的情况并不完全相同。中国共产党很早就注意到苏联共产党纵容特权的肆意膨胀问题。从1956年开始，

中共就开始以消除官僚主义，消除干部脱离群众，打击以权谋私为目的的几场运动。这包括后来因反右终止的整风运动，四清运动和“文化大革命”。因此，虽然中国也一定程度存在着特权现象，但程度要比苏联轻得多，并且处在消减趋势。干部参加劳动，工人参加管理，严厉打击贪腐行为和对党员干部持续的革命理想教育让中国即使在“文化大革命”极度混乱情况下，腐败问题也很少发生。一直到市场化改革开始甚至改革初期几年中，权钱交易情况一直不严重。这是苏联市场化仅仅两三年就造成整个社会政治经济崩盘，而中国能持续进行至今的根本原因。

高度集中的权力和无节制的市场化必然滋生腐败，而且是越来越严重、难以遏制的腐败。“主流”学者不厌其烦地指出：是权力过度集中导致了中国腐败的产生和日益严重。但是他们很难解释的事实是：改革开放以来，行政权力一直在弱化，无论政治还是经济方面权力集中度都在缩小。而正是这个过程中，腐败在不断强化。权力弱化的同时腐败在强化，历史事实无法让主流学者的理论自圆其说。

“主流”学者还有一个重要理论：政企不分是腐败的根源。但这也找不到事实依据。即使在政企不分的20世纪80年代，腐败并不严重。随着政企分开，腐败在加剧。其实道理恰好是：政企不分，权钱交易的腐败反而没有产生的依据——因为权力和金钱都隶属同一公权，个人不可能同时拥有公权和同一公权管理的资本。只有政企分开，个人才能通过公权侵吞另一公权管理的资本。美国马萨诸塞大学经济学教授大卫·科兹对此解释得很清楚：“在80年代末辩论苏联发展的方向时，由10万人组成的‘精英集团’开始作出选择性的思考：如果改革达到民主化，就会减少特权和权力；如果回到改革前的社会主义，虽有相对的特权和地位，但特权又受到原有的社会主义机制的限制，也不能积累过多的财富，更不能把特权和财富传给自己的子孙后代。因此精英们认为资本主义能够为他们提供最大的机会，不但管理，而且拥有财富、传给子孙。”①

---

① 大卫·科兹：《来自上层的革命》，中国人民大学出版社2008年版，第15页。

从国有经济走向市场经济都有一个宿命般的历史过程：第二次世界大战以后，大量新独立的落后国家都一定程度上采用了国有化政策，都有不少国有经济。80 年代以来，很多发展中国家受新自由主义经济理论的影响，以及西方国家和他们所操纵的经济组织——世界银行和国际货币基金组织的胁迫下，开始“改革开放”，其中一个重要行动就是减少国有经济，把一些国有企业卖给私企和外企。可以看到的事实是，无论阿根廷、墨西哥、巴西还是苏联和东欧国家，这个过程都是一个滥用权力侵吞国有财产的过程，报刊上有关消息比比皆是。

操作的方法包括：官员与原国企领导勾结，官员受贿，原国企领导侵吞国有资产；官员与老板勾结，官员受贿，老板侵吞；官员指示自己亲友直接侵吞。有的情况下地方国营企业改制中虽然具体官员没有从中受贿，但地方财政出于收入考虑也滥用权力贱卖国家财产。当然，所谓国企改制还包括把国有企业改制为社会企业，也就是股份化或上市。这个过程中，官员通过自己或亲友或明或暗占有股份制企业股份是最常见方法。

中国在 90 年代中后期国有企业、城镇集体企业、乡镇企业改制以及国有企业上市过程中一样存在着这些情况。这是国企滋生腐败的发端，也是国企腐败中最大渊薮。

从一定意义上说，中国提倡新自由主义的学者是推动这次国企和集体企业改制的理论推手。中国著名倡导自由主义的学者秋风先生，最近在《二十一世纪》杂志上承认：“国有企业产权改革过程中，存在大量内部人私有化、权贵私有化现象。而对此，经济自由主义要承担一定责任，至少是理论上的责任。基于上面简单勾勒的信念，他们急于消解国有部门，就像著名的‘冰棍理论’所暗示的，尽快私有化，不管采取何种方式；而最快捷的私有化当然是权贵私有化。经济自由主义从经济系统整体效率改进的角度，对此予以默许，甚至给予一定的支持，因为这起码实现了私有化。”

但是，秋风先生说的“从此，他们失去了十年间在公众心目中的荣耀；在公共政策讨论中，他们也日趋边缘化”并不确切，这些腐败的推手并没有丝毫羞愧，而是在2009年初开始把矛头对准剩余的国有经济。几乎所有此前推动那次国企改制的专家学者，无论体制内外，甚至包括部分两会代表，都批评政府策动了“国进民退”，指责国有企业垄断，甚至把贫富分化和收入分配不公的根源归结为国有企业的存在，要求国企从竞争行业中完全退出，同时让出包括国家战略行业的垄断性产业。

国有经济为主体的国家，行政权力与国有经济有着千丝万缕的联系，这样的国家在实施市场化进程中会滋生严重的利用公权侵吞国有资产的现象，存在让国有经济的一部分变成官僚资本的可能性。这种现象和可能性可以从蒋宋孔陈四大家族侵占国有资产的过程、大量发展中国家消减国有企业的过程、苏联和东欧国家消除社会主义经济成分的过程，以及中国20世纪90年代中后期的“改制”过程中得以验证。这里面有什么样的规律，如何避免这类现象的发生，是一个非常值得重视和研究的重大课题。

三、避免“为少数人所得而私”

行政权力和经济权力的高度集中并不直接产生一般意义上的权钱交易腐败，但依然有可能产生以权谋私方式的腐败，甚至出现整个官僚体系自我服务倾向，这是苏联历史给出的例证和教训。

在20世纪七八十年代，虽然苏联经济进入一个慢速发展的时期，工业产品平均增长速度从1966～1967年的8.5%和1971～1975年的7.4%下降到1976～1980年的4.4%和1981年的3.4%。国民收入增长速度相应从7.8%和5.7%下降到4.2%和3.3%。[①] 但这个时期整个西方经济的处境比苏联和东欧还糟。严重的，动辄两位数的通货膨胀加上低速经济增长（1970～1990年间除日本外整个西方国家年均经济增长在2%～3%之间），西方经济被称为进入“滞涨”阶段。并不存在想象

① 季谟：《八十年代苏联经济增长速度的几个问题》，http://www.cnki.com.cn/Article/CJFDTotal-ELSY198306000.htm。

中的西方经济社会欣欣向荣，社会主义阵营风雨缥缈的情况。

那么，为什么会出现几个月内苏联和东欧社会主义国家整体倒戈资本主义的事件呢？除了这些国家执政党自身持续妖魔化斯大林致使自己形象受到致命伤害以外，官僚化导致的公权异化，官僚集团整体以权谋私是重要原因。

虽然市场化国家里大多数普通人也并没有享受富人生活方式的实际机会，实际存在着按金钱大小分配政治、司法、教育等权利的情况，但从理论上市场体系提供了这种可能性。而在权力高度集中并且官僚化的社会主义体制里，一些奢侈享受是有规定性的。特供商品，特别休假和出国机会，权力对教育和升迁的作用都能让普通居民实实在在地感受到。与前者相比，权力决定个人发展空间更容易让人不满。因此，社会主义国家一旦整个官僚系统官僚化，并让 85% 的人认为执政党是代表“官僚、干部、机关工作人员”利益的时候，社会矛盾绷紧程度会非常高。即使面临国家解体这样关系整个民族命运的大问题时，很多群众也会采取“关我什么事儿，变了总比不变好”的态度。

因此，对社会主义国家来说，防止公权异化，防止干部体系自我服务，杜绝以权谋私是生命攸关的大事。

尤其在“改革开放”时期，市场化提供了私人资本存在的合法性，权钱交易的机会无处不在，渗透在几乎社会的各个角落和社会经济运行的每一个环节。从蒋介石统治时期到苏东国家和其他发展中国家的市场化进程中，甚至中国 20 世纪 90 年代中后期的发展中都可以看出，这个时期最大的腐败会发生在“国退民进”的过程中。

与 80 年代后期利用价格双轨制以权谋私的“倒指标”相比，与 80 年代到 90 年代初期利用权力和金钱“跑贷款”相比，国有企业、城镇集体企业和乡镇企业改制，关于利用权力置换私企股份，以及国有土地的规划、买卖所产生的以权谋私无论数额还是危害都是一个地下，一个天上。因此，国家只要对国有经济性质和份额进行调整，首先要考虑的不是别的，就是公权异化的环节和漏洞。在没有设计和调整出能够从制度上限制公权异化以前，宁可不调整也比慌忙调整强。

无论从理论上还是实践上看，国有经济本身并不产生绝对的腐败，绝对的腐败只会出现在“改制”过程中，这一点马萨诸塞州大学教授大卫·科兹观察得很到位。无论从中国还是其他社会主义国家的经验看，由于体制的约束，高度集中的行政权力与高度集中的经济权力之间很难发生权钱交易。计划经济时期，一个省农机局的科长掌握着全省数十万吨柴油指标，权力不能说小。但从体制上看很难出现以权谋私的漏洞，大部分人会做到最终一尘不染。即使发生了以权谋私现象，数量都很小，性质也不严重。我们可以从效率方面挑出国有企业的毛病，但很难找到国有化纵容腐败的实例和逻辑。因为国有企业效率存在一些问题就要“国退民进”，无异于“泼洗澡水时连盆里的婴儿一起泼出去”，不是一般的得不偿失。

最主要的是，效率并不是衡量国企是否应该存在的理由。避免生产资料，尤其是避免关系国家和公共利益的生产资料“为少数人所得而私”才是国有企业存在的理由。这一点连孙中山都意识到并在国民党一大报告中讲得很清楚。如果一味强调“国退民进”，不采取任何有效控制以权谋私的“国退民进”，不仅不能实现通过国有化避免“为少数人所得而私”情况的发生，反而会助长这种现象。这不仅有悖于共产党的社会主义基本主张，甚至是从新民主主义主张的倒退。

四、党员干部自律、强化群众监督、增强国企的全民性质

应当承认这样一个事实，就是国有化并不意味着社会主义。西方资本主义国家也有国有经济，一些国家的国有经济比重甚至很高，而且2008年全球经济危机以后，西方国家的国有化程度在增加。但这并不意味着这些国家在搞社会主义。最典型的是，抗战胜利后蒋介石把日占区被日本强行合资的企业通通以“日伪资产”没收后，党政资产占中

国近现代产业资本的75%以上。但全国人都清楚这不是社会主义经济，而是官僚资本主义经济，这些国有资产不仅被以四大家族为首的官僚集团所随意侵吞，而且被用以打内战，巩固蒋介石的专制统治。因此，国有化不意味着社会主义，只有国有经济和国有资产脱离为官僚体系服务，摒除官员个人利用市场化为自己谋利的性质，实现为人民服务，国有化才有意义。

相比较而言，私人占有更有利于“为少数人所得而私”，国家占有更容易避免“为少数人所得而私”。让资本家血管里流淌“道德血液”是痴人说梦，一个以为人民服务为目标的国有经济才可能让资产的公共利益最大化。一些人这些年鸡蛋里挑骨头拼命挖掘国有经济占主体时期的所谓腐败现象，肆意想象无限上纲，并没有让多数老百姓得出国有经济占主体时期比现在腐败的结论。

在国有经济占主体时期，哪个商品是“国营”产的，哪个商品的质量更可信。只标“国营”没标“地方国营”的最受欢迎。那个时期没人担心地沟油、“苏丹红鸭蛋”、“大头娃娃奶粉”等的原因只有一个：国有经济，而且是为人民服务的国有经济占主体。

因此，巩固和发展国有经济不仅是《中华人民共和国宪法》（以下简称《宪法》）第七条“国家保障国有经济的巩固和发展”的要求，也是大多数老百姓的期盼。

《宪法》是所有中国人首先需要遵循的行为准则。《宪法》第六条“中华人民共和国的社会主义经济制度的基础是生产资料的社会主义公有制，即全民所有制和劳动群众集体所有制”和第七条“国有经济，即社会主义全民所有制经济”是公有制和国有经济性质的基本描述。无论政府、“两会”还是公民只能以这个基本叙述来衡量是非并作为行为准则。

目前国有经济在“全民所有”方面是否完全符合《宪法》要求受到一些质疑。

自从大家都意识到居民收入差距已经成为严重社会问题后，“主流”学者众口一词说是国有企业垄断造成的。理由是国企职工工资福利过高，是出现收入分配不公的根源。虽然这种说法在逻辑上完全颠倒（收入差距的形成只能是资本收益与劳动者收益的差距，不是劳动者群体间的差异），事实完全错乱（贫富分化显现在资本收益份额不断上升，劳动者报酬不断缩小），但至今依然是各大媒体和主流学术刊物的流行说法。

虽然这种质疑偏离了事实，不符合逻辑，但国企全民性质受到损害却是存在一些现象的。

首先，现在的国有经济单位的职工地位出现严重差异。很多单位正式职工只占较少比例，这些职工享受高的工资福利，工作稳定，占据较高级别位置。大量一线工作的合同制职工无论在工资还是福利待遇方面都明显低于正式职工，而且不稳定。此外还有工资福利更低，就业稳定性更差的大量临时工，以及以短工形式存在的农民工。一些所谓国企正式职工趋向于“工头化”，让国有企业自身存在为少数人自我服务的机制。这使国有经济的性质受到损害。严格来讲，这属于“为少数人所得而私”的腐败现象。

其次，国企高管的高薪化缺少制约措施。国企高管拿较高年薪有存在的理由，但是由于国有经济与行政权力剪不断理还乱的关系，如果缺少有监督的任免机制，一定会产生滋生腐败的空间。

最后，也是最重要的，单纯以政府的一个部门——国资委——作为国有经济的管理和监督单位，还不足以体现国企的“全民”性质。政府并不等于“人民”，“国有”与“全民所有”之间关系究竟怎样体现，对社会主义国家来讲是个始终没有真正解决的问题。如果没有体现民意的全民代表对国有经济运行优劣的评价，对国有资产的处理方案和处理程序的监督权甚至决定权，对利润分配规则的制约权，国有经济依然存在产生官僚资本主义经济的空间。

也就是说，虽然国有经济体制是避免“少数人所得而私”这个最严重腐败状态的基础，但国有化和国有经济并不一劳永逸地避免腐败的产生，在社会主义市场经济条件下，尤其如此。只有创造出避免国有经济自身出现“为少数人所得而私”的制度，通过扩大公有制经济以减轻甚至消除腐败现象才能实现。

从现在来看，进行一次党员干部自律活动是十分必要的。因为十几年的国企、集体企业改制过程中，有不少党员干部或明或暗参与了侵占国家资产。这个问题不解决、不清理，很难得到群众的信任。

毛泽东、邓小平等老一辈无产阶级革命家以及江泽民同志和胡锦涛同志都曾在各个场合强调党员干部尤其是领导干部要廉洁奉公。

新党章指出：“中国共产党党员永远是劳动人民的普通一员。除了法律和政策规定范围内的个人利益和工作职权以外，所有共产党员都不得谋求任何私利和特权。”

在现行政治体制下，共产党只有按照邓小平说的“只有搞好党风才能搞好社会风气”的原则办事，只有共产党员，尤其是共产党领导干部做到严格自律，不在对国有经济的管理中，尤其不在国有企业改制中为自己和亲友谋取私利，而且做到自己和亲友已经侵占的完全退回，才能无愧于共产党员这个称号。

评“国进民退论”

◎季晓南*

在我国政府采取果断措施应对国际金融危机带来的消极影响后的一段时间以来，“国进民退”问题成为国内的一个热门话题，大量议论见诸网络和报端，可以说是议论纷纷，众说纷纭。有观点认为，“国进民退”不可避免会带来垄断，最容易导致的后果就是权钱交易。还有观点认为，当前的“国进民退”与正在依靠民营资本继续刺激中国经济的宏观大局相悖，不利于经济复苏。更有观点提出，“国进民退”是对改革的倒退，与改革开放背道而驰。显然，当前国内的“国进民退”讨论已远远超出了如何分析和看待一些行业和领域出现的国有企业兼并重组民营企业这一层面，实际上这场争论关系到如何坚持社会主义市场经济的改革方向，关系到如何坚持社会主义初级阶段的基本经济制度，关系到如何认识国有经济在社会主义市场经济中的地位和作用，关系到如何界定政府在宏观调控中的作用等一系列重大问题。正确分析和认识当前的“国进

* 季晓南，国有重点大型企业监事会主席。

民退”讨论，必须坚持以中国特色社会主义理论体系为指导，尤其要运用科学发展观提供的认识论和方法论，在此基础上对一些重大问题形成正确认识，避免重大偏差。

一、要正确认识党中央关于国有经济布局和结构调整的精神和要求，避免出现对国有企业改革方针政策理解上的重大偏差

为了对当前的“国进民退”讨论有更好的认识，有必要重温党中央的有关论述。1997 年召开的党的十五大把坚持和完善社会主义公有制为主体、多种所有制经济共同发展确立为我国在社会主义初级阶段的基本经济制度，并提出“国有经济起主导作用，主要体现在控制力上。要从战略上调整国有经济布局”。同时强调，“对关系国民经济命脉的重要行业和关键领域，国有经济必须占支配地位。在其他领域，可以通过资产重组和结构调整，以加强重点，提高国有资产的整体质量”。1999 年召开的党的十五届四中全会强调，“从战略上调整国有经济布局，要同产业结构的优化升级和所有制结构的调整完善结合起来，坚持有进有退，有所为有所不为”，并提出“国有经济需要控制的行业和领域主要包括：涉及国家安全的行业，自然垄断的行业，提供重要公共产品和服务的行业，以及支柱产业和高新技术产业中的重要骨干企业。其他行业和领域，可以通过资产重组和结构调整，集中力量，加强重点，提高国有经济的整体素质”。2002 年召开的党的十六大作出了必须毫不动摇地巩固和发展公有制经济，必须毫不动摇地鼓励、支持和引导非公有制经济发展的重要判断，并强调要“继续调整国有经济的布局和结构”。2003 年召开的党的十六届三中全会从完善社会主义市场经济体制的要求出发，强调要“加快调整国有经济布局和结构”，并提出要“完善国有资本有进有退、合理流动的机制，进一步推动国有资本更多地投向关系国家安全和国民经济命脉的重要行业和关键领域，增强国有经济

的控制力。其他行业和领域的国有企业，通过资产重组和结构调整，在市场公平竞争中优胜劣汰”。2007年召开的党的十七大提出，优化国有经济布局和结构，增强国有经济活力、控制力、影响力。从这些重要论述不难看出，从战略上调整国有经济布局和结构是党中央确定的深化国有企业改革的一项重大决策和部署，其主要精神和内容是一贯的，同时在总结改革和完善社会主义市场经济体制实践的基础上不断完善和丰富。

理解党中央关于国有经济布局和结构调整的精神，至少应该把握这样几个要点：一是要增强国有经济的活力、控制力和影响力；二是国有经济是有进有退，有所为有所不为；三是国有经济要向关系国家安全和国民经济命脉的重要行业和关键领域集中；四是其他行业和领域的国有企业在市场公平竞争中优胜劣汰。将党中央关于国有经济布局和结构调整的精神理解为国有经济无所不为，只进不退，显然是不对的；理解为一味收缩，只退不进，显然也是不对的。从这次“国进民退”的争论中可以看出，有观点将其理解为国有经济从一般竞争性领域全部退出。这样的解读，只把握了国有资本更多地投向关系国家安全和国民经济命脉的重要行业和关键领域，而忽略了其他行业和领域的国有企业在市场竞争中优胜劣汰，显然，这样的理解是不全面的，与党中央的精神也是不相符的。

党中央关于国有经济布局和结构调整的重要思想是经过多年改革开放探索形成的全党共识，是符合我国国情和现阶段实际的正确决策，是分析和认识“国进民退”问题的准绳和依据，我们应全面理解，准确把握。

二、要正确认识国有经济和民营经济的发展现状和变动趋势，避免出现对国有经济布局和结构调整事实判定上的重大偏差

从总体上看，全国经济普查数据并不支持“国进民退”的结论。

据国家统计局公开的第二次全国经济普查数据，2004～2008年，国有企业由17.9万户减少到14.3万户，减少了3.6万户，减幅为20%，与此同时，私营企业由198.2万户增加到359.6万户，增加了161.4万户，增幅为81.4%。2008年与2004年相比，我国企业资产中，国有企业的资产所占比重下降8.1个百分点，私营企业所占比重增加3.3个百分点。即使是在国际金融危机全面爆发的2008年，私营企业的户数和资本也保持较快增长。据全国工商局的数据，2008年与2007年相比，全国登记注册的私营企业增长9.02%，注册资本增长25.02%，私营企业在内资企业中的比重由63.25%上升到70.91%。近几年来，国有经济的总量在不断增加，但国有经济在整个国民经济中的比重是持续下降的，而且未来相当一段时间还将继续下降，总体上呈收缩趋势。

从中央企业的数额和分布看，总体上也是呈收缩趋势。2003年国务院国资委的组建标志着国有资产出资人不到位的问题在政府层面得到较好解决，也标志着国有经济布局和结构调整有了明确的实施主体，中央企业的布局和结构调整进入了国有资产出资人推动的新阶段。国务院国资委成立后不久就着手研究国有经济布局和结构调整的政策性意见，并着手推进中央企业的合并重组。2006年12月国务院办公厅转发了国资委起草的《关于推进国有资本调整和国有企业重组的指导意见》，明确了推进国有经济布局和结构调整的原则和目标，确立了国有经济布局和结构调整的方向和重点，不久又下发了《中央企业布局和结构调整的指导意见》，以促进国有资本进一步向关系国家安全和国民经济命脉的重要行业和关键领域集中，国资委还分三批确立了中央企业的主业和分批审定了中央企业的发展战略，以引导中央企业重大投资和并购重组的方向。经过六年多的努力，国务院国资委履行出资人职责的企业由2003年的196家减少到2009年年底的128家，减少了68家。目前中央企业82.8%的资产集中在石油石化、电力、国防和通信等关系国家安全和国民经济命脉的行业和领域以及运输、矿业、冶金和机械等行业的支柱企业中，在国民经济重要行业和关键领域的中央企业户数占全部中央企业的25%，资产总额占75%，实现利润占到80%。应该说，近几年中央企业更多地集中于属于战略性或公益性的行业和领域，中央企业的布局和结构调整方向与党中央的精神和要求总体上是一致的。

从地方国有企业的数额和分布看，一般竞争性领域的大多数中小国有企业已进行了改制。目前，市（地）和县级政府所属国有企业的90%都进行了改制，其中绝大多数退出了国有经济行列，同时，国有经济不断向基础性、公益性、支柱性产业和行业集中，向优势产业和大集团、大企业集中。作为我国改革开放前沿省份的广东省，目前国有企业、民营企业和外资企业在GDP中各占1/3左右，深圳市国有经济在GDP中的比重只有1/4左右。当然，地方国有企业的布局和结构也有待继续调整。据有关资料，目前上海市国资委监管的企业集团有46家，截至2007年年底，国有资产总量为3980亿元，涉及79个行业，其中11%的资产分布在餐饮、纺织、服装、鞋帽、塑料制品等59个一般竞争性行业，有的企业集团经营业务涉及20～30个行业。为进一步提高国有经济的活力、控制力和竞争力，上海市已经确定了国有经济布局和结构调整的方案，将在未来3年内通过开放式市场重组，提高国有资本的集中度，将国有企业涉及的行业减少到54个，同时将国有资本证券化的比率提高到40%。

实际上，这几年国有企业收购民营企业的案例经常发生，同时民营企业收购国有企业或国有企业改制为民营企业的案例也大量出现，对此，不能简单地用“国进民退”或“民进国退”来概括。盲目炒作“国进民退”问题，甚至给这种现象扣上改革倒退的帽子是不符合事实的。

三、要正确认识国有经济在社会主义市场经济中的地位和作用，避免出现对国有经济功能定位认识上的重大偏差

正确认识社会主义市场经济中国有经济的地位和作用，有必要了解

市场经济国家的普遍做法。目前，世界上绝大多数国家实行的是市场经济体制，从这些国家的情况看，经营性活动领域普遍存在着国有企业，也就是说，国有企业作为与国家所有权相联系的经济范畴，并非社会主义国家所独有，也不是我国所特有，而是市场经济国家的一种普遍现象。一些西方国家的政要和学者甚至把国有企业视为一个整体，并认为国有企业已成为经济生活中最大的生产者，最大的消费者，最大的雇佣者，最大的财产所有者和最大的投资者。

一般认为，实行市场经济体制的国家建立国有企业的主要原因，一是提供公共产品和服务；二是支撑和促进经济和社会的发展；三是维护经济的稳定和正常运行；四是保障国家的主权安全和经济安全。从一些发达国家的实际看，现代市场经济条件下国有企业有四个作用值得重视：一是国有企业是国家加快推进工业化建设的依靠力量和实现手段；二是国有企业具有创造公共财富和增加政府收入的能力；三是国有企业是国家参与国际竞争和合作的重要力量，四是国有企业体现着执政党的执政理念。因此，国有经济所以会成为市场经济国家的一种普遍现象，并非是哪一个国家或个人随心所欲的产物。

我国要建设的是中国特色社会主义，公有制为主体是中国特色社会主义的一个重要特征，作为公有制经济重要组成部分的国有经济，其地位和作用要与公有制的主体地位相适应。我国作为一个后发工业化的国家，面临着西方发达国家科技、经济上占优势的巨大压力，存在着市场经济体制不完善的客观现实，要发挥后发优势，实现赶超战略，在充分发挥市场配置资源的基础性作用的同时，国家需要通过必要的调控手段集中必要的资源加快实现工业化和现代化。我国正处于经济和社会发展的转型期，当前及今后一段时期，对我国来说是一个必须紧紧抓住并且可以大有作为的战略机遇期，同时又是矛盾凸现期，各种社会矛盾比较集中和突出，处理好改革、发展和稳定的关系显得尤为重要，在这一时期，国有经济作为调节经济社会矛盾、实现国家战略目标的重要工具需要发挥更大作用。我国作为一个发展中的大国，幅员辽阔，人口众多，地区经济发展很不平衡，城乡差别、地区差别的矛盾比较突出，改变城乡二元结构，尽快缩小地区差距，加快构建和谐社会，也需要国家在运用宏观调控手段时更多地发挥国有经济的调节作用。

从我国的国情和现阶段经济社会发展的要求出发，当前及今后相当长的一段时期，国有经济在我国不仅要承担经济职能，而且要更多地承担社会职能和政治职能，更多地体现国家的战略目标和意图，其地位和作用主要体现在以下几个方面：

一是国有经济是构成社会主义制度的重要经济基础。公有制为主，多种所有制经济共同发展，是我国社会主义初级阶段的基本经济制度。坚持公有制为主体，这是建设中国特色社会主义的必然要求和物质基础。国有经济是公有制经济的重要组成部分。

二是国有经济在国民经济中发挥主导作用。在社会主义市场经济条件下，国有经济在国民经济中的主导作用主要体现在控制力上，体现在对整个社会经济发展的支撑、引导和带动上。国有经济控制国民经济命脉，对于发挥社会主义制度的优越性，增强我国的经济实力、国防实力和民族凝聚力，具有关键性作用。

三是国有经济承担了部分国家和社会职能。在社会主义市场经济条件下，政府的主要职能是经济调节、市场监管、社会管理和公共服务，在政府履行这些职能受到一定客观条件限制时，重要的依靠力量就是国有经济。因为从理论上和法律上讲，国有资产属于全体人民所有，用国有资产投资建立的国有企业理应更多地担负起提供公共产品和服务、实现社会公共利益的责任。国有经济的性质和定位决定了国有经济兼具公益性和营利性双重性质，特别是在我国这样一个发展中的大国和社会主义市场经济体制不完善的情况下，国有经济理应更多地承担应该由国家和政府承担的部分职能。从我国国有企业特别是中央企业实际承担的职能看，国有企业承担了国家对经济运行进行宏观调控的部分职能，承担了国家应对和处理突发事件的部分职能，承担了维护地区和社会稳定的部分职能，承担了国家对外交往和维护国家安全的部分职能。国有经济的这些作用在2008年的南方冰雪灾害、西藏发生的暴力事件、汶川大地震、奥运会的举办和2009年新疆发生的暴力事件、庆祝建国60周年等重大突发事件或重大活动中以及应对国际金融危机中体现得特别明显。此外，国有企业还承担着支援新疆、西藏等地区经济和社会建设的部分职能。

四是国有企业是中国共产党执政的重要基础。共产党作为我国的执政党，其路线、方针和政策是通过国家机构及党的组织和党员的作用来体现和实施的。国有企业中的共产党组织和成员是中国共产党的重要组成部分。截至2008年6月，中央企业拥有党员392.8万人，设有党组织528个，党委15173个，党总支18.4万个。这些分布在国民经济各个领域、各个层面的国有企业党的组织，这些工作和生活在各个地区、各个行业的国有企业党员，既是推动国民经济建设的强大力量，也是党的路线方针政策的忠诚执行者和党的执政地位的坚定维护者。

综上所述，国有经济在我国社会主义市场经济下，既承担着市场经济国家的一般职能和作用，又承担着建设中国特色社会主义的特殊职能和作用。这既是一种历史必然，也是一种现实需要；既是经济发展的要求，也是政治治理的需要。如果脱离我国国情和发展现状，照抄照搬西方经济学关于国有企业的一般原理，自然无法理解和解释国有经济在我国的地位和作用。

正确认识国有经济的地位和作用，还涉及哪些属于国家需要保持必要控制力的重要行业和关键领域。前两年，山西煤炭行业的重组整合之所以引起很大争论，一个重要原因在于重组整合后国有经济的比重大大提高，控制力大大增强。有观点认定，山西煤炭行业重组整合的实质是煤矿国有化。不同的观点则认为，煤炭属于不可再生的、排他性的重要自然资源，煤炭行业不属于一般竞争性行业，国有经济必须保持一定的控制力，否则，煤炭行业长期存在的无序竞争、浪费资源、破坏环境、安全生产事故居高不下等问题不可能从根本上解决。应该说，后一种观点更符合我国的实际情况。

众所周知，能源是现代社会正常运转不可或缺的基本条件，随着我国工业化、城镇化的加速和低碳经济时代的到来，能源安全和节能减排问题日显重要，而煤炭占我国一次能源消费的比重达70%左右，以煤炭为主的能源消费结构在较长时期内也不会改变，在可替代能源没有普遍应用之前，煤炭的有效供给关系到国家的能源安全和国民经济安全，显然，煤炭行业属于关系国家安全和国民经济命脉的重要行业和关键领域，国家需要保持必要的控制力。确实，西方发达国家的煤炭产业大多由私营企业直接经营，煤矿安全生产事故也较少。但从我国的实际情况看，大量小煤矿的存在和经营，在为我国经济和社会发展提供大量煤炭的同时，也带来煤炭乱开乱采、生态环境破坏、矿难事故不断等问题，而且几乎成为难以根治的痼疾，成为国人的一个心病。我们不能脱离我国的基本国情和发展阶段，照抄照搬西方发达国家的煤炭经营模式。应该说，通过煤炭行业的重组整合，提高产业集中度，扩大规模经营，可以在相当程度上缓解煤炭行业长期存在的一些突出问题。据统计，截至2009年年底，山西全省煤矿事故起数同比下降40%，死亡人数同比下降32%。不容否认，山西煤炭通过重组整合，提高了产业集中度，抑制了无序竞争，煤矿安全保障能力和可持续发展能力明显增强，过去煤炭产业多、小、散、乱的产业格局以及安全生产隐患多的状况得到明显改善，其成效已经开始显现。

改革开放以来，总结我国在所有制问题上的经验教训，从我国的国情和所处的发展阶段出发，我国确立了公有制为主体、多种所有制经济共同发展的社会主义初级阶段的基本经济制度，并极大地促进了社会生产力的发展和人民生活水平的提高。党的十六大从解放和发展生产力的要求出发，作出了“两个毫不动摇”的重要论断，并强调公有制经济和非公有制经济两者统一于社会主义现代化建设的进程中。这是我们党在总结社会主义建设长期实践特别是在总结改革开放实践的基础上，对马克思主义经济理论的新发展。实践反复证明，坚持这一制度，中国特色社会主义建设就能顺利发展；偏离这一制度，中国特色社会主义建设就会受损。我们必须坚定不移地坚持党在社会主义初级阶段的基本经济制度，在这一大是大非问题上，必须旗帜鲜明，不能有丝毫动摇。

四、要正确认识政府在宏观调控中的作用，避免出现对政府在行业整合和企业重组中作用理解上的重大偏差

我国的发展选择了市场经济的模式，就必须充分依靠市场机制去配置资源，同时，为了避免市场自身的弱点，也必须加强和完善宏观调控。我国要建立的社会主义市场经济体制，就是要使市场在社会主义国家宏观调控下对资源配置起基础性作用。国家的宏观调控主要是运用财政、金融和法律等手段，也包括必要的行政措施。夸大行政措施在我国现阶段的作用并过度使用行政手段进行宏观调控，是违背市场经济规律的；忽略行政措施在我国现阶段的作用甚至不承认行政手段对宏观调控的作用，也是脱离实际的。在各国政府应对这次国际金融危机的担当和作为方面，我国政府表现出的快速反应和采取的果断措施以及取得的突出效果，得到了大多数国家的肯定和称赞，也再次引起西方发达国家的一些研究机构和专家学者认真研究我国政府在市场经济中的功能和作用。实践多次证明，与发达市场经济国家相比，在当前及今后相当一个时期，我国在充分发挥市场配置资源基础性作用的同时，需要各级政府在宏观调控方面发挥更多和更大的作用，而对部分行业和领域实行国有或国有控股，也是现阶段实现我国宏观调控目标的一个重要措施。

规模经济是提升产业竞争力和企业竞争力的一个重要基础和途径。从产业来看，经过多年的发展，我国不少产业的总量位居世界前列，但部分产业的集中度不高，存在着“大行业、小企业”的现象。截至2008年年底，全国钢铁企业排名前5位的钢产量占全国总产量的比重只有28.5%，钢铁企业粗钢生产平均规模不足100万吨。近年来，我国一些产业的产能严重过剩，而产业集中度又太低，这是造成我国经济发

展中结构失衡、重复建设、过度竞争、秩序混乱、资源浪费、环境污染、效益下降等问题屡禁不止的一个深层次原因。为优化我国产业结构，提高经济运行效益，2005年12月国务院发布了《促进产业结构调整暂行规定》，明确提出要提高企业规模经济水平和产业集中度，加快大型企业发展。国务院在2005年6月发布的《关于促进煤炭工业健康发展的若干意见》中提出，要打破地域、行业和所有制界限，加快培育和发展若干个亿吨级大型煤炭骨干企业和企业集团。国家发改委于2004年5月和2005年7月发布的《汽车产业发展政策》和《钢铁产业发展政策》明确提出汽车、钢铁行业要扩大企业规模，提高产业集中度。2009年年初，为应对国际金融危机带来的消极影响，加快我国的结构调整和产业升级，国务院先后颁布了钢铁、汽车、造船等产业振兴规划，再次提出要促进企业重组，提高产业集中度，形成一批具有较强国际竞争力的大型企业集团。从这些年的实际情况看，单纯依靠市场手段优化产业结构，提高产业集中度，抵制无序竞争，解决产能严重过剩，效果并不理想，不少行业产能过剩和无序竞争的现象是有增无减。这些年山西等地的实际也说明，完全依靠市场机制难以尽快实现煤炭行业的优胜劣汰和优化重组，这是一个不争的事实。

近些年来，随着我国市场化程度的提高和竞争程度的加剧，为了尽快做大做强本地企业，提高企业竞争力，一些地方政府采取政府主导的企业合并重组，这中间既包括国有企业与国有企业的合并重组，如山东济钢与莱钢的合并重组，也包括国有企业与民营企业的合并重组，如山东钢铁公司与日照钢铁集团的合并重组。应该说，这种由政府主导的企业合并重组，有成功的案例，也有失败的教训，不能全盘否定。如何在提高产业集中度和企业并购重组中，更好地运用和把握市场这只“看不见的手”和政府这只“看得见的手”，是完善社会主义市场经济体制需要不断探索和把握的一个问题。

各级国资委作为同级政府授权专门履行国有资产出资人职责的特设机构，从国有经济布局和结构调整的全局出发对国有企业的并购重组加以组织、协调和管理，应是其分内的事，国务院批复的国资委的职能配置方案就包括，加强指导推进国有企业改革和重组，加快国有经济布局和结构调整，推动国有资本更多地投向关系国家安全和国民经济命脉的重要行业和关键领域。因此，不应把国资委主导的国有企业并购重组与过去曾经出现过的一些政府部门搞的“拉郎配”混为一谈。如果国资委对那些观望等待该重组不重组的企业或死抱着“宁为鸡头不为凤尾”思想不放的企业不主动行使出资人的职权，优化国有经济布局和结构就是一句空话。

五、要正确认识西方的经济理论，避免出现理论阐述和借鉴上的重大偏差

改革开放以来，我国积极学习包括产权理论在内的西方发达国家的经济理论，对推动我国的经济体制改革包括国有企业改革起到了重要借鉴作用。我国把股份制改革确立为国有企业改革的重要方向，应该说，西方的产权理论起到了重要影响作用。应该承认，现行西方理论有很多优秀的研究成果，对市场经济的发展起到了重要的推动作用，其分析研究问题的方法也有很多可取之处。但要看到，西方经济理论研究和分析问题的方法也在根据实证不断发展，不断完善，同时要看到，西方经济理论为了便于问题的分析和运用数学模型进行推导和论证，不得不设置一系列的假设和前提，对十分复杂的经济和社会关系进行抽象，如强调产权对企业绩效作用的决定性甚至是唯一性，而理论研究和大量实证都说明，产权是影响企业绩效的一个重要原因，但并非唯一因素。如果我们脱离中国实际，教条地对待西方发达国家的经济学说，照抄照搬西方的经济理论和概念定义，就容易出现绝对化和片面性等倾向，给我国公众和社会产生误导，使我国的改革开放误入歧途。如有观点从西方的产权理论得出中国只有私有化才有出路的结论，从过去的“唯公有制”完全转向“唯私有化”。还有观点从西方的“新自由主义”理论得出政

府干预越少越好的结论，从过去的“唯政府论”完全转向“唯市场论”。前几年，国内经常有观点把我国的国有企业股份制改革或国有产权制度改革指责为是搞私有化，实际上这是把欧美发达国家关于私有化和股份制的定义简单地照搬于我国，混淆了所有制与所有制实现形式的区别。

在我国，教条地对待马克思主义使我国的经济建设和社会发展付出了沉重的代价，对此，人们普遍抱有较为清醒的认识。但对教条地对待当代西方国家的各种学说和制度给我国经济建设和社会发展造成的危害，人们的认识就不太一致了，脱离中国实际和照抄照搬西方发达国家经济理论的现象在我国拥有一定市场。在一定意义上可以说，指责和批评“国进民退”是对改革的倒退正是这种不正确认识的一种反应。这种照抄照搬西方经济理论或将其简单化、绝对化的做法需要引起我们的注意。不久前结束的党的十七届四中全会从加强和改进新形势下党的建设的要求出发，强调要开展社会主义核心价值体系学习教育，并强调要自觉划清四个界限，其中一个就是要自觉划清社会主义公有制为主体、多种所有制经济共同发展的基本经济制度同私有化和单一公有制的界限。这应成为我们统一认识的重要理论和思想基础。

评"国有企业低效论"

◎宋　寒*

有人说，"国有经济效率低下"。这是违背事实的。

一、从宏观上观察公有制的社会经济效益

这里先说一说什么是经济效益。经济效益一般是指经济活动中对经济资源的占用量和消耗量同所取得的经济成果之间的数量对比关系。经济效益、经济效率和劳动生产率这几个词的含义并不完全相同。效率本来是自然科学用语，原意是指某种机械在工作时间输出的能量与输入的能量之间的比值；自然科学在计算效率时，并不考虑投入了多少活劳动量。引入活劳动，把活劳动投入量或投入时间同取得的劳动成果作比较，称为劳动生产率。再加上物化劳动，将物化劳动与活劳动消耗量同所获得的劳动成果比较，称为经济效率、经济效益或经济效果。但在实践中，人们又常把经济效益视为实现利润额或实现

* 宋寒，《求是》杂志社经济部原主任、研究员。

利税额。显然，后一种用法比经济效益的内含狭窄得多：（1）作为产出，它仅指剩余劳动部分，而不是全部劳动成果；（2）作为投入，它指物化劳动和活劳动的投入，却不包含自然资源的投入和影响社会自然环境所支付的成本。在本文中，我们将经济效益与经济效率作同一含义来理解，即指 c + v 与 c + v + m 之间的实物量或价值量对比关系。而 c 的部分，不仅指经济活动中占用和消耗的设备、能源、原材料和劳动力，而且包含影响社会和自然环境所带来的支付。

在衡量和剖析经济活动过程这种对比关系时，应科学界定经济活动对象的范围及其运动时间的界限，即我们所研究的经济活动对象是仅限于企业呢，还是考虑到企业以外的相关领域？考察研究是仅从一个短期固定时期出发呢，还是兼顾到能够观察到经济活动整体效益的完整时期？从实际需要看，这两种衡量方法都是重要的和必要的，它们各有自己的作用和意义。但对于公有制经济尤其是国有经济来说，却不能离开宏观经济进行分析。因为公有制经济的效益并不完全表现在企业效益上，同时而且更重要的是表现在社会效益上。只有既观察企业效益，又观察社会效益，将两者结合起来，才能看出全貌。列宁说："社会主义者应该善于区分部分和整体。"① "不要忽略主要的东西。"② 毛泽东说："看问题要从各方面去看，不能只看单方面。"③ 现在，让我们先作宏观观察。

社会主义公有制是社会主义制度的生产关系基础，是适应我国生产力的性质和社会化大生产的要求而产生的，它为我国社会和谐稳定发展和长治久安创造了根本条件。这是社会主义公有制产生社会经济效益的基础和前提。生产资料所有制，在任何社会都是决定社会发展的最重要、最根本的东西。生产资料所有制及其结构必须适应社会生产力的性质和发展要求，否则就会阻碍生产力发展，这是谁也不能阻挡的客观规

---

① 《火星派策略的最新发明》，《列宁全集》（第 2 版）第 9 卷，人民出版社，第 357 页。

② 《给印涅萨·阿尔曼德》，《列宁全集》（第 2 版）第 35 卷，人民出版社，第 255 页。

③ 《关于重庆谈判》，《毛泽东选集》（第 2 版）第 4 卷，人民出版社，第 1157 页。

律。旧中国之所以贫困落后、受人欺凌，不是因为中国人笨，或者不勤劳，根本原因是经济命脉和政权掌握在帝国主义、封建主义和官僚资本主义手中，广大劳动者遭受残酷剥削和压迫，缺乏发挥聪明才智和积极性的条件。对于长期遭受资本盘剥的我国广大劳动者来说，生产资料的解放是生产力解放的前提，公有制的建立、发展是生产力发展的前提。建立、发展和不断完善社会主义公有制，才能使生产资料由劳动者的对立物，由剥削劳动、榨取劳动者剩余劳动的手段，转化为劳动者自己团结在一起，为了一个共同的目标，分工合作，共同劳动，共同致富，利用、改造和战胜自然，解放和发展自己的手段。

新中国成立以来，我国生产力为什么发展那么快呢？为什么经济增长速度比世界平均水平高3倍，人均收入增长速度高6倍呢？为什么国民生产总值增长了57倍、经济总量上升到占世界第6位，综合国力上升到世界第2位，超过旧中国上千年经济增长的总和呢？为什么我们只用一代人就完成了其他国家用几个世纪才取得的成就呢？根本原因就在于建立了以公有制为主体的社会主义基本经济制度，并通过深化改革，不断使之巩固完善。公有制是社会主义经济制度的主体和基础，非公有制经济成为中国特色社会主义的重要组成部分。公有制为主体和多种所有制在我国社会主义初级阶段都不可缺少，它们相互促进，但在我国，社会主义公有制经济居主体地位，起主导作用，如果不是这样，中国就不会有社会主义的今天，社会就会变成另一个样子了。

社会主义公有制具有私有制所不具有的在全社会范围按照社会发展的客观的要求自觉地科学配置资源的条件，这是产生社会经济效益的一个前提。在市场经济条件下，市场是配置资源的基础，但“市场经济不能全靠自我调整，不可以挂上自动挡就放手不管。”① 连资产阶级经济学家都看到了这一点。我国的市场经济是社会主义市场经济，与社会主义制度联系在一起。坚持公有制为主体，劳动者把最重要的生产资料

---

① ［美］斯蒂格利茨：《中国的路绿国》，新加坡《联合早报》2006年4月12日。

掌握在自己手中，使生产资料摆脱了资本按追逐利润的需要自发盲目配置资源的本性（这种配置从资本看和短期看是合理的、高效益的，从全社会看和从长期看是不合理的、破坏效益的），就可以根据劳动人民的根本利益和社会发展的客观要求配置生产力，并集中力量发展关系全局的最重要的生产力。抓最重要的东西，顾全大局，是公有制的本质要求和表现。邓小平同志说："社会主义同资本主义比较，它的优越性就在于能做到全国一盘棋，集中力量，保证重点。"① "中国人分散开来力量不大，集合起来力量就大了。"② 作出宏观规划，洞察发展大局，控制经济命脉，在发挥市场作用的基础上，从全局出发在社会范围配置生产力，集中力量发展最重要、最关键的东西，在经济上是最合理和合算的，它能够用较少的社会资源取得最大的效果。这里表现出了公有制经济的特有的优越性。西方国家在工业化时期也是这么做的。欧美各国至今仍依靠政府投资和国有企业发展高科技、军事工业和控制经济命脉。我国是在生产力极其落后的情况下起步的。不集中力量抓关键就不能建立国民经济基础，发展国民经济最重要、最需要的东西。像"一五"时期的156个重点项目，大庆油田、胜利油田，宝钢、攀钢、武钢、包钢的建设，运载火箭、洲际导弹和同步卫星的发射，正负电子对撞机、千兆瓦低温反应堆，以及三峡工程和黄河小浪底工程，无一不是主要集中国有经济力量进行的。"六五"、"七五"期间重点安排了3000多个技术改造项目，"八五"期间抓了62个专项，也都以国有经济为主体进行的。"九五"、"十五"期间进行了更多重大建设工程，包括"神舟"六号载人航天飞行，穿越雪山戈壁，在世界海拔最高、长年冻土地带建成的1142公里青藏铁路、长距离的南水北调、西电东送、西气东输工程以及数字移动通讯、国家高速宽带网，也都主要是由国有单位完成的。这些项目在我国现代化中的意义和取得的巨大社会经济效益，谁都能感觉得到。

---

① 《邓小平文选》第3卷，人民出版社1993年版，第16~17页。

② 同上，第358页。

在公有制经济集中力量发展的社会事业中，有三项特别重要：一是基础设施，包括铁路、公路、重要桥梁建设，公用水和电力生产供应，重点森林防护、大江大河的治理，以及基础科学研究和文化教育事业，主要由国有经济承担。它投资大，收效时间长，承担企业也要讲究经济核算，但社会效益远大于企业效益，长期效益远大于短期效益，有时企业亏损也必须干，其效益是不能用企业盈亏多少来衡量的。设企业投资为1，企业短期经济效益往往是-1，而社会效益则大于1。通常1元的投资要带动周围大于四五倍的产值。例如经济发展要求道路先行。铁路运输具有全天候、能力大、成本低的特点，公路运输则机动灵活，可以从门到门，辐射性强。客运量对国民生产总值的弹性系数为0.8~0.9，货运量为0.45~0.55。正是由于我国这些年来国有交通运输业投资和运输量的增长（铁路营运里程由1978年的5.1万公里增加到2004年的7.4万公里，居世界第3位，公路由89万公里增加到187.1万公里，居世界第4位），才保证了国民生产总值年平均增长9.5%的速度。25年来如果不是货运总量增长5.3倍，客运量增长十多倍，国民生产总值决不会增长8.4倍。① 3万公里高速公路建设总投资不到3万亿元，为周围地区带来的效益少说也有6万亿元（3×2），即至少比投资大1倍，而且可以在相当长时期内有这样的收益。二是基础工业。包括石油、天然气开采、重要矿山开采、钢铁工业、重要化学原料工业、重要劳动手段制造业、重要电器元器研制业等，是为下游产业提供基础性原材料、劳动手段和服务的，这些企业自负盈亏，一般有较高的收益，但其社会效益更大。其产品质量、水平和规模决定整个国民经济的水平和建设进程。这些企业不仅要不断以优异的产品和服务贡献社会，武装国民经济各部门，而且常常必须以较低的价格提供给市场，使所有下游部门受惠。如果企业投资为1，企业效益一般为1.2，社会效益至少为1.2×2

① 目前我国铁路的总长度为世界的6%，完成的运量为世界的24%，每公里铁路所负担的货运量比欧美高3~6倍，干线高10多倍。目前全国一半以上货物运输是靠铁路实现的。1978~2004年，国民生产总值增长8.4倍，货运总量增长5.3倍。

或1.2×3，也即社会效益要比企业效益大1~2倍，并长期受益。三是高新技术。科学技术是第一生产力。国有经济力量雄厚，有条件也必须集中力量发展高新技术产业。高新技术投资大、风险大，一般短期内看不出效益，而一旦研究成功，则会千万倍地促进生产力发展，使整个社会受益。其投资为1，短期收益一般为小于1，长期则无穷大。公有制经济在保证国家政治独立和经济安全方面作用就不用说了。

公有制经济具有私有制所不具有的优化地区布局，促进全国平衡发展的布局社会经济效益。我国地区发展不平衡，各地生产力发展水平存在很大差别。发挥先进地区的作用，促进和支持中西部地区发展，是现代化建设的重大任务。支持中西部地区发展，要发挥市场的基础性作用，但仅仅依靠市场自发地配置资源是不行的。我国国有经济在支持落后地区发展，缩小地区差距，促进全国平衡方面，发挥了巨大主导作用。新中国成立初期，我国不多的工业集中于沿海几个城市，面积占56%的西部地区产值不到全国的1/10。新中国成立以来坚持全国一盘棋的方针，主要依靠国有经济，集中力量支持中西部地区建设。“一五”时期，156项重点工程1/3摆在西部。在兰州、新疆、成都、陕西新建了航空、电子、无缝钢管、石油化工等上百个大型国有企业，投巨资兴建了成渝、宝成、天兰、兰新等铁路，青藏公路及川藏公路。20世纪60~70年代，集中财力支持“三线”建设，投资上千亿元新建了2000多个大中型骨干企业，成为中西部地区的经济基础和支柱。摆一个大中型企业，就带动了一片地区经济成长；摆一二十个骨干企业和科研单位，就形成一个新城市。以后支持中西部地区的力度更大。现在中西部地区的经济总量已占全国的42%，其中国有经济的贡献约占60%。今后，中西部地区要支持鼓励非公有制经济发展，但不仅今天，而且将来也不能缺少国有经济的主导作用。中西部地区的发展不只是中西部地区的事，而是关系社会发展全局和长远发展的伟大事业，其社会效益不能仅仅以产值增加的倍数衡量。也许有人会说，如果没有国有经济的主导作用，单纯依靠市场的自发调节，中西部也会发展起来。但那要经过一个漫长的时期，在短短50多年中其社会经济面貌是不可能有这么大变化的。并且，缺乏公有制经济的主导作用，单单依靠非公有制经济发展，地区差距不会缩小，而会扩大。因为资本的本性决定了它不向边远落后地区流动。

社会主义公有制具有调节社会总供求关系，应对突发社会性重大事故的社会经济效益。社会总供给与总需求基本平衡，是社会稳定健康发展的重要条件。在社会经济发展过程中，总是会有供求关系不平衡及某些意想不到的情况出现。平衡—不平衡—平衡是社会经济发展的客观规律。短期的局部的不平衡由市场自发调节可以走向平衡，社会范围的不平衡即经济比例严重失调，单纯依靠市场自发调节是难以实现平衡的，至少是在遭到巨大损失后才能实现平衡。保持总量平衡，促进国民经济协调发展，是国有经济的一个重要职能。计划、金融、财政、税务、进出口管理在这方面负有重任。国家制定长期规划和年度计划，指明经济发展战略和发展方向。国家通过货币发行、利率、信贷关系和金融政策调节经济运行，促进总量平衡和币值稳定。财政税收通过国家和地方预算，调节国民经济结构，控制投资规模和收支方向。对外经济通过外资利用、商品进出口调节供求结构，引导投资方向。财政金融对应对突然重大事故有特别重要的作用。从1989年我国国有银行应对东南亚金融危机可以看出这一点，从投资规模过大，国民经济出现通胀趋势时国有银行采取的信贷利率政策调节措施的力度，也可以看出这一点。宏观调节，具有个别企业无法比拟的巨大社会效益。这些重要调节，只有政府通过国有经济才能实现，非公有制经济是无能为力的。

社会主义公有制还具有社会诚信和社会责任的社会经济效益。非公有制经济可以随意辞退职工，公有制经济不能随意辞退职工，而要对职工负责，对职工的生老病死负责任。下岗分流要考虑到社会的承受能力，并给职工以足够的补偿，使之能具有再就业和生活的能力。非公有制经济为了降低成本，谋取暴利，往往不惜破坏自然资源，污染环境，以致使我国因环境污染造成的损失占国民生产总值的10%以上，严重年份和地区高达33.4%，也即将高达3万多亿元的环境污染治理成本转嫁给了整个社会；公有制企业不能这样做，它必须在技术水平所能达到的情况下，尽力降低消耗，降低污染程度。这些年来我国单位产品能耗降低了1/4，2005年单位能源创造的国民收入超过1978年的3倍以上，主要是国有经济通过不断技术改造取得的。为此国有经济进行了上千亿元的投资。我国规划1/5的国土面积属于保护生态环境区，不能开发，但这1/5国土上的居民要改善生活，国家必须进行安排和给以补偿，安排和补偿主要是由政府和国有经济进行的。一些非公有制经济可以搞假冒伪劣，欺骗和坑害消费者；公有制经济不能这么做，而是尽力以价廉物美的重要产品满足市场需要。这都是要支付成本付出劳动的。这种支付是社会主义公有制对社会负责的本质表现，它产生社会经济效益。

仅从以上几个方面，再加上就业和税收因素，我们用投资量作权数，以投资量可以带来的实际经济收入和拉动社会经济增长的效益量与投资量相比较，试算公有制的总体经济效益，结论是社会主义公有制的社会经济效益远大于企业效益，更远大于私有制经济的效益。以同样的投资额进行比较，公有制投资1个单位，比如1亿元，企业效益为1.2亿元，社会经济效益高于20亿元，社会经济效益比企业经济效益高16.6倍；私有制经济投资1亿元，企业经济效益为1.5亿元，社会经济效益为0.47亿元，仅为企业效益的31%，远低于企业效益。公有制的整体社会效益至少比私有制经济高40倍！这就是为什么我们必须坚持公有制为主体的经济和社会依据。

二、从微观看公有制的企业经济效益

我国公有制（主要指国有企业）总体微观效益高，主要表现在以下“四高”上。

一是投资产出率比较高。我国国有企业产出率是相当高的。按国有经济产值在整个国民经济中所占比重计算的产出，要比按固定资产投资占国民收入比重计算的投入高1/3到1/2，最优时高5倍以上。

我国国有企业的产出平均增长速度也比西方国家高。通常要高3~4倍，2004年以后高得更多。这是我国经济总量迅速增长的主要原因。

还可以看一个数字。1978年国家统计局公布了一个国有企业资金回收年限的资料，国有轻工业的投资1年多就可收回，重工业3~5年就可收回，最长的制造工业7年就可收回。足见效率之高。目前情况也是这样。例如，2003年我国施工项目111290个，全部建成投产项目56784个，项目建成投产率为51%；新增固定资产13604万亿元，固定资产交付使用率为59.4%。①

在考察公有制企业经济效益的时候，要考虑到两个因素：(1) 产出的内容和质量。产出的价值量相同，产出的内容和质量往往有很大差别，甚至有根本性的差别。这一点，国有企业与非公有制企业有显著的不同，国有经济提供的产出比非公有制经济重要得多。(2) 国有企业的产出不仅表现在物质产品和服务上，而且表现在精神文明、技术创新、人才培养等方面。目前我国拥有科技人员3850万人，其中科学家、工程师达到225万人，国有大中型企业拥有科技人员141万人，科学家、工程师87万人。科技人员和研发人员总量分别居世界首位和第二位。国有经济中熟练工人也是最多的，世界上每5个熟练工人中中国就占一个。这是推动我国大踏步前进的巨大物质力量，代表着我国的未来和希望。培育出高水平的科学技术队伍和职工队伍，什么样的产品都能创造出来。

有人说：“我国国有和国有控股企业比重占40%，非国有企业占60%，但每年所消耗的资金和能源、原材料中，国有和国有控股企业至少占60%，非国有企业只占不到40%。说明国有企业的效益，不用同国外企业比较，同国内非国有企业比较，也大体要低1/2。”② 这种说法缺乏实际依据。大家知道，我国几乎所有行业的大中型国有企业的

---

① 《中国统计年鉴》(2004)，中国统计出版社2004年版，第208页。

② 杨启光：《不深化改革中国就没有出路》，《炎黄春秋》，2006年第4期，第9页。

单位产品成本和消耗都低于小型企业和非公有制企业，一般至少要低10%～20%，好的要低1/2。[①] 例如，一些非公有制冶金企业综合的吨钢能耗为1200公斤标准煤，国有大型骨干企业为698～750公斤；国有重点钢铁企业采用燃汽轮技术比一些非公有制用常规锅炉蒸气发电量多70%～90%，比燃煤电厂少用水1/3，且占地少，无污染。国有煤矿回采率为70%以上，私有小矿只有20%。2004年石油和化学工业评出了100强效益企业，96.7%以上是国有企业。机械制造、电力、造纸、纺织等行业也是这样。说国有企业效益低1/2，毫无依据。必须看到，国有经济肩负着为全社会提供公共设施和基础工业的任务。大部分公共基础设施和基础工业是需要巨大投资和原材料消耗的。一条青藏铁路，3万公里高速公路和一个长江三峡大坝工程要耗用多少钢铁、水泥、施工机械和砖瓦砂石？这些重大工程和重点基础工业用料多，当年投资，不能当年收益；政府和国有企业投资，全社会受益。它为整个社会和广大人民带来的利益是不能用一年的消耗和投资来衡量的，也不应单纯以产值来衡量。把这些极为重要和必需的投资和消耗说成是国有企业"低效"，合适吗？

二是劳动生产率比较高。劳动生产率是活劳动投入量或投入时间同创造的劳动成果之间的比率，表示每一个劳动者在一定时间中生产的产品量或价值，是衡量国有企业经济效益的重要指标。有人把劳动生产率低看做国有企业的同义语。实际情况不是这样。我国国有企业的劳动生产率，不论与全国平均水平比，还是同私有企业或有限责任公司比，都高得多，比港澳台投资企业也高；只是低于有限责任公司和外商投资企业。但有限责任公司很多都是国有企业，或国有投资企业。外商投资企业多属高技术加工企业，附加值高，情况特殊，不可比。

一般认为，东北地区国有企业困难多、效率低。实际情况也不是这样。

---

① 《中国统计年鉴》（1998年以后各卷）、《中国工业经济统计年鉴》（1991～1998年）。

从表1可以看出，东北地区国有企业的劳动生产率高于全部企业的平均数。由于全部企业的劳动生产率中包括国有企业，如果将这一因素剔除，单与非公有制经济比较，会更高。之所以高，是由于国有企业装备较好，管理比较完善，劳动者的基本素质和积极性高。这表明国有企业的生产关系和生产力水平都优于私有企业。到东北去看一看国有企业的实际情况，自然会得出这样的结论。

表1　　东北三省全员劳动生产率

项　目	全员劳动生产率（元/人）		
	辽宁	吉林	黑龙江
全部企业	48170	47306	68104
国有企业	50433	48042	73840
比较（以国有企业为1）	1.05	1.015	1.084

资料来源：《中国国力报告》（2005），中国时代经济出版社2005年版，第199页。

目前，我国的劳动生产率总体上还低于西方国家。这主要是由于我国人口多，总体装备落后。但并不是所有行业的劳动生产率都低于西方。不然西方国家为什么以每年500亿美元的规模向我国进行直接投资呢？而且，事物是在发展变化的。随着科学技术的发展和技术装备水平的提高，我国国有企业的劳动生产率必然会进一步提高。

三是剩余产品率比较高。我国国有企业实现利税额1988年前每年高于1000亿元，1988年后每年高于2000亿元，1993年后每年高于3000亿元，2000年后每年高于7000亿元，2005年高达9000亿元。实现利润额，从2000年的2408亿元增长到2005年的9047亿元，5年中增长了2.7倍；实现利税额从2000年的5879亿元增长到2004年的20204亿元，增长了2.4倍。产值利税率一直高于10%，固定资产利税率2005年为9.6%，1985年前一直高于20%。这在世界上也属少见。

上交财政额从1980年起每年一直高于1000亿元，90年代以后高于4000亿元；国有经济所提供的利税额在全国财政收入中1995年以前一直高于70%，2004年为68%，2005年上交利润额占44.9%，税占56.7%。国有企业以不到40%的产值量提供了占国家财政收入60%～70%的剩余产品量，贡献远大于非公有制企业。

剩余产品量是企业经济效益的重要标志。产品价格既定，产出量大于消耗量，才能有剩余产品。技术进步快，管理水平高，不断降低成本，个别消耗量低于社会平均必要劳动消耗量，才能取得更多的剩余收入。国有经济的利税水平及资产利税率表明，国有企业的经济效益是高的。国家财政每年对国有亏损企业也有一些补贴，但每年补贴从未超过600亿元，1994年以后每年补贴只300多亿元，不到上交财政利税额的1/10。

国有企业由于实现利税额大，上交国家财政占的比重大，对现代化建设作出了巨大贡献。剩余产品是积累和扩大再生产的源泉，也是全国人民共同致富的重要源泉。共同致富有两层含义：就公有制企业来说，劳动者通过共同劳动，按劳分配，共同致富；就整个社会来说，通过生产单位向社会提供剩余产品，用于整个社会的基本建设、扩大再生产和第二次分配，使全社会共同致富。国有企业每年提供了占财政收入60%以上的剩余产品，成了社会主义现代化建设资金的支柱和全国人民共同致富的主要源泉，非公有制经济也由此受惠。

四是国有大型企业经济效益高。国有大型企业是国民经济的骨干和支柱。2004年，我国拥有国有大型企业1242家。国有大型企业的户数占企业总数的4%，资产量占42.4%，产值占61.2%。这些企业拥有的资产量大，资产总量超过10万亿元，平均每个企业拥有63亿元，有232家超过100亿元；收入高，2004年为10.009万亿元，年营业收入上千亿元的15家，近百亿元的103家，其中国家电网公司2004年收入4829亿元。盈利率高，2004年盈亏相抵后盈利总额5549亿元，其中石油石化公司实现利润540亿元，天然气开采公司540亿元，邮电通讯集团447亿元，分别占我国500强企业利润总额的17%、14%和13%。境外上市的1000多家国有企业的权益和实现利润占全国国有企业的1/3～2/3。

在《财富》公布的世界500强企业中，中国有18家，其中内地的15家全部是国有企业。近些年中，世界500强企业利润增长甚微，而我国大型国有企业利润都大幅度提高，所有重要成长性指标都超过世界500强。2002年，我国500强营业收入比上年增加18.59%，比世界500强高16.3个百分点；平均利润增长29.91%，比世界500强高19.52个百分点；平均营业收入利润率为5.72%，比世界500强高2%。2004年平均收入比上年增长26.2%，比世界500强的10.5%高15.7个百分点；资产周转率0.32次/年，比世界500强（0.24次/年）高1/3。我国大型国有企业盈利的占93.4%。当然，我国国有大型企业的总体实力、技术水平和竞争能力与西方国家大型垄断集团还无法比，但我们已奠定了基础，积累了丰富经验，通过改革开放，产生了新的活力和竞争力，它们必将进一步显现和发挥出自己的实力和强大的生命力。西方垄断企业并不是不可以超越的。

三、为什么公有制具有较高的经济效益

社会主义公有制具有较高的经济效益，是由生产资料社会主义公有制的性质及其组织形式在根本上适合社会化大生产的要求和生产力的性质决定的。

当代生产主要是社会化大生产。即像恩格斯所说，生产资料已经“变为社会的，即只能由一批人共同使用”，否则“就不能把它们变成强大的生产力”①。生产关系要求承认生产力的这种性质，“也就是使生产、占有和交换的方式同生产资料的社会性相适应。而要实现这一点，只有由社会公开地和直接地占有已经发展到除了适于社会管理之外，不适于任何其他管理的生产力。”② 将“适于社会管理”的关键生产资料掌握在国家手中，就消除了资本私有与社会化大生产的根本对立，产生

① 《反杜林论》，《马克思恩格斯选集》第3卷，人民出版社1995年版，第619页。

② 同上，第629页。

了按社会化大生产的要求，在全社会范围配置生产力的条件；将适宜于局部范围管理的生产力，由劳动者集体所有和集体使用管理，就具备了在局部范围排除资本本性，并合理配置生产力的条件。这是公有制产生较高社会经济效益的生产关系基础。

社会主义公有制经济是商品经济，社会主义公有制企业仍然必须自主经营，自负盈亏。商品经济运动的一切共同规律，如价值规律、盈利规律，在社会主义公有制中都会起作用，且不能违背。但社会主义公有制与资本主义私有制有一个根本不同之点，就是由于生产资料所有制变了，公有制经济运动过程中人与人之间的关系及其运行机制也随之发生了根本的变化。在公有制内部，劳动者之间是联合劳动、分工合作、按劳分配、共同致富的关系，而不再是多数人受资本盘剥，为资本卖命，少数人骑在多数人头上，榨取多数人的剩余价值的关系。生产的根本目的不再是追求最大限度的利润，即所谓“利润最大化”，而是为了满足人民不断增长的物质和文化需要，人们通过劳动，共同享受自己的劳动成果。出现剩余产品，只是他们勤奋高效劳动的必然成果。这就产生了资本与劳动对立情况下不会有的自觉发展生产力和节约高效生产的积极性和巨大动力。这是公有制具有较高社会经济效益的动力和源泉。

公有制的交换过程和分配过程及其性质决定了公有制具有经济效益。公有制企业之间的交换是商品交换，但不单纯是物质产品的交换，这种社会分工不同的劳动者之间具体劳动的交换，反映的是劳动者在全社会范围联合劳动、分工合作的关系。它是企业内部人与人之间社会主义关系的扩大和延长。交换中必须遵循等价交换原则，要谋利，但更要立足于对方和社会的需要。公有制企业有自己的利益，同时要考虑社会利益，关键时候企业利益必须服从全局利益。交换转化为生产，使企业利益与社会利益实现优质结合。公有制经济是真正以人为本、以民为本的经济，以国家富强、民族兴旺为本的经济。它是在具有全局视野、满足全局需要的情况下建立发展的。资本主义所有制不是这样，牺牲全局满足自己是其本性。它也要面向市场，也高喊“顾客是上帝”，但它看中的是“上帝”口袋里的钱，剩余价值要通过市场才能实现；如果达不到这一目的，它就把“上帝”和市场撇在一边了。

所有制的性质决定分配的性质，这也决定公有制的高效益。公有制的必要产品根据按劳分配原则进行分配；剩余产品一部分用于企业本身职工的共同福利和扩大再生产，另一部分上交国家，用于整个社会的共同福利和扩大再生产。必要产品分配使职工生活安定，逐步走上共同富裕；剩余产品分配使社会有条件进行投资，向关键领域和部门发展，控制经济命脉，在生产关系上、技术上、生产力水平和实力上保持主导地位；在公有制企业内部，能够不断进行技术改造、更新设备和产品，掌握关键、重要和先进生产力。这是公有制效益提高的资金来源和物质保证。

企业管理的社会主义性质及不断改进完善的科学经营管理制度，也是保证企业经济效益提高的重要因素。固然，由于缺乏经验，体制不完善，目前我国国有企业的经营管理体制还存在许多缺陷，阻碍生产力的发展和效益提高，需要进一步深化改革，逐步走向完善。但改革的实践表明，我们有能力解决体制上的问题。大量国有企业和集体企业，就是由于抓了改革，建立了比较科学严密的内部管理制度，基础管理踏实，领导班子强，重大决策得当，技术进步快，工人积极性高，所以生产发展和经济效益一直优异。管理是巨大生产力，管理出效益。凡是管理好的企业、部门和地区，经济效益一定好，反之则必然低下落后。

公有制经济是生产关系与生产力的统一，经济基础与上层建筑的统一。所有制及其管理组织形式适应生产力发展的要求，就能促进生产力发展，促进效益提高；生产力发展和经济效益提高，又进一步促进社会主义生产关系巩固、发展、壮大。社会主义经济基础产生优秀的社会主义思想、文化、道德、规章制度和生产交换原则，它们反过来又为发展壮大社会主义经济基础服务。社会主义制度及公有制的高效益就是在这种辩证统一运动中发展的。

四、亏损现象剖析

有人经常拿国有企业中有部分亏损企业做文章，将国有企业与亏损画等号，断言国有企业必定亏损。张五常宣称：国有企业“用钱不会像用自己的钱那样小心谨慎”，“必定会输光”。他赌咒发誓地说：“这是黄金定律”，“我的赌注永远是这样下的。”① 只是他们赌注下错了。他的咒语偏离实际太远，不大会有多少人相信。

我国国有经济中，确实有部分企业出现亏损。但亏损企业在全部国有企业中仅占少数。亏损率很低，通常只有5%左右。1985 年前整个国有经济全部亏损额不过二三十亿元，1987 年为 61 亿元，亏损额占利润总额的比重低时不到 1%，高时也不到 10%。这个数字远低于非公有制企业，也低于西方国家。西方国家每年都有大量企业产生巨额亏损，陷入破产境地。1991 年以来，世界 500 强和前 100 强中，差不多每年都有 10% 的企业产生巨额亏损。② 欧美国家每年有几十万家企业因亏损破产或被兼并重组，以至出现一些历史悠久、资本雄厚的大型航空企业、电子工业破产及安然公司造假账隐瞒亏损，长期欺骗公众的情况。

一个社会在发展过程中，部分企业出现亏损，有时是一种难以完全避免的社会经济现象。企业从投产到盈利，往往要经过一个周期。一般说来，刚投产、初经营时不会盈利，或只有微利；投产以后，进入正常生产，经营管理及产品进入成长成熟期，盈利就会逐步增加。这时，初期的亏损是未来盈利的准备。企业进行产品研制开发和技术改造要投入，成本加大，不会立即盈利，反而会带来负债的增加或亏损。这时的负债和亏损也是为下一步盈利创造条件。企业在发展过程中还会受到外部条件和诸多难以预料的因素的制约。外部条件好，比如原材料价格

① 张五常：《还不是修宪的时候》，《经济学消息报》，2004 年 10 月 15 日。

② 宗寒：《国有经济读本》，经济管理出版社 2008 年版，第 430 页。

低，供应充分；市场好，产品售价高，盈利就多，否则就可能产生亏损。一个企业、一个行业今年亏损，明年转为盈利，或今年盈利，明年出现亏损，是经常发生的事。

我国部分国有企业产生亏损，有四种情况。一是政策性亏损。公用事业如公交运输企业、城市自来水企业、煤气供应企业等，要低价满足群众需要，成本高于收入，没有盈利，时常要靠政府补贴，是企业职能决定的，并不表明企业办得不好。政策性亏损通常占全部亏损的 1/3 以上。二是一些重大建设项目投资大，建设周期长，受益期长，经营成本在当年中显示不出来。这种亏损通常占全部亏损的 30% ~40%。三是有些企业管理不善，投资失误，生产发展和技术进步跟不上时代发展的要求。这种情况也占一定的比重。这三种亏损，前两种属于正常亏损，实际上并不是真正出现亏损，而是企业亏损，社会受益，短期亏损，长期受益，是国有经济应有职能和优越性的一种表现。不加鉴别，把这种情况说成是“用钱不像用自己的钱那样小心谨慎”是违背事实的。第三种亏损，属于不正常亏损。但这并不是国有企业必然出现的现象。国有企业同任何企业一样，经营管理和技术进步也要有个过程。要看到，我国国有企业是在一无所有情况下起步的。既缺乏物质技术基础，又缺乏管理经验。我们只能依靠自己的力量，一步步地在摸索中发展建设。技术水平低，管理不善，产品结构、企业结构和行业结构不合理，通过深化改革，改善经营管理制度，加强技术改造，调整产业企业和产品结构，这些问题都能够解决。国有经济的广大职工是有能力、有智慧克服前进中遇到的问题，推动国有经济前进的。通过 28 年的改革调整，我国国有经济新的经营管理体制逐步建立，技术水平和整体素质明显提高，产业结构逐趋完善，原有亏损企业大部分扭亏为盈，不是证明吗？

考察亏损，不能只看个别，而应与整体盈利状况联系起来研究；不能只看一时，要看周期。以上三类亏损企业的亏损总量，在新中国成立以来我国国有经济的发展史上，通常在国有经济实现的总利润中占不到

1%，1989 年最高时不过 10%。亏损额与盈利额比简直是微不足道。[①] 而盈利是逐年大幅度增加的，国有经济整体素质是不断提高的，其提高的速度远远高于其他所有制经济。这说明，国有经济总体运行良好，贡献巨大。

四是由于特殊原因引起的反常亏损。从表 2 可以看出，在 1988 年以前，国有企业亏损额不大，亏损面很低，1988 年全国国有企业亏损额为 81.9 亿元，而国有企业当年实现的利润为 1514.1 亿元，亏损额仅占实现利润额的 0.46%。亏损面为 10.91%，亏损率为 8.41%，都低。而后突然发生了重大变化。1989 年亏损过百亿元，企业亏损面一下子上升到 16.03%。1990～1992 年每年亏损超过 300 亿元，企业亏损面上升到 23%～27%。1993～1994 年每年亏损超过 400 亿元，亏损面达到 28%～30%。1995 年以后每年亏损超过 600 亿元，亏损面达到 33%～46%。亏损率和亏损在总盈利中占的比重也大幅度上升，以致出现许多行业整体亏损无一盈利的现象。

表 2　　国有工业企业亏损情况

年份	利润和税收总额（亿元）	亏损总额（亿元）	亏损面（%）	亏损率（%）	亏损占利润额的比重（%）
1952	37.3				
1957	114.4				
1963	185.0				
1965	243.8				
1966	309.2				
1967	386.4				
1968	263.8				

① 与西方国家作总体对比，可以明显地看到这一点。20 世纪 80 年代，我国国有经济的销售利税率高于 20%，美、德、日三国平均不到 5%；90 年代我国为 11%～12%，这三国平均低于 4%。销售利润率，80 年代我国国有经济为 10%，这三国为 2%～3%；90 年代我国为 4%上下，这三国不到 3%。

续表

年份	利润和税收总额（亿元）	亏损总额（亿元）	亏损面（%）	亏损率（%）	亏损占利润额的比重（%）
1969	223.6				
1970	345.0				
1971	472.1				
1972	522.4	32.3			0.59
1973	546.2	39.9			0.70
1974	566.8	61.8			12.0
1975	512.7	55.1			0.94
1976	582.7	76.9			14.30
1977	535.5	60.7			0.95
1978	633.9	42.1	19.3	7.63	5.3
1979	790.7	36.4	17.64	6.07	4.2
1980	864.4	34.3	19.17	5.53	3.7
1981	907.1	46.0	22.9	7.374	4.9
1982	923.3	47.2	20.78	7.37	4.8
1983	972.3	32.1	12.75	4.72	0.3
1984	1032.8	26.6	10.2	3.63	0.23
1985	1152.8	32.4	9.66	4.21	0.24
1986	1334.1	54.5	13.07	7.32	0.4
1987	1341.4	61.0	13.0	7.2	0.4
1988	1514.1	81.9	10.91	8.41	0.46
1989	1774.9	180.2	16.03	19.52	10.1
1990	1773.1	348.8	27.55	47.33	23.2
1991	1503.1	367.0	25.84	47.71	22.0
1992	1661.2	369.3	23.36	40.83	18.9
1993	1944.1	452.6	28.78	35.64	18.4
1994	2454.7	482.6	30.89	36.79	16.7
1995	28776.3	639.6	33.53	43.87	22.2
1996	2874.2	790.7	37.7	63.51	28.8
1997	2737.1	831.0	46.68	66.01	28.5
1998	2907.2	1150.7			34.1
1999	3371.0	966.7			23.6
2005	4079.0	300			3.3

资料来源：国家统计局：《中国工业交通能源50年统计资料汇编》，中国统计出版社2009年版，第53页。

为什么国有企业在1989年以后会突然出现大面积亏损呢？是国有企业一下子不行了吗？当然不是。国有企业亏损之所以突然增大，与国有企业的经营状况无关，更不是像有些人所说的那样“是国有经济的本质决定的”，而是另有原因。

（1）财政拨款改为银行贷款，企业负担增加。过去，国有企业的固定资产投资由国家财政无偿提供，流动资金由银行和财政分别提供，国有企业实现的利润上交国家财政，由此实现国有企业的财务平衡。国有企业在初始兴建、规模较小时，这样做是合理的，能够促进国有经济迅速发展壮大。缺点是管理高度集中，违背商品经济原则，企业缺乏经营管理的自主权，不能根据市场的需要，自主投资，自主决策，自主经营，自负盈亏；企业的一切重大决策都要经过上面批准，否则就得不到国家财政的资金支持，这就不能不极大地抑制企业自主经营的积极性和自主权，阻碍了生产力的发展。这种管理体制应该改革。1978年先把折旧基金逐步全部留给企业使用，不再上交。1979年推行企业基金制、利润留成制和盈亏包干制，将实现利润按一定比例留给企业，其余部分上交国家；对亏损企业实行亏损补贴包干。从1983年起，国家财政拨给国有企业原有流动资金留归企业作为“自有流动资金”，国家不再拨款，企业需要的流动资金，完全由企业向银行贷款。企业的固定资产投资则全部由财政无偿拨款改为银行贷款，这就是所谓“拨改贷”。进行“拨改贷”的改革，从理论上和方向上说是正确的，因为这是使国有企业从高度集中统一走向企业具有自主决策、自主经营，从作为政府的附属物走向具有经营主权、走向市场的重大步骤。问题是缺乏必要的中间过渡步骤和具体实施措施，使国有企业措手不及，负债和利息负担急剧上升，成为形成大面积亏损的主要原因。

从表3可以看出，从1985年开始，国有企业的资金来源出现从由国家财政无偿拨款为主转变为企业贷款为主的根本性变化。而贷款是需要企业支付利息的，这就不能不使企业成本上升，利润下降，以致出现亏损。1990年国家投资在企业固定资产投资中占的比重降为13.2%，企业贷款上升为86.8%，当年企业支付利息1107亿元，比当年国有企业的实现利润388亿元高1.8倍，也就是说，使本来应为利润的1107亿元转化为成本，因而使企业亏损面一下子从16%上升为27.5%。而后国家投资进一步减少，企业固定资产投资和流动资金95%以上完全靠贷款，贷款利息率进一步提高，企业要维持再生产，又不能不贷款，以至1997年企业利息支出达到4000多亿元，竟相当于当年全部国有企业实现利润总额427.8亿元的10倍，成为企业亏损面一下子大幅度上升的主要原因。

表3　　国有企业资金来源的发展变化

年份	国家资产投资总额（亿元）	占投资总额比重（%）		企业利息支出额	
		国家投资	企业贷款	利息支出（亿元）	相当于当年利润的比重（%）
1985	1680.5	23.98	76.1	413	55.9
1990	2986.3	13.2	86.8	1107	285.3
1993	7925.9	5.6	94.4		
1994	9615.7	4.9	95.1	1256	151.5
1995	10898.2	5.0	95.0	2500	375.6
1996	12006.2	4.6	95.4	4064	984.9
1997	13091.7	4.6	95.4	4680	1093.9
1998	15369.3	7.0	93.0	7527	1433.4
1999	15947.7	9.7	90.3		
2000	16504.4	10.4	89.6		
2001	17606.9	12.3	87.7		

资料来源：《中国统计年鉴》（1997～2002年）。

（2）利改税，税负不公平。从20世纪80年代起，对国有企业实行两步“利改税”的改革，也即将原来国有企业的纯收入以上缴财政利润的形式，改为依法以按一定税率征税上缴财政。规定国有大中型企业按照55%的税率征收所得税，企业利润超过核定留利水平的，再征收调节税；对于国有小型企业按8级超额累进税率征收所得税。同时，对集体所有制企业和非公有制企业实行税收优惠。1988年规定私有企业所得税税率为35%，比国有企业低20%，“三资”企业税率更低。私有企业和“三资”企业的税收还可以“三减二免”，即初办时二年免税，以后再三年减税。许多私有企业为了得到“三减二免”的优待，就不断更换企业名字；而“三资”企业除享受“三减二免”的优惠外，还以抬高原材料进价、虚增成本等办法避税逃税。致使国有企业的税收负担，大大高于非国有经济，不堪重负。

从表4可以看出，同样的规模，同样的收入，国有企业的税负要比非国有企业高2~4倍，有的年份高达10倍。以1995年为例，国有企业所交税金占销售收入的比重为9.82%，集体企业为4.65%，乡镇企业为3.5%，“三资”企业为3.98%，私有企业为2.8%，个体企业为1.1%。国有企业的税负要分别比这些企业高1~8倍，差别太大了。由于税负不公，致使国有企业当年多交税1437亿元，这就不能不影响到实际利润。国有企业在实行“利改税”前，利大税小，1980年的利税比为65:35；实行“利改税”后，利税比出现根本性的变化：1990年利税比转化为26:74，1995年再转化为24:76，2004年后大于26:74。原来作为纯收入的利润转化为税收，再加上税负严重不公，给国有企业带来严重负担。不同所有制实行不同的税率，将非公有制经济应该交纳的税金转嫁给了国有企业，实际上是相当于将国有企业创造的一部分收入转给了非公有制企业，增加了非公有制企业的剩余收入，促进了非公有制经济的迅速发展，却增加了国有企业的税收负担，人为地降低了国有企业的积累水平，成为造成国有企业利润额大幅度下降和亏损面急剧上升的另一个原因。

表4　　国有企业与非国有企业税负负担比较

年份	国有企业	集体企业	个体经济	其他经济	
1985	0.213	0.128	0.417	0.154	
1986	0.241	0.099	0.291	0.248	
1987	0.202	0.087	0.209	0.271	
1988	0.174	0.072	0.186	0.144	

续表

年份	国有企业	集体企业	个体经济	其他经济	
1989	0.160	0.067	0.176	0.156	
1990	0.168	0.064	0.179	0.153	
1991	0.155	0.058	0.215	0.116	
1992	0.139	0.042	0.079	0.079	
1993	0.137	0.037	0.054	0.046	
1994	0.142	0.028	0.033	0.029	
1995	0.142	0.032	0.032	0.023	
年份	国有企业	集体企业	股份经济	“三资”企业	港澳台投资企业
1996	0.115	0.044	0.056	0.038	0.031
1997	0.118	0.045	0.053	0.038	0.010
1998	0.107	0.050	0.041	0.040	0.0335
1999	0.105	0.129	0.056	0.041	0.0325
2000	0.106	0.051	0.069	0.040	0.033
2001	0.103	0.055	0.068	0.040	0.034

资料来源：《中国财政统计》（1950～1991年），《新中国50年财政统计》，《中国统计年鉴》。

（3）政策性额外成本上升。1978年以来，农村实行联产承包责任制。为了调动农民的积极性，增加农民收入，几次提高粮棉收购价格。1990～1995年农副产品收购价上升87.7%，比同期销往农村的工业品零售价高20多个百分点，每年转移到农民手中500亿～1000亿元。同期国有企业原材料购进价提高135%，而工业品出厂价仅提高1%，国有企业为此每年增加支出500多亿元。这些政策性支出，与企业经营水平无关，却是带来亏损的因素。

国有企业长期负有安置城镇就业人口的任务。1978年前，国有企业安置的城镇就业人口高于70%。2003年仍占63%。国有企业1980年以来因安置劳动者就业每年多支付工资1000多亿元，超过当年实现利润额的1倍；1989～1993年平均每年多支付工资超过2000亿元，相当于当年实现利润额的4～5倍；1994年后平均每年多支付工资超过5000

亿元，相当于当年实现利润额的6~10倍。①

国有企业工资水平比非公有制经济高，且逐年有所增长。2003年，国有企业职工的年平均工资比私有企业高45%~50%。1978~2003年的25年中，国有企业职工工资年平均提高13.2%，扣除物价因素年平均增长7%；而1990年以来私有企业职工工资年平均仅增长5%，扣除物价因素仅增长1%左右。大量私有企业尽力延长工时，压低工资，50%以上企业的职工工资比国家规定的最低工资还低，76%的职工节假日加班不给任何加班工资。② 国有企业不能这么做。国有企业职工福利较多，养老、失业保险比较健全。一些国有企业还办教育，办医院，盖宿舍，修道路。这方面的支出少说也达六七千亿元。这些支出本应由社会负担，由于有的尚无条件剥离，企业不能不负担起来。这虽然增加了企业的负担，却保证了整个社会的稳定和职工基本生活的安定。

（4）特定阶段的特殊因素。我国以国有企业为中心的经济体制改革是前无古人的伟大事业。改革是在中央的正确领导和明确的方针政策指引下，由下而上、由上而下进行的。在改革过程中，原来高度集中的计划经济体制对企业的制约机制和束缚被逐步破除，以企业自主经营、自负盈亏为中心，以市场配置资源为基础的社会主义市场经济体制逐步形成。企业的自主经营权不断扩大，国有经济产生了新的动力和活力，国有经济走上新的发展阶段。同时，也有人从“左”的方面或“右”的方面干扰改革，宣传“市场经济应建立在民营经济基础上”，“市场经济与公有制不相容”，提出“国退民进”，“国有经济应退出一切竞争领域”，刮起一阵又一阵出卖国有企业风。有些经营者私欲恶性发展，利用手中的权力蓄意把企业掏空做亏，以把企业转化到自己手中，造成国有资产大量流失。据统计，1990年以来国有资产平均每年流失1500亿元，合计流失1万多亿元，成为国有企业亏损的重要原因。国有资产流失最严重的地区是国有企业亏损面最大的地区；国有资产流失最严重

---

① 刘元春：《国有企业宏观效率论》，《中国社会科学》，2001年第5期。

② 李增辉：《四成企业工资敢比“最低”还低》，《人民日报》，2006年6月22日。

的年份，是国有企业亏损最严重的年份。

有些地区不顾全局利益、客观需要和原有产业基础的状况，盲目引进外资，支持发展私有企业，以非法手段与国有企业进行恶性竞争，使一些行业产能过剩，供求失衡，开工不足，也是使一些行业利润率大幅度下降和亏损上升的重要原因。实践表明，国民经济按比例发展是不能违背的。多种所有制经济只有在坚持公有制为主体、维护民族利益和保持国民经济按比例协调发展的条件下发展，整个经济才能得到健康顺利发展，否则必然造成损失。

总之，对国有企业出现亏损的现象，要进行事实求是的分析。把因客观原因带来的亏损说成是国有经济本身造成的，是违背事实的。对盈亏的内含及其决定性因素也应做具体分析。盈利因素是由多种因素决定的。有时盈利多，并不一定代表企业管理好或技术有了进步，而可能是市场价格变化的结果；同样情况下，上游原材料价格上涨，或技术改造一时不能收效，折旧增加，可能造成亏损，情况改变后，就盈利了。因外在因素的影响，企业可能上半年盈利，下半年亏损；或上半年亏损，下半年盈利。所以，对公有制企业经济效益的衡量，应考虑各种因素，放长一些时间，将盈亏状况与整个投入产出状况相联系，微观效益与宏观效益相联系，才能得出较为准确的结论。

五、公有制经济效益的实现程度决定于具体历史条件

与非公有制经济比较，我国公有制经济具有明显的经济效益，但从公有制经济的实力和效益的绝对量看，我国还低于西方发达国家。我国国有经济总体实力不强，具有国际竞争力的大型企业集团太少，多数企业在国际上没有多少发言权。全国 500 强的平均资产仅为世界 500 强平均资产的 6.5%，总资产仅是世界 500 强第 1 名的 2 倍多一点。我国最大的工程机械制造公司徐州工程机械集团的销售额仅为美国卡特彼勒公司的 2.1%，最大的汽车制造厂一汽集团的销售额仅及美国通用公司的

4.9%。全国500强人均利润和人均收入仅为世界500强的15.5%和10.1%。目前，全球生产的4%，国际贸易的50%~60%、国际技术贸易的60%~70%，研究和开发的80%~90%，国际投资的90%，都被西方跨国公司所控制。世界进出口货物的一半以上为10个发达国家拥有。这些公司到处伸手，不断从世界各国包括我国取得巨额利润。我们必须进一步发展壮大公有制经济，才能缩短差距，逐步赶上这些企业。但是应该看到，这些差距不是社会主义公有制所谓“低效率”造成的，而是由于我国生产力总体水平低，社会主义公有制基础落后，起步晚。发挥社会主义制度的优越性，必将迅速缩短这种差距。

我国公有制企业体制不完善，结构不合理，技术上总体落后，必须深化改革，调整结构，加速技术进步，扶持加强优势企业，改造淘汰落后企业，促进公有制经济壮大发展，使之充分发挥公有制的主体作用。必须看到，任何企业，都是在不断调整改造中发展的。产业结构、企业结构、产品结构都有自己的发展变化规律，是随着社会生产力发展水平和技术进步程度而不断变化的。一种产业在一定时期是先进的、兴旺的，待技术进步、生产力发展和市场需求变化以后，就会落后；根据需要，及时调整，超前发展，就会产生转化为新的生产力。社会主义公有制经济也是这样。它也是在不断改革、调整、改造中前进。一些企业的管理体制和技术落后，并不是所有制造成的，而是缺乏经验、缺乏远见、管理不善使然。深化改革，适当调整，加强管理，必将使公有制越办越好。把因市场变化和管理缺陷出现的部分亏损落后企业说成是所有制问题，是违背事实的。

评"国有经济退出竞争领域论"

◎程恩富　鄢　杰*

国有经济战略性结构调整是国有企业改革的重要内容，但是对于如何认识国有经济战略性调整实质，人们在认识上一直存在着分歧。当前有一种比较流行的观点认为，国有经济进行战略性结构调整的实质就是要使国有企业全面退出竞争性领域，专门从事中外私有企业不愿意或无法经营的公共产品，而竞争性部门则只应当由中外私有或民营企业来经营。"全面退出论"以国有企业经济效率低下，挤占了中外私人经济发展空间，"与民争利"，影响了市场公平竞争，不利于我国市场经济发展，不利于充分就业等为理由，并根据20世纪80年代末期西方工业化国家国有经济增加值只占国内生产总值的不足10%等情况，主张我国国有经济应该大范围地从竞争性行业退

* 程恩富，中国社会科学院马克思主义研究院院长；鄢杰，西南财经大学财政税收学院。

出,[①] 集中在少数自然垄断行业或者是民间资本不愿进入的行业和领域，然后民营经济就能够获得更大的发展空间，就能够解决就业、效率、国内外竞争等国民经济又好又快的发展问题。然而，这种观点在理论和事实上都是站不住脚的，是一种误导。

一、从巩固和加强我国社会主义经济制度的基础来看，国有企业不能完全退出所谓竞争性领域

《中华人民共和国宪法》第六条规定“中华人民共和国的社会主义经济制度的基础是生产资料的社会主义公有制，即全民所有制和劳动群众集体所有制”；第七条规定“国有经济，即社会主义全民所有制经济，是国民经济中的主导力量”。中共十五届四中全会通过的《中共中央关于国有企业改革和发展若干重大问题的决定》中指出“包括国有经济在内的公有制经济，是我国社会主义制度的经济基础，是国家引导、推动、调控经济和社会发展的基本力量，是实现广大人民群众根本利益和共同富裕的重要保证”。我国是处于社会主义初级阶段的生产资料公有制为主体的国家，生产力尚不够发达，经济基础薄弱，社会主义公有制生产关系还不够巩固，国有经济和国有企业的存在和发展，既是社会主义公有制生产关系的客观要求，也是社会主义公有制的基本形式之一。

新中国成立后，正是依赖众多的国有企业，我国在短短的十多年间建立了比较完整的国民经济体系尤其是工业体系，使我国的生产资料和生活资料不断丰富，人民物质文化生活条件得到了不断改善，国家综合实力不断增强。改革开放后，尽管我国经济社会各项事业不断发展，但是与发达的资本主义国家相比，生产力还相对落后，发展水平还有较大差距，人民群众福利水平还需要进一步提高，社会主义公有制的优越性

① 童计营:《国有经济——经济发展的控制性力量》,《经济日报》,2000 年 11 月 20 日。

体现不够充分。国有企业作为全民所有的企业，其发展壮大的根本目的是为国家、为人民积累财富，为解决民生问题奠定物质基础。当前，在我国社会主义初级阶段，只有不断坚持发展壮大国有经济和国有企业，社会主义公有制生产关系才能得以巩固，公有制的巨大优势才能得以体现。如果国有企业完全退出竞争性领域，私有性质的“民营经济”必将会占据国民经济的主体地位，进而社会主义公有制经济的基础也必将进一步削弱，社会主义大厦也必将面临崩塌的危险。国有经济是否退出某些行业或领域，不能以其是否属于所谓的竞争性行业或领域为标准，而要坚持是否有利于社会主义公有制经济的巩固和发展，是否有利于生产力的提高，是否有利于广大人民群众的根本利益为战略布局和调整的标准。

此外，在当代高科技和经济全球化的新条件下，固守自然垄断行业和竞争性行业的分类，已经过时。因为几乎所有经济领域都可以有竞争性和垄断性。

二、国有企业全面退出所谓竞争性领域，不利于发展社会主义市场经济

我国实行的社会主义市场经济是以市场机制作为资源配置的基础性手段的、计划调节和市场调节相结合的经济制度。在社会主义市场经济体系中，国有企业和其他性质的企业一样都是社会主义市场经济的微观基础，社会主义市场经济一方面需要国有经济和民营经济共同竞争、共同发展；另一方面，当市场经济出现不稳定时就需要主要通过国有经济进行快速有效调节。在市场经济中，民营经济生产经营的目的在于谋取私人利益，追求的主要是本位经济效率和经济效益。为了实现本企业利润最大化目标，它们往往会出现损害消费者利益、社会整体利益以及其他外部不经济行为。如当下食品等安全问题便是如此。在所谓竞争性领域，国有经济按照市场法则与民营经济公平竞争，既能与民营经济相互

促进，提高市场效率，还能维护市场供需均衡，维护消费者利益，同时还在一定程度上可以消除外资经济对民营经济的“挤出效应”，维护民族产业的发展。①

中共十七大报告也提出“毫不动摇地巩固和发展公有制经济”，“增强国有经济活力、控制力、影响力”，国有经济在所谓竞争性领域做强做优，正是充分体现了党中央发展国有经济的重要精神。如果说国有经济退出竞争性领域，公有制和市场经济高效结合的社会主义市场经济体制的基础就会被削弱，国有经济活力、控制力、影响力、国内外竞争力和国民凝聚力等作用发挥的客观基础也会逐渐丧失，国有经济的主导作用和公有制的主体地位也难以体现。因此，现阶段我国所有制结构大体稳定在“34111”的比例为宜，即国有经济占30%，集体经济和合作经济占40%，私营经济占10%，个体经济占10%，外资经济占10%。② 需要强调的是，从法律的角度看，国有企业和其他企业一样，具有平等参与市场竞争的权利，同样具有资本增值的属性（同时具有国家调节目标的属性）。国有企业与非国有企业在市场经济中处于平等竞争的地位，市场竞争主体即企业的进入退出某一行业或领域，本质上取决于企业自身的依法独立决策和市场的择优选择，而不是取决于所谓行业或领域划分标准或政府的主观意愿，最终的结果则取决于企业市场竞争力和国家发展目标。当然，与中外私有企业相比，国有企业的目标不仅仅是追求可持续的长期利润，还要满足公共利益和国家调节的需要。这并不意味着这些国有企业不能追求必要的盈利最大化。企业的本质就在于创造价值追求盈利，投资于国有企业的资本不同于一般的财政支出，它需要在经营过程中不断保值和增值，在社会再生产体系中不断循环周转，这样才能在市场经济中得到生存发展，才能有效地完成其承担的社会职能，实现社会的目标。从这个意义上说，追求利润与实现社

---

① 如中粮集团入主蒙牛集团，有效抵制了外资对民族品牌的挤压，维护了民族产业的安全。

② 程恩富：《程恩富选集》，中国社会科学出版社2010年版，第94页。

会目标是并行不悖的。①

三、完全退出竞争性领域有违党中央关于国有经济布局和战略调整的基本方向

1997年9月党的十五大明确指出“要从战略上调整经济布局。对关系国民经济命脉的重要行业和关键领域，国有经济必须占支配地位。在其他领域，可以通过资产重组和结构调整，以加强重点，提高国有资产的整体质量”；② 党的十六大报告指出“发展壮大国有经济，国有经济控制国民经济命脉，对于发挥社会主义制度的优越性，增强我国的经济实力、国防实力和民族凝聚力，具有关键性作用”；2003年，党的十六届三中全会明确提出，要完善国有资本有进有退、合理流动的机制，进一步推动国有资本更多地投向关系国家安全和国民经济命脉的重要行业和关键领域，增强国有经济的控制力；其他行业和领域的国有企业，通过资产重组和结构调整，在市场公平竞争中优胜劣汰。发展具有国际竞争力的大公司大企业集团；党的十七大报告再次指出要“毫不动摇地巩固和发展公有制经济”，“增强国有经济活力、控制力、影响力”。从中央有关文件看，强调的是国有经济要控制关系国民经济命脉的重要行业和关键领域，要完善国有资本有进有退、合理流动的机制，但并没有说国有企业必须退出其他行业和领域（自然包括所谓竞争性行业和领域）。

某些人随意曲解甚至篡改中央文件精神③，鼓吹国有企业全面退出

① 张宇：《国有经济与市场竞争》，《国企》，2010年第9期。

② 1999年9月，党的十五届四中全会首次把“重要的行业和关键领域”定义为：“涉及国家安全的行业，自然垄断的行业，提供重要公共产品和服务的行业，以及支柱产业和高科技术产业的重要骨干企业”。

③ 夏小林在《国企》发文点名批评吴敬琏篡改中央文件，《国企》发文时以“某知名学者”代替了真名；何伟2010年在《中国流通经济》发文，也曲解了中央文件精神，鼓吹国企全面退出竞争性领域。

竞争性领域，给我国的国企改革带来思想上的混乱，导致实践中国有资产的大量流失。如很多地方政府在处理国有经济退出时采取简单化、绝对化、短期化的做法，对国有企业改革采取“一退了之”、“一卖了之”、“半卖半送”、“连卖带送”、“明卖暗送”，不管国有企业经营效益好坏都一概退出，既不考虑“进而有为”，也不考虑“退而有序”的调整战略，甚至把国有企业当做“包袱”一样“一甩了之”，盲目草率地分流职工、随意处理国有资产，给改革留下极大后患，破坏了社会主义和谐社会的构建。

需要强调的是，我国经济改革的目标是建立社会主义市场经济体制，把市场经济与社会主义基本制度相结合，其中心环节就是使国有企业形成适应市场经济要求的管理体制和经营机制，一方面有效地利用市场对各种经济信号反应比较灵敏等优点，发挥市场在资源配置中的基础性作用；另一方面有效发挥了国有经济的主导作用，克服市场经济的盲目性、自发性和滞后性等弱点，把社会主义根本经济制度的优越性与市场经济的长处更好地结合起来。如果说国有企业都要退出竞争领域、只能存在于所谓非竞争领域和亏损领域，那么，等于说国有经济不能参与市场竞争，更谈不上发挥国有经济的控制力、影响力和竞争力，建立和完善具有中国特色的社会主义市场经济便成了一句空话。同样，作为企业、作为市场中的资本，国有企业或国有资本同样需要不断保值和增值，能够在社会再生产体系中不断循环，并在循环中创造价值，为其所有者（全民和国家）带来利润，通过市场竞争为社会提供更好的产品和服务，更好地为实现全体人民的整体利益服务。目前，处于竞争性领域的国有企业已有较强的市场竞争力和良好的效益，在市场竞争中得到了发展壮大，那么，凭什么一定要用行政命令的手段强迫其完全退出竞争性领域呢？又如何去落实党的十七大报告中关于“形成各种所有制经济平等竞争、相互促进新格局”的目标呢？

四、从当前国际经济竞争、民营企业自身发展以及应对经济危机来看，国有企业也不能全面退出竞争性行业和领域

当前，随着国际经济全球化发展，国际经济竞争日趋激烈，经济风险不断加大。我国民营经济发展起步晚，规模小，管理水平低，生产设备陈旧，技术研发投入经费少，创新能力和竞争力弱，产品技术含量低，难以应对西方跨国大型企业的竞争和经济危机的冲击。2008～2009年受西方金融危机的影响，许多地区的民营中小企业约有40%的企业倒闭了，40%的企业在生死线上徘徊，只有20%的企业没有受到影响。

民营企业难以抵御危机冲击，主要在于其科技创新能力不足，进而导致竞争力弱。以安徽省为例，对全省民营科技企业的调查，得出有53.46%的企业认为当前培育科技竞争力的最大问题，在于科技人才投入不足①。2007年安庆市R&D人员仅仅685人，低于17个省辖市平均水平（1925人），万人中从事R&D活动人员比例仅为1.23人，低于全省和17个省辖市平均水平（分别是5.79人、7.16人）。通行的标准是，在科技类企业中，科技开发投入的比例应该占销售额的5%～8%，有的甚至高达10%以上，低于5%说明企业的创新能力较弱。② 2005年我国民营科技企业的研发投入仅为3.1%，低于我国政府规定的5%的标准。我国只有11.9%民营企业中开展了技术创新活动，研发经费只占其销售收入的0.71%，而发达国家企业的这一比重一般为3%，我国民营企业对外技术依存度高达50%，多数中小民营企业现有技术都是通过直接购买，很少自己研发。③ 而国有企业，尤其是中央企业这几年

① 刘长义：《安徽省民营科技企业技术创新途径初探》，《特区经济》，2008年第2期，第122～123页。

② 马建新：《民营科技企业综合创新研究》，经济科学出版社2005年版。

③ 彭生高、储流杰：《民营企业科技创新问题与对策研究》，《安庆科技》，2010年第1期，第16页。

强化科技研发投入，企业技术素质不断提高，规模不断扩大，2010 年中央企业已经有 30 家进入了世界 500 强，国有企业的技术外溢效应及与民营企业的上下游及横向协作关系也帮助其减轻了危机冲击。

由于民营企业整体经营素质较差，在与国外企业的竞争中往往处于劣势。竞争性领域国有企业除了与民营企业展开竞争外，还存在一定的相互依存、相互支持关系，一个大型国有企业往往能带动数百家民营企业，很多民营企业已经与国有企业形成了产品配套协作关系，国有企业和民营企业相互持股的现象也逐渐增加。我国加入 WTO 以后，很多重要行业和领域包括大部分制造业、金融业保险、电力能源等都逐渐向外国资本开放，行业微观主体多元化格局已经逐渐形成。如果国有企业完全退出竞争性领域，尤其是生产加工制造业，为数众多的中小民营企业在外国资本的强力冲击下必将哀鸿遍野。

截至 2009 年，我国还有国有及国有控股工业企业 20510 家，拥有资产 215742.01 亿元，负债 130098.87 亿元，所有者权益 85186.57 万亿元，全部从业人员 1803.37 万人。同年，私营工业企业尽管已经达到了 256031 家，但总资产仅有 91175.60 万亿元，负债 50495.45 万亿元，所有者权益 156603.57 万亿元。在全部工业资产中，国有及国有控股工业资产占了全部资产的 70.29%，其所有者权益占全部所有者权益的 67.84%。因此，只有“国民共进”，才能相得益彰，并共同应对西方经济危机和国际高端竞争。

在应对近几年经济危机中，无论西方国家还是中国，国有企业也扮演着重要的角色。我国在两年内推行 4 万亿元投资振兴计划，大量国有企业承担了很多民营企业不愿意或没能力进入的公共产品和公共服务行业和领域，诸如交通通信、电力能源等基础设施项目和社会事业、民生工程建设等市场机制难以充分发挥作用的领域，为民营经济的发展壮大提供了良好基础和条件，带动了民间资本投资。在危机寒流中，国有企业不仅坚持不裁员，而且还扩招职工，主动降薪，与民营企业“抱团取暖”，从而在保增长、保民生、保稳定中发挥了重要作用。

五、以西方国家为依据来调整中国特色社会主义的国有经济所占比重是荒谬的

国有经济是国家所有的经济，它的性质取决于国家政权的性质。即使在发达的资本主义国家的发展史上，国有经济分布的领域也并不限于提供公共物品和自然垄断等“市场失灵”的领域。第二次世界大战后，发达资本主义国家曾经出现过多次国有化浪潮，建立了一大批国有企业，涉及石油、煤炭、电力、钢铁、铁路、公路、港口、民航、电子、宇航、汽车、飞机、银行、保险和公共服务等多个部门。1979 年，英国国有企业的营业额占英国国内生产总值的 11.5%，投资额占英国投资总额的 20%；1982 年，法国 53% 的公司资本控制在了政府手中。联邦德国、奥地利、意大利等国的国有化程度也大大提高。国有经济在许多重点经济部门取得了支配地位。① 比如，法国早在 20 世纪 30 年代和第二次世界大战结束初期的第一、二次国有化中，就先后把铁路、航空、部分军火工厂和雷诺汽车公司、法兰西电力公司、法兰西煤气公司、法兰西银行等以及 30 多家保险公司国有化。1981～1982 年的第三次国有化，显著特点之一就是国有化的领域超出了以往的公用事业和基础设施行业，对具有竞争力的新兴工业和国民经济中处于战略地位的部门，也实行国有化，使政府控制了全国飞机制造营业额的 84%，钢铁业的 80%，化纤工业的 75%，军火工业的 74%，冶金和有色金属加工工业的 66%，化学工业的 52%，电子工业的 49%，玻璃工业的 35%。有 11 家工业企业集团以不同方式收归国有，并将巴黎荷兰金融公司、苏伊士金融公司以及存款在 10 亿以上的 39 家大银行实行国有化。经过这次国有化运动，国家直接或间接控制的企业达 4300 多家。国有工业企业的营业额占工业企业总营业额的比重从 22% 提高到 40%；出口

① 张宇、张晨：《“市场失灵”不是国有经济存在的依据》，《中国人民大学学报》，2010 年第 5 期。

额占工业总出口额的34.6%；投资额占工业投资总额的比重从15%提高到30%左右；职工人数占工业企业职工人数的比重从12%提高到23%。到1982年1月止，国家控制的银行有124家，占本国银行总数的一半以上；境内营业窗口达到8800多个，占注册银行总数的90%以上；存放款额在注册银行存、放款额中分别占87%和77%。值得注意的是，法国后来受到私有化政策的影响有所减少，但直到1990年，法国国有企业共有2268家，其中由国家直接控制或控股在50%以上的企业有108家。国有企业的总产值占国内生产总值的18%，企业投资占全国总投资额的27%，出口额占25%。"① 因此，在某些发达资本主义国家中，国有经济不仅在邮政、电力、电信、煤气等带有公共物品和自然垄断属性的行业中占有非常高的比重，而且在煤炭、石油、航空、钢铁、汽车、造船等关键性的竞争性市场中占有非常重要的地位。而在发展中国家中，国有经济的分布则更为广泛，不仅分布于电力、煤气、自来水等自然垄断和公共物品行业中，而且广泛存在于商业、服务业、建筑业、制造业等一般性行业，如新加坡等国家，其国有经济的经济效益超过了非国有经济。

总之，国有经济（企业）的战略性调整是当前我国改革的一项重要内容，国有企业的进退布局一定要根据国内国际经济发展形势，我国社会生产力和公有制经济制度的基本要求，经济社会事业发展状况以及产业结构升级优化的现实条件等因素，逐步健全国有资本有进有退的合理流动机制，做到该进则进，该退则退，坚持"有进有退"，"进而有为，退而有序"以及"有所为有所不为"的原则，在关键行业和高盈利"竞争性"领域要提高国有经济的控制力。国有经济的进与退的标准，只能以是否有利于巩固社会主义公有制经济制度、是否有利于生产力水平提高和维护广大人民群众的根本利益和长远利益为标准，而不能简单地以所谓的竞争性与非竞争性为标准。从根本上说，我国国有经济

① 魏礼群：《市场中的国有企业》，人民出版社1992年版，第4～13页。

改革和调整的目的是为了更好地发挥国有经济的主导作用，奠定和壮大社会主义公有制经济的微观基础，而不是简单地让国有经济退出所谓竞争性行业和领域。

评“国有企业产权不清晰论”*

◎周新城　张　帆**

党的十四届三中全会对国有企业改革提出了明确的要求，即“进一步转换国有企业的经营机制，建立适应市场经济要求，产权清晰、权责明确、政企分开、管理科学的现代企业制度”。这是一个完整的思路，应该成为国有企业改革的指导思想。

对于“产权清晰”的含义，我国报刊上曾经展开过热烈的讨论。在讨论中，有的经济学家按照私有产权来解释我国国有企业改革中的“产权清晰”的要求，认为全民所有制是“产权虚置”，是“人人所有，人人皆无”，说是大家都有，实际上谁都没有直接占有。他们用私有制产权理论来观察和分析我国公有制的产权，怎么看产权都不清晰。他们认为，只要是公有的，不是私有的，产权就是不明晰的。因此，要明晰产权，就必须把国家的财产落实到每一个人，也就是所谓“量

* 本文由周新城、张帆两位作者的文章合并而成。

** 周新城，中国人民大学经济学院教授；张帆，中国人民大学经济学院教授。

化到个人”。按照这一理论，产权明晰的结果必然是私有化。这恰恰是西方资产阶级的新自由主义产权经济学的核心理论。

一、必须正确理解党的十四届三中全会提出的“产权清晰”的含义

首先要明确，产权即财产的权利，是一个法律概念。按照马克思主义的理解，经济基础决定上层建筑，法律是经济关系的反映。产权是有关所有制的经济关系在法律上的表现。所有制的经济关系决定产权，不同所有制的经济关系就有不同的产权状况、不同的产权理论，因而不存在一个统一的、抽象的，脱离经济关系的产权和产权理论。公有制有公有制产权的界定、公有制产权的理论，私有制有私有制产权的界定、私有制产权的理论。决不能用反映私有制经济关系的产权界定来规范公有制的产权，也不能用西方私有制的产权理论来指导全民所有制的改革。这是理解“产权清晰”的前提。鼓吹公有制产权不明晰的经济学家，恰恰是把私有制的产权界定、私有制的产权理论当作普遍的、“放之四海而皆准”的东西，并把它作为判断公有制产权是否明晰的标准了。

其次要指出，产权是一个内容复杂的概念，它不是单一的权利，而是多种权利的结合体。从我国国有企业改革的角度来考察，产权这一概念至少包含两组权利：一是财产的所有权（这是根本的、具有决定意义的权利）；二是财产的使用权、支配权即经营权（这是由所有权决定的，但又具有相对独立性的权利）。[①] 从财产所有权来考察，我国国有企业的产权应该说是清晰的。谁都知道，国有企业的财产归国家所有，无产阶级专政的国家代表全体劳动人民并按照劳动人民的根本利益对国有企业的财产行使所有权，这种所有权不是十分清晰的吗？我国有关法

① 此外还有收益权。不过收益权是由所有权、使用权派生出来的，是从属的。

规对国有企业的财产所有权也有着明确的规定。例如，《国有企业财产监督管理条例》指出："企业财产属于全民所有，即国家所有。国务院代表国家统一行使对企业财产的所有权。"当然，在具体工作中，这种所有权仍需要落实，不仅要从数量上清产核资，界定产权，例如，要把国有资产与企业办的劳动服务公司的集体资产分清，在实行租赁、承包时要把国有资产与个人资产分清，这方面还有大量的工作要做；而且要明确哪一个具体的国家机关代表国家来行使所有权。在这个意义上讲，所有权需要进一步明晰化，但不能由此笼统地得出结论，国有企业的财产所有权是不明晰的，更不能由此把"产权清晰"理解为取消国家对财产的所有权，把生产资料"量化到个人"。对此不应有任何疑义。

从财产的使用权、支配权即经营权来考察，当时国有企业的产权是不够清晰的，需要明晰化。1984 年党的十二届三中全会《关于经济体制改革的决定》就指出："根据马克思主义的理论和社会主义实践，所有权同经营权是可以适当分开的。""要使企业真正成为相对独立的经济实体，成为自主经营、自负盈亏的社会主义商品生产者和经营者，具有自我改造和自我发展的能力，成为具有一定权利和义务的法人。"我国国有企业的改革正是按照这一思路进行的。这一改革思路，既坚持了全民所有制的性质，又符合建立市场经济体制的要求。然而直到党的十四届三中全会的时候，我国国有企业还没有做到这一点，国有企业的财产使用权和支配权即经营权没有完全落实，因而这方面的财产权利仍不够明晰。这表明，市场主体还没有完全形成。因此"产权清晰"的重点是明确国有企业应该拥有的财产使用权和支配权，把企业各项经营权利和责任落到实处。

可见，"产权清晰"是适应市场经济的需要搞好国有企业的重要措施，把"产权清晰"理解为私有化，是与中央关于建立现代企业制度的思想南辕北辙的。

二、东欧国家在产权理论指导下改制的惨痛教训值得汲取

更值得注意的是，由于中国国有资产存量巨大，国内的所谓“民营资本”根本无力购买，因此，在这样的背景下强行推行以所谓“产权清晰”为名的私有化，只能为国际垄断资本控制中国经济命脉提供可乘之机，在这方面，东欧国家有值得借鉴的沉痛教训，向国际垄断资本出售国有资产的结果，把东欧国家由独立的社会主义国家转变成了“附属资本主义”国家。

统计资料显示，东欧国家的大规模私有化不仅消灭了社会主义，而且也消灭了民族主义，不仅劳动人民的生产资料被剥夺，而且民族资本也被剥夺。由萨克斯发动的“休克疗法”一举把东欧国家带入“附属资本主义”的深渊。而这一切是在把国有企业卖给“外国战略投资者”的口号下进行的。到2000年，外国在东欧国家的工业和银行中的所有权比重分别是：波兰35～40（工业），75（银行），克罗地亚（工业无统计），85，捷克35，65（外国资本购买居民的私有化证券），爱沙尼亚60，80，匈牙利75，70，斯洛伐克25，40。[①] 以波兰为例，1991～1992年第一轮股票公开上市，为了首战告捷，当局拿出十多家经济效益最好的大型国有企业上市拍卖，结果没有一家落入本国人手中，全部被外国人买去。1999年是波兰大规模拍卖大型国企的高潮年。其后法国公司收购了电信公司，德国公司收购了发电、煤炭、钢铁公司，意大利菲亚特收购了蒂黑汽车公司。到2003年外国人在波兰拥有的工业资产比重可能无需很费力气就超过60%～70%。按照波兰法律，银行不得出卖给外国人，但是当局在1995年把西里西亚银行与钢铁和煤炭公司捆绑在一起出卖给一家荷兰大银行。从此，当局违背了

① 波兹南斯基：《全球化的负面影响：东欧国家的民族资本被剥夺》，经济管理出版社2004年版，第74页。

银行不得卖给外国人的法律条款。到 2000 年末，外国人占有了波兰银行资产的 75%。[①]

东欧国家为了迅速实现私有化（例如匈牙利仅用了 5 年），竟把国有企业以极其低廉的价格卖给外国人。波兹南斯基写道："我对匈牙利和波兰的情况作过一个估算，根据我的估算，这两个国家的工厂和银行资产被仅以相当于其实际市场价值 10% 或 20% 的价格卖了出去。因此在东欧国家向资本主义迈进的道路上，它们多年积累起来的资本有 90% 左右蒙受损失，这流失的 90% 的财产已化作那些主要来自西欧国家的买主们的利润。"[②] 不仅如此，买主们还获得了本地残留企业所不能享受的超国民待遇，例如，波兰给外国买主们 10 年免税、关税豁免优惠。这里值得一提的是，外国买主主要是西欧的垄断型跨国公司和跨国银行，美国买主是次角。美国获得的主要是政治红利。通过东欧国家的转轨，美国把它的北约东扩到俄罗斯的大门口。

把国有企业主要卖给"外国战略投资者"产生了极其严重的后果。东欧国家不仅丧失了现有财富，制造了严重的两极分化，而且也丧失了未来民族的独立发展。如果把 1989 年的 GDP 定为 100，则 1999 年的 GDP 分别是：俄罗斯 57.6，乌克兰 39.3，保加利亚 70.7，捷克 95.3，匈牙利 99.4，波兰 121.8，罗马尼亚 75.5。[③] 需要指出的是，1999 年并非是这些国家经济衰退最严重的一年，例如波兰 1991 年低点为 82.2，匈牙利 1993 年低点为 81.9。它们的转型制造出庞大的失业队伍和把劳动人民毕生储蓄洗劫一空的两位数、三位数通货膨胀。广大劳动人民的绝对贫困化提高了死亡率，降低了出生率，进而引发了这些国家人口增长停滞甚至绝对下降的民族危机。对于这一空前浩劫英国《金融时报》副主编弗里兰写道："经过十年的经济衰退后，下层社会陷入日

① 波兹南斯基：《全球化的负面影响：东欧国家的民族资本被剥夺》，经济管理出版社 2004 年版，第 18~19 页。

② 同上，第 5 页。

③ 同上，第 257~258 页。

益贫寒的挣扎之中，少数权贵则过着豪华奢侈的寄生生活，俄罗斯已经变成了一种资本主义的地狱……马克思关于资本主义所说的一切都是对的。”①

对此波兹南斯基说：“沿着这条路前行，人们的收入差距拉大了，但资本主义就是不平等的”，“在东欧国家的情况下，当地人民就像外来移民一样在自己的国土上给外国人打工谋生”，“外国强权不仅从东欧国家手中夺走了它们对民族资产的经济控制权，还夺走了它们的政治控制权，东欧国家现在是两手空空，既无资产又无选票”，这是“另一种版本的‘通往奴役之路’”②。被外国控制的民族自然是被奴役的民族。

那么，东欧国家为什么会把国有企业主要出售给国际垄断资本？这主要是因为当时东欧各国的民族资本根本就没有能力购买国有企业。在1990～1992年波兰实行私有化时，改革决策者就提出“战略投资者”这一概念，并且规定：“只有那些所谓战略投资者，即能够出钱购买至少一个企业50%资产的投资人才可以进入交易市场。”③在当时，波兰的民族资本家还没来得及积累大量资本购买国有企业（其他东欧国家也如此），所以“战略投资者”就等同外国“战略投资者”。在1998年俄罗斯发生金融危机时，俄罗斯也出现过“外国战略投资者”概念。著名俄罗斯经济学家、政治家、爱国主义者（但并非马克思主义者）格拉季耶夫在批判“华盛顿共识”时写道：“俄罗斯银行体系的控制权以及由此实现的对整个经济的控制权转让给外国资本……俄罗斯有问题

---

① 克里斯蒂娅·弗里兰：《世纪大拍卖》，中信出版社2004年版，第14页。

② 波兹南斯基：《全球化的负面影响：东欧国家的民族资本被剥夺》，经济管理出版社2004年版，第7、10、64、248页。波兹南斯基曾获得波兰华沙大学经济系博士学位，1980年离开波兰，现任美国华盛顿大学教授，是一位爱国主义者，但不是马克思主义者。这里他默认了哈耶克对社会主义的污蔑——“通往奴役之路”。

③ 波兹南斯基：《全球化的负面影响：东欧国家的民族资本被剥夺》，经济管理出版社2004年版，第106页。

银行的控制股份会以象征性价格（一个美元）出让给外国的战略投资商。"[①] 在经济全球化的当代，西方跨国公司的全球并购是屡见不鲜的，然而，可悲的是，东欧国家的国有企业改革的最主要途径竟然是引进"外国战略投资者"！

"外国战略投资者"控制东欧国家经济命脉的根本原因是这些国家的党内走资派所选择的资本主义方向的改革道路。关于苏联崩溃的根本原因，美国著名激进经济学家，社会主义者大卫·科兹和《印度时报》记者弗雷德·威尔写道："我们认为'来自上层的革命'导致了苏联的解体，就是说，在由戈尔巴乔夫改革产生的新的政治条件下，大部分位居国家要职的苏联党—国精英，以及其他重要的官方组织，从拥戴社会主义转向拥戴资本主义……由于他们认识到从社会主义转成资本主义能使他们变得更加富有……苏联制度是由其领导层中的一部分人推翻的"，"苏联体制走向了终结，并不是因为经济停止了运行。"[②] 大卫·科兹的这一分析也完全适用于东欧国家的情况。东欧国家的党—国精英被波兹南斯基称作"政治资本主义"精英。把国有企业主要出售给"外国战略投资者"是由他们决定和推行的。他们不仅进行了阶级投降，也进行了民族投降。

美国对苏联和东欧社会主义国家的颠覆是最大的外部原因。指导苏联和东欧国家改革的纲领是美国人萨克斯炮制的"休克疗法"，而"休克疗法"的核心内容是来源于美国的"华盛顿共识"。"休克疗法"的主要内容是：（1）价格自由化；（2）宏观经济稳定（紧缩性的财政货币政策）；（3）国营企业私有化；（4）消除中央资源配置的残余因素；（5）拆除国际自由贸易和投资的壁垒。[③] 这些内容正是"华盛顿共识"的基本内容，但"休克疗法"的特点是强调转轨的"从快从速"，以便

① 谢·格拉季耶夫著：《俄罗斯改革的悲剧与出路》，经济管理出版社2003年版，第90～91页。

② 大卫·科兹、弗雷德·威尔：《来自上层的革命》，中国人民大学出版社2003年版，第4、306页。

③ 同上，第215页。

使这些国家的社会主义经济制度休克后不再醒来。“休克疗法”是“‘华盛顿共识’的最野蛮形式……由外国人来管理国家经济政策……之后交由傀儡政府和傀儡中央银行以相关经济政策宣言的方式走一下批准形式”①。“由外国人管理国家经济政策”的局面在东欧那些小国中更显突出，几乎没有遇到抵抗力量。早在1989年萨克斯就担任波兰新政府的顾问，经过精心策划，1990年波兰政府迅速推出他的“休克疗法”（俄罗斯在1992年1月2日，即苏联正式宣布解体后的第二天才开始推行“休克疗法”）。美国及其掌控的国际货币基金组织的意志是迅速摧毁东欧国家的国有企业，而在短期内用现金买得起这些国家的国有企业的“战略投资者”非外国的大公司莫属，于是东欧国家的某些代理人便把大量国有企业主要卖给外国人。对此波兹南斯基有这样一段评论：“东欧国家并没有采取这样一些可以有助于本国投资者的限定政策，它们甚至没有打算帮助本国投资者在稍晚的时候去取得国有资产，相反它们决定去扶持外国利益，或者说要奉行一套‘反产业政策’。”②

把国有企业主要卖给“外国战略投资者”还受到一些其他因素的驱动。这些因素或者是以上两项主要原因的派生因素，或者是相关因素。

一是私人资本不足，小国政府软弱。在东欧国家的长年改革中，私人资本已经有一定的积累，但还不足以购买大量国有企业。假设私有化是一个较长时期的渐进过程，政府积极培植私人资本，把它喂肥喂大，再贷给必要的收购款额，那么，私人企业完全可以购买大量国有企业。然而新建的东欧政府多由亲西方人士组成，没能力也没必要去抗衡西方垄断资本，于是把国有企业主要卖给“外国战略投资者”。俄罗斯的国

---

① 谢·格拉季耶夫著：《俄罗斯改革的悲剧与出路》，经济管理出版社2003年版，第83页。

② 波兹南斯基：《全球化的负面影响：东欧国家的民族资本被剥夺》，经济管理出版社2004年版，第112页。

情与东欧国家不同。俄罗斯也是在萨克斯指导下搞“休克疗法”，但俄罗斯是一个大国，叶利钦政府只想通过“休克疗法”快速埋葬社会主义，并不想把俄罗斯变成西方国家的附属国，于是在私人资本不足的情况下，以极低的价格主要卖给前官僚，或与官僚有紧密联系的人士，卖给投机钻营的暴发户。这些新统治者被格拉季耶夫称作金融“金字塔”、“寡头统治集团”。诚然，俄罗斯也引进“外国战略投资者”，外国资本购买了不少国有企业，而且寡头们与西方国家有密切的联系，但是没有资料证明，外国资本操纵了俄罗斯的经济命脉。在“休克疗法”之前，“俄罗斯并不存在能够买下国有大型企业的合法的富有阶层，在这种环境下，想匆匆忙忙地将国有经济财富交到个人手中，不可避免地会出现这种结果，即大部分财富将转移到在原来的上层集团中居于有利职务的官员手中。”① 当然，以上分析并不能说，小国必然被外国统治。从南斯拉夫分裂出来的斯洛文尼亚在 2000 年，外国资本在工业和银行中的比重分别为15%、10%，国家还控制银行资本的60%②，该国把国有企业主要卖给本国企业的经理和职工。看来，民族主义者掌权还是买办们掌权对于一个国家的独立与否具有重大意义。

二是尽快加入欧盟的冲动。东欧国家脱离经互会体系以后，急欲尽快实行私有化，并满足资本跨国自由流动的要求，以便尽快加入欧盟。这种冲动驱使他们走捷径，把国有企业主要卖给外国人。然而这种置民族利益于不顾的行径还是由有关官员的买办特性所决定的，欧盟并没有要求其新成员国必须把自己的国有企业主要卖给外国人。

三是偿还外债的动机。东欧国家在转轨前已经积累了大量外债。在大规模私有化时，决策者们把国有企业主要卖给外国人的理由之一就是获得外汇，以便还债。然而这种牺牲民族长远利益去还债的决定是非常不明智

---

① 大卫·科兹、弗雷德·威尔：《来自上层的革命》，中国人民大学出版社 2003 年版，第 251 页。

② 波兹南斯基：《全球化的负面影响：东欧国家的民族资本被剥夺》，经济管理出版社 2004 年版，第 74 页。

的，是一种杀鸡取卵的行为。以后的事实证明，绝大多数东欧国家的外债不减反增。现在东欧国家的企业利润主要被外国人拿走，它们失去积累和发展的源泉，很难逃出债务陷阱。其处境日益与南美国家趋同。

四是官员捞取好处，"腐败已经成为带动私有化的火车头"。在匈牙利、波兰、捷克等国家内，"先前的管理人员大多数都被排斥在私有化进程之外"。这样，管理层收购便落空。那么为什么官员自己不贱价收购呢？据波兹南斯基的研究，"这条路对于腐败官员们来说是走不通的"，因为国家的政策不能保证官员们能获得便宜的银行贷款，更不能保证官员们收购的企业今后能够盈利。所以，官员们只想尽快捞到现金而不惜将国有企业廉价卖给外国人。他们通常与外国人签订秘密协定，外国人给予买价的一个很小比例的回扣并保证兑现、不告密。据波兹南斯基估计，波兰私有化的全部收入180亿~280亿美元，而收购者获利2160亿美元，贿赂费4亿~8亿美元，只占收益的0.2%~0.5%。[①] 这些事实证明，在世界的任何地方，官僚买办都是祸国殃民、卖国求荣的阶层。

这里非常值得指出的是，本文所列出的上述作家无一不特别提到，新自由主义知识分子在鼓吹和推动"休克疗法"中的先锋作用。格拉季耶夫说他们"都比较年轻，雄心勃勃"，"在国外接受过某种形式的培训……参加过进修"，"新一代国家领导人的候选人的头脑里被灌满了对激进自由主义思想的迷信"[②]。科兹说："绝大部分苏联经济学家都成了自由市场和私有制的狂热鼓吹者"，"凡是在发生社会危机、暴动和改革的年代里，知识分子特别是年轻的知识分子都是最先走向激进的人"，"知识分子在用资本主义取代苏联体制的事业中，成了党—国精英最为宝贵的同盟军"[③]。波兹南斯基说："知识阶层的精英……变成了

---

① 波兹南斯基：《全球化的负面影响：东欧国家的民族资本被剥夺》，经济管理出版社2004年版，第130、133~134、136、140页。

② 谢·格拉季耶夫著：《俄罗斯改革的悲剧与出路》，经济管理出版社2003年版，第145页。

③ 大卫·科兹、弗雷德·威尔：《来自上层的革命》，中国人民大学出版社2003年版，第89、93、306页。科兹所指知识分子是新自由主义知识分子。

正在东欧地区兴起的另一种病态制度的最狂热的支持者”，“他们妖言惑众，让民众相信新兴的、没有本地所有者阶级的‘不完善的’资本主义制度要比任何其他制度都优越”，“‘休克疗法’的鼓吹者们在波兰是巴尔策罗维奇，在俄罗斯是盖达尔，在捷克共和国是克劳斯”①。盖达尔曾是苏联《真理报》的编辑，是青年改革派的领袖，1991年11月初即他35岁时被叶利钦任命为领导私有化的副总理。克里斯蒂娅·弗里兰是这样评价盖达尔的：“从中学时代起，盖达尔就仔细研究走资本主义道路的问题”，“盖达尔这个忠实的资本主义信徒，哈耶克与弗里德曼的追随者……会对里根投赞成票的人，现在却在决定着苏联政党的经济思想。”② 以上这些论述正好说明，那些俄罗斯和东欧国家的新自由主义政治和知识精英把美国货币学派和新制度学派的著作当作圣经，把“华盛顿共识”及其野蛮形式“休克疗法”当作圣旨，把埋葬社会主义、建立资本主义剥削制度当作使命，把自己和家族的致富作为目的。他们怎样妖言惑众，宣扬把国有企业主要卖给外国人的谬论呢？下面笔者将作一简要述评。

他们说，“外国投资者是不可能将工厂和银行拆散，将它们运往国外的”，在本国领土上的工厂就是本民族的工厂，“不会产生什么可以让人多虑的后果。”这种谬论是故意把资本所有权和剩余索取权混同于领土主权。买办们的利益与外国资本家的利益是一致的，所以外国资本主宰本国经济也不使他们“多虑”；他们“为所谓的全球化大唱赞歌，以为在这股力量的作用下，国家已经失去了意义”，“全球化就是用市场取代国家”。这种论调正是美帝国主义用“华盛顿共识”向全球侵略扩张的遁词。当代全球化的本质正是美国等西方国家的垄断资本在全球自由流动、自由剥削。全球根本不存在没有国籍的跨国公司。所谓“市场取代国家”就是美国等发达国家自由剥削和奴役发展中国家。他

① 波兹南斯基：《全球化的负面影响：东欧国家的民族资本被剥夺》，经济管理出版社2004年版，第111、141、172页。

② 克里斯蒂娅·弗里兰：《世纪大拍卖》，中信出版社2004年版，第23、26页。

们说，“最具有说服力的还是要看通过把国家机关所拥有的资产转化为外国所有人的资产后这些资产在效益上是否有提高”。可是，即使效益提高了，其产出的利润被外国人拿去了，使本国失去了发展的源泉，更何况，外资提高效益的主要手段是大量裁减本地工人。他们说，“外国买主所接受的那些资产并不是民族的资产，而是无主资产”。简单说，这是“全民所有是人人所有，人人所无”这一滥调的东欧说法；“在知识阶层的全力支持下，一些媒体欲把东欧地区的经济体描绘成垃圾站或者废品库……应该按照破烂儿的价格，即不收费地全部卖给外国投资者”①。简单说，知识精英们的这种谬论就是要故意贬低国有资产价值，把国有企业以极低的价格卖给外国人，然而外国人首先以极低价格买下的却是利润丰厚的大型国有企业。

东欧国家不仅丧失了社会主义，而且进一步沦落为“附属资本主义”国家。这是由“走资本主义道路”的官僚买办和美帝国主义共谋、内外夹击而成的。这 历史教训是非常沉重的。事实证明新自由主义及其发展形式“华盛顿共识”是美帝国主义分化、西化、颠覆社会主义国家，兵不血刃，不战而胜的武器，是美帝国主义对外侵略扩张，推行新殖民主义，称霸全球的武器。美国激进派学者诺姆·乔姆斯基指出，美国制定“华盛顿共识”，“意欲筹划如何运用这一强国地位及影响去建立一个符合自身利益的全球体系”②。现在全世界人民日益认识到“华盛顿共识”的侵略本质，纷纷起来批判和反对。所以，接受苏联、东欧国家剧变的历史教训，社会主义国家必须坚持不懈地抵制、反对新自由主义，粉碎美帝国主义和平演变的阴谋。这既是保持民族独立的需要，也是坚持社会主义的需要。

近年来美帝国主义在东欧和中亚不断策划了“颜色革命”，而且连

---

① 波兹南斯基：《全球化的负面影响：东欧国家的民族资本被剥夺》，经济管理出版社 2004 年版，第 13～14、52、71、151、224、240 页。

② 诺姆·乔姆斯基：《新自由主义和全球秩序》，江苏人民出版社 2000 年版，第 5 页。

连得手。这些事件充分说明，美国推行新自由主义的目的是统治全球，而不是让这些国家独立发展。即使这些国家搞了资本主义，但如果不俯首听命于美国，美国也要颠覆它们。其实，这并不是新鲜事，只不过是故伎重演罢了。美国在南美洲已经多次颠覆过民族主义国家。众所周知，俄罗斯已经在悲惨中搞了资本主义，但是美国生怕它再度复苏，与美国分庭抗礼，因此必欲置之死地而后快。对此，格拉季耶夫早已警告说："他们还是非常害怕俄罗斯从一片废墟上神话般地死灰复燃……患有恐俄症的意识形态专家竟歇斯底里地要求消灭俄罗斯"，"与那种'倒地之后不再踏上一只脚'的君子间决斗不同，在世界政治中，弱者或者倒地者一般总要碎尸万段的。"① 美国是否能在俄罗斯搞成"颜色革命"，我们将拭目以待。这里值得一提的是前东欧国家一些领导人的可悲下场。谢瓦尔德纳泽与戈尔巴乔夫、雅科夫列夫是苏联解体的最高责任人，但是美国全不顾谢氏的昔日"功劳"，通过"颜色革命"一举将他赶下台，换上亲美的人马。"颜色革命"的主要教训是，相关国家搞了资本主义，使劳动大众空前贫困，不受群众拥戴，于是美国趁机唆使和雇佣的一些人竟然能掀起了大浪。"颜色革命"是政治手段，"华盛顿共识"是经济手段。美国将这两种手段配合使用，以便巩固它的全球霸权。当然，这两种手段都包含着美国的帝国主义意识形态。批判资产阶级"自由、民主"，批判新自由主义思潮是社会主义国家思想和理论战线的重大战略任务。

东欧在改革过程中不顾一切地推行以所谓"产权清晰"为导向的私有化政策，结果导致经济结构的改革和重组与未来国民经济的发展主要依靠打着"外国战略投资者"旗号的国际垄断资本，使自己陷入了灾难的深渊。这个教训对于包括中国在内的一切社会主义国家都是值得汲取的。

---

① 谢·格拉季耶夫著：《俄罗斯改革的悲剧与出路》，经济管理出版社2003年版，第210~211页。

评“全民均分国有资产论”*

◎丁　冰　周新城**

近年来，一批新自由主义者力主国有企业的资产应平均分配具体落实到全国每一个人身上。其理由是，“在理论上和法律上，国有企业本来就是全民所有制企业，政府是受托方，是代理公民在管理这些企业和国有资产。差别在于，以前没有把‘全民所有制’中的所有者的名字具体落实，所有者是虚的、缺位的，通过设立公民权益基金，把基金股份均分到公民个人手中，也就是把所有者具体落实。”论者在这里强调的，国企“所有者是虚的、缺位的”的说法，不过是20世纪90年代新自由主义者攻击、诬蔑国企“产权模糊”、“主体缺位”的老调重弹。按《宪法》规定我们的国家是以工人阶级为领导、工农联盟为基础的人民民主专政的社会主义国家，是全国人民根本利益的代表。它受托于全国人民来管理人民的企业，国企的产权就十分明确，即属于全民所有，而不存在任何产权

* 本文由丁冰、周新城两位作者的文章合并而成。

** 丁冰，首都经济贸易大学教授；周新城，中国人民大学马克思主义学院教授。

“模糊”或“虚的缺位的”问题。众所周知，按照马克思主义观点，“社会主义公有制的基本特征是广大劳动者共同平等地占有生产资料，从而任何人都不能以生产资料为手段来谋取和占有特殊的利益”①。因此，它的产权只能由其公有群体的代表机构，如国企产权只能由国家掌管，而不能具体落实到每一个人身上。如果这样，就违反了“共同平等地占有”的原则，如这些人所主张的那样把国有资产均分到“公民个人手中”，实际就是要变国有即全民所有制为个人私有制。

一、全民均分国有资产的目的是全盘私有化

这些人按其公民平分国企股的私有化思路，进一步提出要把国企的红利平分给全民。即主张实行全民直接平均分红，有人并且煞有介事地以美国阿拉斯加州 40 万居民每年分到政府所建立经营石油和天然气企业的红利 1000 美元为例，吹捧“将国有企业通过股票形式量化给个人，资本主义美国又走在了社会主义中国的前面”②。必须指出，论者的论据即使属实，但与其所提出的论点也是牛头不对马嘴的。首先分红收益的主体只是阿拉斯加州的 40 万居民，在美国 2 亿多人口中只是一个微不足道的区区小数，根本说不上全民分红。这绝不是对数字的斤斤计较，而是涉及什么是全民公平分配问题。譬如我国，如果把国企的红利只平分给某个县市的几十万居民能公平吗？其次，在操作技术上，即使阿拉斯加政府可以成功地把它的企业红利平分给 40 万居民，我国国企的红利又怎能顺利地平分给超过阿拉斯加居民 3000 多倍的 13 亿居民；何况，论者绞尽脑汁只找出阿拉斯加州的那样一个并不具有普遍意义的能源企业的特殊事例，怎么能证明国企可以直接全民平均分红呢？须知能源企业主要是依靠天赋自然资源而建立的企业，当地居民承受环境污染、耕地减少等损失，政府为了调节与当地居民利益的关系，从企业红

①② 丁冰：《简析“社会所有制”和“公有制”》，《马克思主义来源研究论丛》第 20 集，商务印书馆 2002 年版。

利中给予适当补偿看来是可行的经验，但这与论者所说的“全民平均分红”的概念绝不是一回事，因为如果把国企红利必须直接平分给每一个人作为一个原则确定下来，那就不仅是国有的能源企业，其他所有国有企业的红利，都应如此，那又如何操作呢？

这里要强调说明的是，我国的国有企业，是社会主义全民所有制的企业，它的红利，当然应合理地分配给全民，由全民共享，但却不能直接平分给全民，实行所谓的具体落实“全民平均分红”的办法。这不仅是因为操作技术上极其复杂，代价很高，很难做到真正公平的平均分配，更重要的是因为分配本身是一个政策性很强的问题。我国人民事实上是已区分为各种不同的利益人群，贫富差距较大。如果全民平分红利，只会造成新的不合理，增加社会新的矛盾。因此，正确的做法，国企的税后红利只能在党和政府的正确政策指导和严格监管下，扣除一部分留作企业积累以扩大生产规模，提高技术水平而外应全部上缴国库，由国家按照社会主义国家政策统一用于国防、行政和提高与改善人民的物质和文化生活的需要。当然在一定特殊条件下，也可把“红利”直接分配给特定人群，如解决灾民重建家园的资金等。据目前媒体报道，新加坡在新的年度预算中，政府拿出66亿新元的“红包”与全民分享，使每个成年人都将获得100～900新元的企业“红包”，即估计一般家庭都能得到3000新元的企业红利收入①。但这与有人所说的“全民平均分红”是有所不同的，因为它毕竟是通过国家预算统一安排支付的，而非由企业直接具体落实到每一个公民，所以实质上不过是由政府财政支持的一笔社会福利，当然也有其特出的优点，即通过宣传使人们更明显感到自己的收入是由企业的红利提供的，因而愿意支持企业的发展。无疑，这一成功的经验，值得我们学习，但其经验的实质不过是做好宣传，使人们认识到经济增长与自己的福利有密切关系。

必须明确国有企业是我国社会主义的经济基础。在改革开放前，全

---

① 陶杰：《新加坡预算案兼顾增长与分红》，《经济日报》，2011年2月23日第10版。

国人民以强大的国有经济和集体经济为后盾，才取得了安居乐业的生活环境，既无“三座大山”之忧，也无下岗、失业之苦。那时虽无国企应“全民平均分红”之说，但从一定意义上讲，那也是全民在分享国企的红利。因此，我们可以说，只要在党的正确领导下，坚持社会主义公有制为主体、国有经济为主导，多种经济共同发展的方针，而不走私有化的邪路，随着国有经济的发展壮大，全民也就必然会分享到国企越来越多的“红利”。据媒体披露的数据：2005～2010年，央企资产总额由10.5万亿元增至24.3万亿元，年均增长18.2%；营业收入由6.79万亿元增至16.7万亿元，年均增长19.7%；实现净利润由4642.7亿元增至8489.8亿元，年均增长12.8%；上缴税金由5779.9亿元增至1.3万亿元，年均增长17.6%①。其中，央企2010年的利润总额首次超过1万亿元，达到1.1315万亿元，扣除上缴税金外，归属母公司的净利润也有5621亿元②。央企这些实实在在的鲜活的巨大成就，绝不是一小撮“精英”用歪曲、诬蔑的手法所否定得了的。在此基础上，央企对国家社会的贡献也日益增大。据报道，在2002～2009年，央企除向国家累计上缴税金5.4万亿元外，2009年还完成向社保基金转持国有股55.3亿股，对应市值为429.68亿元③，大大充实了社保基金，为建立健全社会保障制度，惠及上亿人口的社保人群；在贯彻落实国家宏观调控政策、保证市场供应、维护国家经济安全以及扶贫济困、抗震救灾等公益活动中，国企都起到带头表率作用。如近年当西南部分省区冰雪、地震等灾害袭来，广大国企都挺身而出不计成本代价，全力抢修电力、通信、交通等基础设施；全力保障救灾物资供应，积极承担灾后援建任务等。不言而喻，如果说要全民分享国企的红利，国企以上对国家、社会所作出的积极贡献，都无一不是使全民所直接、间接分享到的“红

① 顿媛媛：《1月中央企业实现营业收入1.43万亿元》，《参考消息·北京参考》，2011年3月1日第1版。

② 国资委副主任邵宇介绍，顿媛媛报道：《今年央企红利上交比例均提高5%》，《参考消息·北京参考》，2011年2月23日第4版。

③ 李予阳：《积极承担社会责任的表率》，《经济日报》，2010年10月4日第1版。

利”，而且是较公平合理地实实在在取得的“红利”，只是未直接按股平均分红到每一个公民而已。不仅如此，央企按国家要求从今年开始还将把净利润上缴国家的比例增加5个百分点，即将央企原按5%和10%的两档次上缴国家的净利润比例，分别提高到按10%和15%的比例上缴。说明央企还在进一步为增加对国家的贡献和全民的分红而努力。

当然，为了使人民更明显地感受到自己享受了国企央企的红利之益，国家也可借鉴新加坡的经验，在国家预算中，指明社会福利的某一部分或金额、比例是由国企提供的，并且加强宣传。但却没有必要、不应也不可能把国企红利直接平均分配给每一个公民。

二、俄罗斯均分国有资产的后果导致了重大灾难

20世纪90年代初，苏联解体后，俄罗斯通过向全体公民无偿发放国企股权证券的方式“均分国有资产”，使国企的“所有者具体落实”到了每一个人，结果导致了巨大的灾难。

在俄罗斯的经济改革中，私有化居于核心地位。实现资本主义化，必须为资产阶级的政治统治奠定经济基础，这就要把公有制改造成为私有制。但到底要不要搞私有化，在俄罗斯显然是有争议的。这种争议，有的是属于意识形态性质的。一批过去曾声称忠于马克思主义、拥护社会主义的学者，在政局急剧变化的情况下，摇身一变，成为反马克思主义、反社会主义的急先锋。他们攻击社会主义公有制造成了人与生产资料的异化，认为只有私有化才能使人与生产资料直接结合起来，才能消除异化；宣传人的本性是自私的，私有制才符合人的本性，说私有化是人性的复归；如此等等。这些为资本主义辩护的观点，如果用马克思主义的历史唯物主义来分析，其错误是十分明显的。异化，即人的产品反过来统治人这样一种社会关系，是私有制的产物。公有制的出现才是从根本上铲除了异化的土壤。至于说到人性，马克思指出：“人的本质不是单个人所固有的抽象物，在其现实性上，它是一切社会关系的总

和。”因此，不存在抽象的、永恒不变的人性，不同社会、不同阶级有不同的人性。自私，作为一种观念形态，是在私有制基础上产生出来的剥削阶级的思想，而不是人的一般的本性。那些熟读马克思主义著作的人，却在起劲地贩卖一些早被马克思主义批判过的带有常识性的错误观点，真是“屁股指挥脑袋”，立场变了，一切理论观点也就跟着变化，而且变得那么自然。

有的是属于实践性质的。例如，有人断言：私有化，把财产分散给个人所有，就可以调动积极性，从而为经济的快速发展、经济效益的迅速提高创造了条件；私有化，把公有财产卖掉，可以增加财政收入，弥补预算赤字；私有化，人人都拥有财产，这就实现了社会公平；如此等等。一时间，描绘私有化以后经济繁荣、社会公平的美好前景的文章，充斥俄罗斯的报纸杂志。仿佛一切罪恶都来自公有制，实行私有化，就百病消除、尽善尽美了。对这一类观点，最好的办法是让实践来检验。

1991 年 12 月 19 日，叶利钦发布总统令，批准《1992 年国有及市有企业私有化纲要基本原则》，决定从 1992 年 1 月 2 日起，实行大规模的私有化运动。俄罗斯的私有化，分为“小私有化”和“大私有化”两类。小私有化是指小型企业通过出售、租赁等方式实现的私有化；大私有化是指大中型企业通过先改造成为股份公司，然后再出售股份公司的股票的方式实现的私有化。为了加速私有化，俄罗斯从 1992 年 10 月 1 日起，向每个公民无偿发放一张面值 1 万卢布的私有化证券，用以购买私有化企业的股票，这叫“无偿私有化”。其余的股票，要用个人的资金购买，这叫“有偿私有化”。可以说，私有化的各种办法都用过了。小私有化到 1993 年年底基本完成，大私有化则由于受到资金短缺、资本市场不发达等因素的制约而困难得多。总起来看，俄罗斯私有化，到 1998 年大约实现了 70%。经过多年改革，社会主义经济制度已经基本上改造成为资本主义经济制度了。

为了衡量私有化的结果，俄罗斯杜马专门成立了“私有化结果分析委员会”，对私有化结果进行评估。据 1998 年 10 月 15 日俄罗斯《论坛报》报道，记者采访该委员会的委员弗·利西奇金，他的结论十分悲观，认为私有化“存在着掠夺俄罗斯、把我国人民变成国际金融寡头的奴隶这种犯罪事实。”私有化“破坏了国家统一的国民经济体系”，当权者“将大批财富据为己有，使经济陷入严重的危机。”这一反映了俄罗斯现实情况的结论，给了那些喋喋不休鼓吹私有化的人当头一棒。

具体来说，第一，私有化没有出现经济快速发展、效益迅速提高的景象，相反导致经济急剧衰落、陷入严重危机的境地。

美国记者莫蒂默·朱克曼访问莫斯科后撰文指出：“20 世纪 90 年代俄罗斯的生产衰落比大萧条时期的美国更严重，实际人均收入下降 80%，国内生产总值下降 55% 以上。俄罗斯政府的年收入低于美国财政部一周的收入。由于缺少投资，俄罗斯的工业已大大衰落。石油产量下降 50%。基础设施——电力、核电厂、铁路和下水道系统——已解体。这是过去几年实际基本建设投资下降 90% 的结果。”

私有化破坏了整个国民经济。利西奇金说：私有化使得：“我们丧失了一系列部门。就拿航空制造业来说，由于私有化，航空制造业已变成许多私营的工厂和小企业。该部门现今的生产能力只有过去的 12% ~15%。从前每年制造 400 架各种类型的飞机，而现在不超过 20 架，而且国内基本上没有购买者。许多飞机制造厂落入外国人的手中。燃料动力综合体一些部门的生产也大幅度下降。煤炭工业在苟延残喘，采煤量下降。冶金和机械制造业这一支柱产业也陷入了瘫痪境地。例如，近五年钢铁和轧材的产量下降 60%，钢管产量下降近 90%。外资收购了一些具有重要战略意义的有色和稀有金属企业。在原先的一些大型机床制造企业所在地，像莫斯科奥尔忠尼启则机床制造厂、莫斯科磨床厂等地，今天已成了喧闹的交易市场。由于私有化，俄罗斯自己的商船队几乎已不复存在……这种例子举不胜举。”

第二，私有化没有增加国家财政收入，相反，导致大量国有资产的流失。

鼓吹私有化的人曾经大肆宣传，实行私有化，国家可以得到上万亿卢布的收入，足以弥补财政赤字，有助于控制通货膨胀。事实上，私有化给预算带来的收入少得可怜。据联邦国库管理总局的资料，1992～1996年，联邦私有化上缴预算的收入5年合计8480亿卢布，仅占预算收入总额的0.15%。

为什么私有化的收入少得如此可怜呢？这是因为国有资产半卖半送、明卖实送给有权有势的人了。12.5万家企业平均以每家1300美元的价格被“私有化”了。例如，乌拉尔机械制造厂（3.4万名职工）只卖了372万美元，切车里亚宾斯克钢铁厂（3.5万名职工）只卖了373万美元，为军队、内卫部队和特种部队生产武器的科夫罗夫机械厂（1.05万名职工）只卖了270万美元，切车里亚宾斯克拖拉机厂（5.43万名职工）卖了220万美元。而在欧洲，一个中型面包厂价值200万美元，瑞士的中型香肠加工厂价值350万美元。这就是说，丘拜斯（当时任俄罗斯国有资产管理委员会主任）之流，把一家拥有上万工人的大型机械厂只卖了个面包厂的价钱。据最保守的估计，所出售的企业的实际价值超过1万亿美元，而实际只卖得了72亿美元。在私有化过程中，“企业是通过有政治关系的银行拍卖给媒体、银行和工业界巨头了。这是巧取豪夺，是历史上最大规模的无偿转让财富。”朱克曼的这段话概括了私有化的实质。

私有化非但没有增加国家收入，而且为资本外流敞开了大门。那些在私有化过程中购买企业的人，兴趣不在于改善经营、扩大生产，而在于利用国家的资本和公司信贷为自己捞好处。他们利用政治关系不断弄到补贴和免税权，然后“以惊人的泰然自若态度把公司的现金同他们自己的现金混在一起存入瑞士银行。”据国际刑警组织和俄罗斯内务部的材料，有3000多亿美元就是这样流到国外的。这笔巨额资金进入西方银行，再通过世界银行和国际货币基金组织借贷给俄罗斯，以支持进行改革的政府。从俄罗斯人民手中偷走巨额资金，再把它借给俄罗斯，还要付利息，这是多么惬意的买卖！无怪乎西方要全力支持俄罗斯的私有化并为之出谋划策了。利西奇金断定：“俄罗斯整个私有化进程不仅是按照外国特工机构的授意，而且是在它们的领导和积极参与下进行的。例如，国有资产管理委员会和欧洲开发银行共同领导了1993年的私有化。仅在1992年一年，应丘拜斯的邀请，就有200多名外国顾问来到俄罗斯，其中就有中央情报局的人员。”这的确是“最卑鄙无耻的勾当”！

第三，私有化没有出现人人拥有生产资料的社会公平现象，相反，导致社会两极分化，引起了强烈的社会反响。

为了说明私有化的社会意义，许多学者都强调私有化可以实现社会公平，保证社会稳定。从理论上讲，这一论点是十分荒谬的。在私有制条件下，个人的物质利益的大小同其占有的生产资料的多少成正比，因此，人们普遍具有不断扩大所占有的生产资料规模、聚敛更多财富的内在欲望。自由商品经济又使得这种欲望表现为市场上的激烈竞争。私有制基础上的市场竞争必然是大鱼吃小鱼，出现两极分化，并不可能实现人人平等的社会公正。而两极分化的社会必然导致激烈的阶级斗争，也无法实现社会稳定。这些最起码的常识，被一些理论家故意搞糊涂了。

俄罗斯实行私有化以后的现实也揭穿了私有化推行者的谎言。

在俄罗斯，无偿私有化为国家财富向私人转移创造了历史性机遇。1992年开始的私有化，只不过为“资本向少数人手中集中”提供了法律依据。各种官僚和各种基金会大量收购居民手中的私有化证券，而大多数平民百姓，迫于生活，廉价地把私有化证券卖了，1万卢布的私有化证券只换得了一瓶伏特加酒！许多企业原来的“红色经理”变成了私营工厂主，而工人陷入一无所有的被雇佣、被剥削的境地。

有偿私有化更是与普通老百姓无关。恶性通货膨胀（仅1992年就达2509%）把人们的储蓄一扫而空。只有那些在改革中通过掠夺国有财产而发财的新生资产阶级和外国资本家才有能力购买股票。

作为私有化的结果，俄罗斯产生了严重的社会两极分化。据利西奇金估计，在改革中，“所有‘民主派’人士——70万~90万人——都得到了好处。这是总数。得到最大甜头的人不超过一二千人。现在他们都在台上。对他们来说，权力就是进一步窃取人民财产，把人民财产据为己有的工具。”这些靠改革发财的新贵统称为“新俄罗斯人”，他们是资本主义化改革的支持者、推行者。他们的奢侈糜烂的生活，令俄罗斯人民怒目而视。与此相对照，在私有化过程中，90%以上的居民都受到损失，他们的生活每况愈下。至少70%的俄罗斯人仅能糊口，领养老金的老人时有饿死。成年人的预期寿命已从1990年的64岁降低到1997年的59岁。这类材料比比皆是。私有化使俄罗斯公民的宪法权利遭到严重破坏，导致贫穷和死亡，致使国内犯罪猖獗，出现了2000多个有组织的大型犯罪团伙，黑手党的活动大大超过意大利。俄罗斯的现实使得那些所谓私有化可以保证社会公平和稳定的美丽神话，像肥皂泡一样很快破灭了。

第四，私有化没有导致民主和自由，相反，造成了金融工业集团的寡头统治。

俄罗斯私有化非但没有带来民主和自由，反而导致了金融工业集团对国民经济的控制和对政局操纵。金融工业集团是俄罗斯大规模私有化过程中形成的一种金融资本与工业资本相互渗透、相互融合的经济组织形式，是私有化的产物。私有化过程中，企业领导人利用私有化法所赋予的对企业股份的一定控制权，同时收购无偿私有化的证券，逐步把企业置于自己的掌握和控制之下，其中一些富有的领导人迅速变成了工业寡头。经济的不断恶化与资本市场的混乱为工业企业与金融企业的接近与融合提供了现实的经济基础。他们出于利益上的相互需要，走上了联合的道路，金融工业集团逐步形成并壮大。

俄罗斯的金融工业集团并不是完全自发地产生的，它是由政府通过颁布法律、命令等手段自上而下地推动和组织起来的。据不完全统计，为了组织金融工业集团，至1996年年底，俄罗斯共颁布了2个法律、5个命令和11个政府决议和指令。正是在政府的直接推动甚至命令下，许多由政府要员或者公开出面，或者背后支持的大工业企业、大金融机构，纷纷走上了建立金融工业集团的道路。所以，俄罗斯的金融工业集团具有官僚资本的性质。

金融工业集团建立以来，它在俄罗斯经济生活中的作用不断提高，迄今已掌握国民经济的命脉，垄断了金融部门以及诸如石油、天然气等许多重要产品的生产。在国民经济大幅度滑坡的情况下，金融工业集团的投资、产值和出口均成倍增长，被视为经济增长的“火车头”和“发动机”。它在国民生产总值中的比重达到10%，但对整个经济的控制和干预能力都远远不止此。据俄罗斯前首富别列佐夫斯基估计，包括“七巨头”在内的金融工业集团控制了俄罗斯经济近50%。

金融工业集团对社会经济生活的消极影响不可低估。首先，由于资本迅速向少数人手中积聚，造成社会严重的两极分化，这成为引起社会冲突的重要根源，威胁着国家经济、社会的安全。其次，由于金融工业集团是官商勾结的产物，因而在其形成和发展过程中，产生了严重的腐败现象。腐败的蔓延成为投资和经济发展的重要障碍。再次，金融工业集团的扩张主要集中于银行、石油和与出口有关的、当前有利可图的行业，人为地造成了经济比例的失调，使得原先已经不合理的经济结构更加畸形。最后，从追逐最大利润出发，处于垄断地位的金融工业集团热衷投机，造成俄罗斯泡沫经济空前繁荣，资本流向极不合理，为金融危机埋下了祸根。所有这些都证明了列宁早就揭示的一个真理：垄断性的资本主义必然导致停滞和腐朽。在俄罗斯，处于垄断地位的金融工业集团的腐朽性尤为明显。

金融工业集团不仅控制了整个国民经济，而且左右着俄罗斯的政局。俄罗斯金融工业集团的代表人物之一，“尤科斯”石油公司总裁谢尔盖·穆拉夫连科，在1996年6月4日的《独立报》上公开表示：“在现在的俄罗斯，企业家应该成为有政治影响的人物。除了企业家外，谁都不可能准确地预测采取的政治决策会给经济带来什么样的后果。现在生活逼迫我参与政治。国家的未来取决于这一点。所以，在俄罗斯，大企业家必须是大政治家。”他们不仅这样说，也是这样做的。他们有的直接公开出面参加政府，更多的是在幕后操纵政府的人事安排和重大决策，使政府按照他们的利益办事。1996年总统选举中，金融工业集团耗资5亿美元，组织大规模舆论宣传，阻止俄共主席久加诺夫当选，保证叶利钦上台执政。而1998年5月底，当基里延科政府追缴税款的决策侵犯了他们利益时，由别列佐夫斯基召集金融贵族秘密开会，决定说服叶利钦总统，解散基里延科政府。类似的材料不胜枚举。这充分证明当今俄罗斯是听凭一小撮金融工业寡头为所欲为的天下。

俄罗斯实行私有化的后果是可怕又可悲的，而且影响极为深远。

必须指出的是，造成这样严重的后果，从整体上讲，并不是具体措施不当所致，而是私有化本身必然带来的。在当今条件下，实行私有化必然是恢复资产阶级私有制，而且必然出现垄断资产阶级的统治。日益尖锐的资本主义基本矛盾不可避免地阻碍生产力的发展，导致激烈的阶级冲突。这是不依人们意志为转移的客观规律，是任何辩护词改变不了也无法掩盖的必然性。私有化绝对没有好下场，这是已为俄罗斯的现实所证明了的真理。

在俄罗斯改革初期，人们由于受西方和国内“民主派”宣传的影响，也由于对苏联后期戈尔巴乔夫改革的失望，曾对俄罗斯激进的资本主义化改革抱有幻想，尽管当时生活艰难，但对未来充满憧憬。然而这种愿望彻底落空了。他们不再相信任何人的诺言，乐观的估计已为悲观的预测所替代。

如果说，改革初期俄罗斯出现的情景，某些俄罗斯学者（甚至我国某些主张私有化的学者）可以用“转型的阵痛”、“改革的必要成本”等来搪塞的话，那么时至今日，情况又如何呢？西班牙《起义报》2010年7月3日刊登了题为《资本主义制度给俄罗斯带来了灾难》的文章。文章认为，从社会主义模式向资本主义模式的转变，给俄罗斯的经济、政治和社会等各个方面带来了严重后果，俄罗斯的人均收入、生活水平、社会保障等方面都大不如苏联时期。俄罗斯的“私有化过程是对国家财产前所未有、厚颜无耻的大抢劫，黑帮犯罪分子以极低的成本对各个产业、对全球最盈利的石油、天然气和钢铁企业实现了经济控制。经过一番私人抢劫，俄罗斯国家仅拥有不到10%的资产……俄罗斯是世界上富翁人数最多的国家之一，1991年俄罗斯10%的最富有者与10%最贫穷者之间的收入对比是4∶1，而到了2010年这一对比差距扩大为41∶1。”俄罗斯“年均国内生产总值不足1万亿欧元，排在西班牙之后”，“在食品供给上丧失了独立性，50%的食品依靠进口，很多耕地已经不再种植庄稼。相比1991年，2009年俄罗斯人消费的热量少了1/3，消费的牛奶减半。”“2006年的实际平均工资、人均收入、养老金、学生奖学金等都比1991年下降不少。”“因为对公共卫生的投资缺乏，1991年以来，俄罗斯面对严重的人口危机。”“有1250万俄罗斯人没有劳动能力，约500万人吸毒，流浪儿童的数目超过400万人，儿童入学率只有25%。”“2009年俄罗斯的人均寿命为61.4岁，而1991年的人均寿命为64岁，妇女73岁。”“俄罗斯社会保障系统遭到严重破坏。2009年俄罗斯用于社保建设方面的资金占国内生产总值的4.25%，而西方国家在这方面的投入为国内生产总值的8%-10%。”“俄罗斯人的身高也缩减了1.5厘米，参军的青年中15%营养不良。”“社会真实失业率约25%。”这篇文章指出：“这些数据无不显示出俄罗斯社会生活水平的下降。”这就是走资本主义道路的后果。只要站在普通老百姓的立场上，都会反对走这条道路的。

俄罗斯的以私有化为核心的资本主义改革会落到这样的下场，其原因有二：一是国际环境。西方国家不允许俄罗斯强大起来，他们希望俄罗斯变成原料产地和成品销售市场，希望俄罗斯“弱而不乱”。所以，西方国家仍把它当作“潜在的敌人”来对待。原来说得天花乱坠的“援助”落空了，即使少得可怜的“援助”也附加了不少苛刻的政治经济条件。而北约东扩更是给俄罗斯当头一棒。事实正如邓小平同志所指出的，社会主义国家如果“不坚持社会主义，最终发展起来也不过成为一个附庸国，而且就连想要发展起来也不容易。现在国际市场已经被占得满满的，打进去都很不容易。”二是国内因素。在当前的历史条件下，资本主义生产关系已是生产力发展的桎梏。一搞资本主义，经济就可以“腾飞”的想法脱离现实。资本主义基本矛盾——生产社会性与私人资本主义占有之间的矛盾，必然导致无产阶级和资产阶级的对立，导致整个社会中的生产无政府状态，导致周期地爆发的经济危机。资本主义经济的发展史证明马克思恩格斯对资本主义生产关系的分析是完全正确的。2008 年世界金融危机和经济危机，再一次证明了这一点。在世界范围内资本主义已进入停滞、腐朽的垄断阶段的今天，资本主义的复辟只能是束缚生产力的发展，而不可能像刚刚取代封建社会的资本主义上升阶段那样生机勃勃，带来繁荣和兴旺。

俄罗斯“均分国有资产”的改革实践清楚地表明，以私有化为核心的资本主义化改革必然导致严重后果，不会有好下场的。俄罗斯改革是一面镜子，它从反面证明我国改革的方向和方法的正确性。总结俄罗斯改革的教训，我们应该更加坚定信心，坚定不移地沿着建设有中国特色社会主义道路前进。

评“国有企业与民争利论”*

◎周新城　吴　强**

近年来，国有企业饱受争议，国企“与民争利”的观点在众多媒体中频频出现，似乎已经成了不争的事实。公有制为主体、多种所有制经济共同发展是我国在社会主义初级阶段的基本经济制度，国有企业是公有制经济的重要组成部分。因此，对于如何看待国有企业在社会主义市场经济中的作用，以及国有企业是否“与民争利”等问题，关乎社会主义基本经济制度的健康发展，需要认真研究。

在我国历史上，“与民争利”一说源自董仲舒。汉武帝时，豪族冶铁铸钱，危及国家铸币和税收，成为朝廷之大害。汉武帝坚持由国家铸币，反对私人铸币，董仲舒就攻击汉武帝“与民争利”。董仲舒所谓的“民”，并不是一般的老百姓，而是贵族和富商大贾。可见，在“民”字上做文章古已有之。

在我国社会主义初级阶段的条件下，“民”即人民，是

---

* 本文由周新城、吴强两位作者的文章合并而成。

** 周新城，中国人民大学马克思主义学院教授；吴强，《求是》杂志社编辑。

分为不同阶级的。要把劳动人民同资本家区分开来。就劳动人民来说，国有企业与“民”之间的利益是一致的，它用不着也不会“与民争利”。我们是社会主义国家，我们的政权是人民的政权，是代表全国人民的利益的。国有经济是全民所有制经济，国家占有生产资料是为人民服务的，国有企业的一切经营活动都是直接或间接地为了满足人民群众的物质文化需要。在社会主义市场经济条件下，国有企业作为自主经营、自负盈亏的经济实体，当然需要获得利润，但利润并不是国有企业的生产目的，何况国有企业获得的利润最终仍属于人民所有。不可否认，国有企业在实际经营活动中也会同人民群众发生一些矛盾，但这种矛盾在人民政府的协调下通过改革是比较容易解决的。比如，如果国有企业通过让广大消费者支付高价来获得高额垄断利润，并把垄断利润用于企业内部的分配，这样的“与民争利”就要坚决反对。因此，政府要对煤、电、油、气、水等的价格制定进行干预，不能完全由国有企业自己定价。国有企业在履行经济责任的同时，也要履行好政治责任和社会责任，不能把盈利目标建立在让民众支付高价的基础上。事实上，国企特别是央企在有关国计民生的重要产品上的定价权是受国家严格控制的，如果完全按照市场机制来定价，人们早已不能享受目前煤、电、水等的低价。

但通常指责国有企业“与民争利”并非指它与民众争利，而是指与私营企业争利。鼓噪国有企业“与民争利”的人居心叵测，他们歪曲社会主义国有企业的性质，制造国家与人民的对立，煽动人民反对国有企业，以便最终削弱以至消灭社会主义的经济基础。对此，我们必须保持警惕。

一、国有企业不是“与民争利”而是“为民争利”

其实，对于工人农民而言，谈到“与民争利”的问题，真正需要分析的是资本主义性质的私营经济。私营经济是以资本家私人占有生产资料为基础、雇用工人进行劳动并占有工人创造的剩余价值的一种经济成分，它的生产目的是获得最大限度的利润。资本的本质就是追逐尽可能多的剩余价值，而不是满足人民的需要。尽管在我国社会主义条件下，由于经济上公有制占主体、政治上共产党处于领导地位，私营经济的经营环境，同资本主义国家相比较发生了很大变化，因而经营方式和管理方法也有很大不同，但追逐剩余价值这种资本的本质是不会发生变化的。在社会主义初级阶段，生产力的落后决定了我们不仅允许而且鼓励私营经济的存在和发展，但私营经济的作用是具有两重性的：一方面私营经济对我国国民经济的发展具有积极作用，可以在建设中国特色社会主义事业中作出自己的贡献，因而资本家与工人之间具有利益的一致性；另一方面私营经济还存在剥削，它同社会主义的消灭剥削的本质要求是相矛盾的，资本家同工人之间存在着利益的对立。在新创造价值一定的情况下，剩余价值与工人的工资在量上是一种此消彼长的关系，从这个意义上讲，资本家与“民”（即工人）是争“利”的，因为只有把工人的工资控制在劳动力价值的范围内甚至压低到劳动力价值以下，才能保证资本家获得最大限度的剩余价值。在社会主义初级阶段，在私营经济的现实生活中，不能不承认这种矛盾是客观存在的。

如果“民”是指私营企业主（资本家）的话，那么国有经济同私营经济之间是一种“争利”的关系。这一点，也无须隐讳。我们实行的是社会主义市场经济体制，在市场上各种经济成分相互平等竞争，优胜劣汰，这种竞争，归根结底就是“争利”。哪个企业经营得好，个别劳动耗费低于社会必要劳动耗费，它就获得“利”，得到发展；相反，哪个企业经营得不好，个别劳动耗费高于社会必要劳动耗费，它就失去“利”，得不到发展，甚至破产。这是市场的无情的规律。无论是国有企业还是私营企业，在市场上相互“争利”，这是正常行为，无可非议，否则就不符合市场经济的规则。要求只准资本家赚钱，不准国有企业赚钱，总是不合理的吧！

市场经济是一种竞争经济，以竞争来促进资源优化配置、提高经济效率，正是经济体制改革的重要目的。因此，无论是国有企业还是非公有制企业，只要是公平竞争，争利行为就无可指责。长期以来，我国政府一直推动公平竞争，不断拓宽非公有制企业的经营领域，改善其投融资环境，以营造更好的竞争环境。通过不断推进改革，当前绝大多数领域都已允许非公有制企业进入。即使过去被认为应该由国家垄断经营的行业，包括一些关系国家经济命脉的行业，实践证明，允许非公有制企业适当进入，可以促进竞争、提高效率。今后我国还会继续推进垄断行业改革，努力降低非公有制企业进入的门槛。但允许非公有制企业进入并不是要求国有企业退出，而是要形成党的十七大报告所提出的“各种所有制经济平等竞争、相互促进的新格局”。形成这样的格局，一方面能够促进国有企业效率提高、资产增值，增加人民群众作为国有企业所有者的权益；另一方面能够促进国民经济发展，更好地满足人民群众的物质文化需求。因此，与其说国有企业“与民争利”，不如说它是“为民争利”。我们既要允许个体、私营等非公有制企业“与国（国有企业）争利”，也要允许国有企业“与私（非公有制企业）争利”。如果以不“与民争利”为理由，要求国有企业退出所有竞争性行业甚至关系国计民生和国家安全的重要领域，既是对全民所有权的侵害，也是对公平竞争原则的破坏。在国有企业改革的方向上，应当坚持“有进有退、有所为有所不为”：对于涉及国民经济命脉的一些关键行业和领域，国有经济要起控制作用；其他行业和领域，可以通过资产重组和结构调整，集中力量，加强重点，在市场公平竞争中优胜劣汰。

二、发展壮大国有企业有利于保障人民群众的根本利益

党的十五届四中全会通过的《中共中央关于国有企业改革和发展

若干重大问题的决定》指出：“包括国有经济在内的公有制经济，是我国社会主义制度的经济基础，是国家引导、推动、调控经济和社会发展的基本力量，是实现广大人民群众根本利益和共同富裕的重要保证。”这段话清楚地表明了国有经济“为民谋利”的基本属性。从我国改革开放以来的实践看，正是由于包括国有企业在内的国有经济牢牢控制着国民经济的命脉，并不断发展壮大，使我国社会主义制度的优越性得到较好发挥，增强了我国的经济实力、国防实力和民族凝聚力，促进了全国人民整体生活水平的快速提高。

第一，发展壮大国有企业，有利于保障人民的民主权利和经济利益。社会主义民主政治的本质和核心是人民当家做主，实现社会主义民主政治的基础是实现生产资料以公有制为主体。生产资料公有制使劳动人民摆脱了被奴役、被剥削的地位，真正成为国家的主人。当然，我国还处在社会主义初级阶段，需要在公有制为主体的条件下发展多种所有制经济，切符合“三个有利于”的所有制形式都可以而且应该用来为社会主义服务。其所以如此，正是因为包括国有企业在内的国有经济控制着国民经济的命脉，保证了私人资本不能左右国家的大政方针，保证了人民的民主权利和经济利益不会受到损害。但如果国有经济的力量被削弱，控制力、影响力下降，人民群众的民主权利和经济利益将很难得到保障。

第二，发展壮大国有企业，有利于经济平稳较快发展、人民生活水平逐步提高。通过发挥市场在资源配置中的基础性作用，能够提高经济效率，但市场也有盲目性，会出现“市场失灵”现象。发挥包括国有企业在内的国有经济的主导作用，能够比较好地解决这一问题。国有经济既能够在产业结构调整中起示范、带动作用，又能够坚决地落实国家的宏观调控政策，因而有利于促进国民经济平稳较快发展。在西方国家，虽然政府也要进行宏观调控，但各项政策受到垄断集团的影响和制约，宏观调控的效果很有限。以 2008 年发生的国际金融危机为例：危机发生前，美国的金融垄断资本为了攫取高额利润，不断吹大金融泡沫，美国政府和美联储却置之不理；危机发生后，美国政府实施了一系列财政政策和货币政策，但效果不佳，难以遏制经济下滑的趋势，造成失业率居高不下，民众生活水平下降。而在我国，中央政府及时出台一系列以增加基础设施投资和改善民生为主的危机应对措施，国有企业紧密配合中央的宏观调控政策，政策效果迅速显现，很快就遏制了经济下滑的趋势，不仅保持了经济高速增长，而且改善了民生。

第三，发展壮大国有企业，有利于提高我国在国际竞争中的主动权。在经济全球化的过程中，西方大型跨国公司在世界经济中的地位更加突出，它们在国际竞争中占有绝对优势。这些跨国公司掌握着巨额资金、核心技术和销售网络，并在全球范围组织生产和销售。在这样的背景下，中国等发展中国家的大多数私营企业只能通过低价竞争进入国际低端产品市场，或者只能做加工贸易，结果资源耗费很大，但劳动者工资难以提高，企业所获得的利润很少。当前，尽管中国已成为世界第一出口大国，但我国出口贸易的主体是外资企业，出口的方式以加工贸易为主，出口商品的附加值较低。要使我国真正成为贸易强国，还需要发展我国本土的跨国企业，使它们真正掌握核心技术、自主品牌和销售网络。国有企业具有资金、技术、人才等方面的优势，它们最有条件与国外跨国公司在高端产业展开竞争，为我国谋取更大利益。对此，中国美国商会主席狄安华认为，中国国企向全球扩张，现在不仅在中国国内甚至在海外的商业竞争中，都可以击败美国企业，“中国国有企业才是美国的最大威胁”①。

第四，国有企业归全国人民所有，其利润最终要用于全体人民。在计划经济时期，国有企业实行统收统支，所有利润都上缴国家，由国家统一支配。应该说，在实行统收统支的情况下，国有企业为民谋利的性质体现得很清楚。但统收统支不利于发挥国有企业的积极性，因而需要进行改革。多年来，通过推进国有企业改革和对放权让利、利润留存等

① 杨美萍：《美国官员称中国国企是美国“最大威胁”》，《环球时报》，2011年5月4日。

各种利润分配模式的探索，国有企业的盈利状况有了显著改善。2007年，财政部会同国资委发布了《中央企业国有资本收益收取管理办法》，明确国有资本收益的主要形式是国有企业上缴的税后利润，国有资本收益收取对象为中央管理的一级企业，中央企业上缴利润的比例分三类执行：第一类为资源型特征的企业，上缴比例为10%；第二类为一般竞争性企业，上缴比例为5%；第三类为军工企业、转制科研院所企业，上缴比例3年后再定。国有企业当前的利润分配方式同样体现了国有资本归全民所有，利润用于全体人民的原则。目前，一些人质疑国有企业上缴利润的比例，认为最高10%的上缴比例太低，没有很好地体现国有经济为民谋利的属性。笔者认为，在条件允许的情况下，国家应该适当提高国有企业上缴利润的比例，并把这些资金更好地用于改善民生的领域，但也不是上缴利润的比例越高越好。国有企业要继续做大做强，就要进行积累，把国有资本金的部分收益转化为投资，形成新的国有资本。这些新形成的国有资本同样增加了全体人民的所有者权益，为今后国有企业上缴更多利润打下了基础。

三、垄断行业由国有企业经营更符合人民群众的利益

国有企业存在垄断行为是它经常受到批评的重要理由，因为垄断行为通常被认为是通过不正当手段获取高额利润的行为，是与市场经济相违背的。有的学者甚至把央企称作“权贵资本主义”。事实上，市场经济不可能完全排除垄断，完全自由竞争的市场经济是不存在的，也不符合经济发展的规律。国家为了特定目的，如维护社会稳定和促进宏观经济协调发展，需要在某些领域允许垄断的存在。即使在西方发达资本主义国家，垄断也大量存在。以美国为例：洛克菲勒财团旗下的埃克森美孚、雪佛龙等几家石油公司垄断了美国绝大部分市场；波音公司20世纪末在美国政府的支持下兼并了麦道公司后，成了美国唯一的民用飞机制造商；微软公司虽然因为垄断吃了不少官司，但最终还是没有被分

拆等。

许多国家的《反垄断法》及其他相关法律都明确规定了合法垄断的范围。这主要有两种情况：一是对某些特定部门垄断行为的豁免。包括具有自然垄断性质的公用事业，如供水、供电、供热、供气、铁路等部门；与国计民生有关的经济部门，如银行和保险业等；某些自然资源开采业，如石油、煤炭等；国家指定专营行业；关系国民经济发展的某些重要原材料生产和关系国家安全的国防科研领域。二是在特定时期、特定情况下，对某些垄断行为的豁免。如行使知识产权权利的行为、经反垄断主管机构许可的联合限制竞争行为等。当前我国由国务院国资委监管的120余家央企以及铁路、国有银行等，绝大多数属于上述第一种情况。这些行业的垄断，即使在绝大多数西方发达国家也是合法的。

当然，我国的垄断行业与西方国家的垄断行业存在根本的不同：我国垄断行业的主体是国有企业，而在西方国家主要是私人大企业。究竟垄断行业应该由国有企业经营还是由私有企业经营好呢？应该主要从两个方面看：一是怎样才能更加有利于经济发展；二是垄断利润归谁。从第一个方面来看，正如前文所述，中国的国有企业在推动经济社会发展中作出了巨大贡献，推动了中国现代化进程；反观一些发达国家的垄断企业，为了获得高额垄断利润，不惜尔虞我诈，甚至采取欺骗的手段，坑害消费者和投资者（本轮国际金融危机大规模爆发，美国的垄断机构难辞其咎）。从第二个方面来看，垄断行业会产生垄断利润，这些利润应该归谁呢？垄断利润并非来自于企业经营有方，而主要来自于国家赋予（或认可）的垄断经营权，显然垄断利润应当归国家所有，也即归全体民众所有。但在西方国家，这些垄断利润都进了垄断资本家的腰包。更具有讽刺意义的是，这些垄断资本平时攫取高额垄断利润，陷入困境时却要求政府用纳税人的钱为它们填补财务窟窿。可见，垄断行业由国有企业来经营，所获得的利润归国家即全民所有，更具有合理性。

当前，防止权贵资本主义在我国出现很有必要，但把国有企业看做权贵资本主义则没有道理。一般认为，权贵资本主义是指权力与资本合谋，以霸占和垄断社会的财富，断掉非权贵通过勤劳与智慧公平获得财富的出路。按照这一定义，资本主义国家的垄断企业才真正属于权贵资本主义，因为它们不仅拥有大量的财富，而且能左右国家的政策，是典型的资本与权力的结合体。在我国社会主义条件下，国有经济本身不是权贵资本主义，它的财富属于全体人民，不存在着社会财富被谁霸占的问题，国有经济的发展壮大也就是全体中国人民财富的增加。但如果对国有企业进行私有化则可能产生权贵资本主义，因为私有化往往是金钱与权力的结合，少数人一夜之间成为千万富翁，普通职工则面临失去工作、沦为赤贫的威胁。苏联解体前实行大规模的私有化，大量国有资产落入个人（其中大量的是政府官员和原企业领导）的腰包，产生了新的社会阶层，即权贵阶层，他们可以被认为是权贵资本主义。

四、发挥国有企业的支柱作用有利于促进收入分配公平和共同富裕

有学者认为，国有企业的存在加大了社会收入分配的不公平。收入分配不公平问题确实应当引起重视，但国有企业会扩大收入差距吗？

我们不妨思考这样一个问题：如果我国经济完全由私人资本控制，我国收入分配不合理的格局就能改善吗？这显然是不可能的。私有制经济必然存在着剥削，资本家通过掌握资本无偿占有工人创造的剩余价值，因此，私有制会导致越来越严重的两极分化。事实正是如此。20世纪80年代以来，新自由主义兴起，私有化浪潮席卷欧美等发达国家，而后向拉美、东南亚等发展中国家传播，导致世界范围内收入分配不平等急剧加大，劳资矛盾激化，贫富分化严重。一些发展中国家因此陷入动荡，一些发达国家的民众也对本国的两极分化表示强烈不满。美国官方的统计数据显示，80年代以来，美国的收入差距不断拉大，21世纪初美国的贫富分化是“二战”以来最为严重的。

近年来的研究表明，我国收入分配的主要问题是在初次分配中劳动

收入所占比例过低，农民、工人尤其是农民工的工资过低。对于绝大多数中低收入者来说，劳动收入是其主要的收入来源，甚至是唯一的收入来源，他们的劳动报酬过低导致了社会收入差距过大。国有企业由于实行的是生产资料公有制，按劳分配的原则体现得较为充分，劳动收入在初次分配中的比重会高一些。因此，与私营企业、外资企业相比，国有企业内的收入差距比较小，职工的工资相对较高。

可见，当前在我国，大多数企业，无论是国有企业还是私营企业、外资企业，都存在着劳动报酬过低的问题。其中，私营企业和外资企业中劳动者收入过低，是我国收入分配中存在的主要问题。因此，我国收入分配改革的重点应当是加强对劳动者（包括国有企业的职工）的权益保护，努力提高他们的收入；而不能认为私营企业工人的低收入是合理的，要求所有国有企业的工人收入向他们看齐。此外，确实在少数垄断行业，国有企业的职工整体收入远远高于其他行业。毫无疑问，这也是不公平的。我们应该进一步规范国企的分配制度，解决部分国企存在的不合理高收入问题。

五、国有企业应改进工作，更好地为民谋利

在现实中，存在一个非常值得思考的问题：尽管广大人民群众是国有企业的所有者，而且国有企业在经济发展中发挥了重要作用，但为何社会公众对它们有这么多的批评，尤其是互联网上批评国有企业的言论会受到这么多网民的追捧？这在理论上是一个悖论。出现这一悖论的原因是多方面的，其中不乏一些人有意丑化和诋毁国企，以促使政府出台不利于国有企业发展的政策。但这一悖论更多地体现了人民群众对国有企业还有不满意的地方。国有企业应正确面对这些批评，查找自身存在的问题和不足。

首先，要加强理论研究和舆论宣传工作，改善国有企业形象。应该认识到，人民群众批评国企是他们作为所有者的正当权利，他们提出批

评和表达意见并不是要反对国有企业，而是为了促进它们改进管理，更好地为民谋利。国有企业及相关政府部门应该及时收集人民群众提出的各种批评和建议。对于其中合理的批评和建议，应尽快改进相关工作，并及时给出答复；对于人民群众存在误解的，应及时向公众作出解释。对于恶意丑化国有企业的言论，国有企业及相关政府部门应该主动出击，用理论和事实把真相揭示给人民群众。国有企业及国有资产管理部门不能寄希望于公众自发对错误言论进行批驳。对于大多数普通百姓而言，他们不直接参与国有企业的管理，不能直接受益于国有企业，因而不易感受到自己是国企的所有者，不会主动为国企说话、为国企辩护。国有企业需要加强对社会舆论的引导，扭转对国有企业不利的社会舆论，让更多的人民群众认识到国有企业的重要作用和它为民谋利的基本属性。国有企业应当加强同理论研究机构和新闻媒体的联系，主动为研究机构提供研究课题和相关材料，深化对相关理论问题的研究，并通过新闻媒体广泛公布理论研究成果，宣传国有企业的作用和成绩。

其次，要进一步协调国有企业的盈利目标与老百姓的效用目标之间的关系。国有企业尤其是垄断行业的央企，政府给予了它一定的垄断权利，因此不能单纯以盈利为目标，还应承担相应的社会责任，让人民群众真正感觉到国有企业是为民谋利的。尤其是在水、电、煤、油、天然气、通信等与普通人民群众生活息息相关的产业，央企的首要任务应当是保证产品的基本供应，维持社会生产、生活的正常运转，次要目标才是盈利。目前，人们不满意的主要是有的行业定价过高。例如，人们对手机话费、高速公路收费等存在较大意见，因为这些行业的价格水平比某些发达国家还要高，而企业每年获得的利润也很高。鲜明的对比必然引起一些群众的不满。那么，这些垄断行业是怎么定价的？高价格的理由是什么？对于这些问题，央企及政府相关部门应该认真做好调研，有条件降价的应尽快降价，没有条件降价的应及时向社会公众说明。

最后，要进一步加强国有企业的民主化、透明化管理。国有企业尤其是央企与其他类型企业的一个很大不同是，它们是“公众”企业，即归人民所有、为人民服务、受公众关注的企业，这决定了人民群众对国有企业的要求会比对其他企业的要求高得多。当前，绝大多数国有企业的公司治理结构是健全规范的，大多数企业负责人的思想政治素质、文化程度、经营管理水平都比较高。即使如此，少数国有企业经营不规范，利益内部化，也很容易导致社会公众的不满。例如，一些企业投资不合理、资金使用不透明、领导职务消费高、员工工资高等曝光后，会引来社会公众的强烈批评；少数国有企业领导贪污腐化被查处后，媒体往往会非常关注，用大量的版面进行报道。一些人甚至将对个别国有企业的批评泛化为对整个国有经济的批评，把个别国有企业经营管理中出现的问题上升为对国有制的否定。解决国有企业中存在的这些问题，关键是要加强民主化、透明化管理。重大决策要民主讨论，不能少数人说了算，更不能“一把手”个人说了算，以减少决策失误和防止决策中出现腐败。有关企业的收入分配、职务消费、管理成本等，应该尽量向社会公布，接受全体社会成员的监督。

总之，搞好国有企业有利于保障人民群众的根本利益，但由于目前国有企业自身还存在定位不准、管理不严等问题，其为民谋利的职能还没有充分发挥，在有些领域甚至还存在着企业利益与公众利益的冲突。显然，国有企业还需要进一步协调企业经济责任与社会责任的关系，加强自身的社会责任意识，改善管理，以更好地为民谋利。

下篇

论国有企业的中流砥柱地位

论 公有制是社会主义初级阶段基本经济制度的基石

◎刘国光*

中国共产党成立90周年了。90年来，中国共产党带领中国人民推翻"三座大山"，完成了新民主主义革命的任务，取得了社会主义革命和建设的伟大胜利。在中国实现共产主义，一直是我们共产党人追求的最高理想和为之奋斗的最终目标。马克思主义创始人和世界各国共产党人都对未来的社会主义经济制度和当前的实现步骤，进行了艰辛的理论和实践的探索，为我们今天建设社会主义经济制度提供了宝贵的思想财富，也为社会主义初级阶段基本经济制度奠定了理论基础。

一、社会主义初级阶段的理论渊源

社会主义初级阶段理论来源于马克思主义。马克思、恩格斯将共产主义社会分为两个阶段，社会主义是共产主义的初级阶段。

---

* 刘国光，中国社会科学院原副院长。

列宁有新经济政策过渡的实践，相当于社会主义初级阶段的试验。毛泽东把社会主义划分为“不发达阶段”和“发达阶段”①，不发达阶段就是社会主义初级阶段。具体分析一下社会主义初级阶段这个概念所包含的基本理论观点，不难看出它是对马克思主义关于未来社会发展阶段思想的深化。社会主义初级阶段包含两个理论命题：第一，在一定条件下，经济文化较不发达国家可以不经过资本主义的充分发展而进入社会主义；第二，在任何条件下，生产力的发展阶段都是不可逾越的。可以说，这是马克思、恩格斯的一贯主张。社会主义初级阶段论的形成是对马克思主义不断革命论和革命发展阶段论的具体运用。马、恩、列、毛的有关的论述，为我们党在十一届三中全会以后提出社会主义初级阶段的科学论断提供了重要的理论根据。

新中国的前30年，曾经进行了大规模的公有制经济的建设实践，中国共产党总体上取得了举世瞩目的伟大成绩，但是纯粹的一大二公式计划经济体系也有不少弊端。

在毛泽东时代，农村集体经济（人民公社）、城市国营企业在国民经济中占绝对主体地位。客观地分析，当时的公有制经济既有十分成功的，也有一些失败的。比如在农村，既有大寨、刘庄、华西村等这样的优秀典型，像大寨那种自然条件、生产力极端落后的农村，通过集体经济取得了很大的发展。与此同时，也有小岗村这样的典型农村，公有制这种所有制则束缚了当地生产力的发展。小岗村为代表的农村不适合搞公有制和集体经济，其主要原因在于小岗村干部和群众思想觉悟低，私有制社会遗留下来的“人不为己，天诛地灭”理念根深蒂固。②

---

① 《毛泽东文选》第8卷，人民出版社1999年版，第116页。

② 曾任小岗村村长、书记的严德友在2008年10月接受人民网采访时，有人提出这样的问题：“请问嘉宾：你的意思是包干到户人心散了，队伍不好带了吗？”而严德友回答说：“也不是说人心涣散，人不为己，天诛地灭，直接利益和间接利益是不一样的。比如把这些人重新拢到一起来，再进行分配，我能分多少，会不会我出的力气比他出的多，最后我跟他分的一样多。就是责任心不一样了。如果自己干，我是几亩地，我收的粮食全部是我自己的，我不需要再怎么分配，我没有顾虑了。”严德友为代表小岗村民的“人不为己，天诛地灭”的观念，是小岗村不适合搞公有制经济的重要原因。

与农村情况类似，当时的公有制经济中，既有大庆（石油工业）、鞍钢（钢铁工业）、两弹一星（国防工业）为代表的先进典型，出现了一大批以陈永贵、王进喜、钱学森等为代表的有高度觉悟的社会主义建设者。同时，也有相当一些国营企业管理不严、效率低下、人浮于事，影响了生产力的发展。应该说，以上这两种现象在当时都是客观存在的，用其中一种倾向去否定另一种倾向都是偏颇的，这就容易犯“左”或“右”的错误。

毛泽东在世时，费尽千辛万苦想消灭中国人的私有观念和剥削阶级观念，达到“六亿神州尽舜尧”的理想境界，但最终没有成功。这充分证明，在社会主义初级阶段，由于社会主义社会机制的成熟，旧社会遗留的问题仍将继续存在。建立社会主义初级阶段的基本经济制度，必须考虑这一现实。

社会主义初级阶段理论正式形成的过程，首先是1981年党的十一届六中全会通过的《关于建国以来党的若干历史问题的决议》，第一次提出我国社会主义制度还处于初级的阶段。其次是1987年中共十三大，社会主义初级阶段理论确立。邓小平在十三大召开前指出：“党的十三大要阐述中国社会主义是处在一个什么阶段，就是处在初级阶段，就是初级阶段的社会主义。社会主义本身是共产主义的初级阶段，而我们中国又处在社会主义的初级阶段，就是不发达的阶段。一切都要从这个实际出发，根据这个实际来制定规划。”① 到了1997年9月，党的十五大制定了党在社会主义初级阶段的基本纲领，精辟地回答了什么是社会主义初级阶段中国特色社会主义的经济、政治和文化，以及怎样建设这样的经济、政治和文化。

我们可以看到，中国特色社会主义理论是在充分借鉴毛泽东时代历史经验和教训的基础上提出的。一方面，是坚持和继承马列主义毛泽东思想所提出的社会主义基本的政治、经济、文化原则。比如，在政治

---

① 《邓小平文选》第3卷，人民出版社1993年版，第252页。

上，坚持共产党的领导地位，坚持无产阶级专政，拒腐防变，集中力量搞好党的建设，保持共产党的先进性；经济上，以公有制经济为主体经济，抓大放小，集中力量搞好大型国有企业，加强国企领导班子的思想觉悟工作；分配上，以按劳分配为主体，抑制剥削，防止两极分化；文化上，坚持社会主义核心价值观的主导作用。另一方面，根据生产力落后、旧社会私有制所遗留的传统思想观念难以短时期消除的现实状况，大力引导私营经济的适当发展，从而促进了生产力的大发展、大提高。

二、社会主义初级阶段基本经济制度的形成

在社会主义初级阶段，我国应该建立怎样的所有制结构，确立什么样的基本经济制度，党的认识也经过了一个逐步深化的过程。1981 年 7 月国务院颁布的对城镇非农业个体经济作出若干政策性规定。1982 年党的十二大指出社会主义国营经济在整个国民经济中占主导地位，首次在代表大会文件中明确提出鼓励个体经济发展并且扩展到农村地区。1987 年 1 月，中央发布《把农村改革引向深入》文件，提出对私营经济“应当允许存在，加强管理，兴利抑弊，逐步引导”，一方面，肯定了私人企业的合法性；另一方面，也指出私人企业同公有制经济是有矛盾的，它自身也存在弊端，要加以调节和限制。

1987 年党的十三大报告第一次公开明确承认私营经济的合法存在和发展。认为私营经济“是公有制经济必要的和有益的补充”。1992 年，党的十四大报告中讲：“以公有制包括全民所有制和集体所有制经济为主体，个体经济、私营经济、外资经济为补充，多种经济成分长期共同发展。”

正式提出初级阶段基本经济制度概念的是 1997 年党的十五大报告。报告提出：“公有制为主体，多种所有制共同发展，是我国社会主义初级阶段的一项基本经济制度”，同时承认“非公有制经济是我国社会主义市场经济的重要组成部分”。进一步提升非公有制经济地位，使非公

有制经济由体制外进入体制内。至此，社会主义初级阶段基本经济制度正式确立。

2002 年党的十六大提出了两个“毫不动摇”的方针，即“必须毫不动摇地巩固和发展公有制经济。”和“必须毫不动摇地鼓励、支持和引导非公有制经济发展。”2007 年党的十七大再次重申“要坚持和完善以公有制为主体、多种所有制经济共同发展的基本经济制度”。2010 年党的十七届五中全会提出坚持社会主义基本经济制度，就必须既不能搞私有化，也不能搞单一公有制。这是针对残存的单一公有制传统观念，特别是主要针对近年来出现的私有化倾向而提出来的，十分重要，应该引起注意。

三、非公有制经济在初级阶段有一定历史地位

基本经济制度决定社会的性质和社会的发展方向。判断社会的性质和发展方向的唯一标准就是看生产资料归谁所有。在社会主义出现以前，人类的所有社会制度都是以生产资料私有制为核心，生产资料公有制是社会主义制度区别于以前一切人类社会制度的根本不同点。为什么我国要实行以公有制为主体、多种所有制经济共同发展的基本经济制度呢？

我国是社会主义国家，必须以公有制作为社会主义经济制度的基础。我国《宪法》规定：“中华人民共和国的社会主义经济制度的基础是生产资料的社会主义公有制，即全民所有制和劳动群众集体所有制”，“国家在社会主义初级阶段，坚持公有制为主体、多种所有制经济共同发展的基本经济制度。”[①] 因此，要把“社会主义经济制度”同“社会主义初级阶段的基本经济制度”这两个概念区别开来。“社会主义经济制度”是“社会主义初级阶段基本经济制度”的核心。前者不

---

① 《中华人民共和国宪法（2004 年修正）》第一章总纲第六条。

包括非公有制经济，只有公有制是其基础；而初级阶段的基本经济制度中，包括非公有制经济，但公有制必须占主体地位。“社会主义经济制度”存在于社会主义初级阶段和以后的其他阶段，是不断成熟和发展的过程；而社会主义初级阶段的基本经济制度，只反映初级阶段的特点。

可以设想，初级阶段结束，非公有制经济不会立即被公有制经济所取代。进入中级阶段，随着生产力的进一步发展和人们思想觉悟的进一步提高，将是公有制经济进一步发展壮大，所占比重不断提高，而非公有制经济则逐渐减退，所占比重减少的过程。到社会主义高级阶段，社会主义经济趋于成熟，剥削制度和生产资料私有制经济将最终退出历史舞台。

初级阶段基本经济制度中之所以允许发展非公有制经济，是由我国生产力发展水平还不高的国情决定的。解放和发展生产力是我国社会主义的根本任务。因此，只要符合“三个有利于”标准的经济成分就允许其存在和鼓励其发展。个体和私营、外资经济，在其符合“三个有利于”条件下，就可以成为社会主义初级阶段基本经济制度的构成部分和社会主义市场经济的重要组成部分。

我国还处于社会主义初级阶段，这是实行社会主义基本经济制度的理论和现实依据。但我们必须清楚地认识到，社会主义初级阶段也有一个时间限期的问题，不可能是无限期的。邓小平在 1992 年初视察南方时说：“社会主义初级阶段的基本路线要管一百年，动摇不得。”① 这是在当前的社会主义现代化建设过程中要遵循的重要的时间界限。从中国初步建成社会主义的 1956 年算起，到 20 世纪五六十年代后，就要着手向中级阶段过渡。但随着我国生产力的发展、科学技术的进步，一百年的初级阶段的期限是有可能缩短的。提出这一点就是为了提醒当代的共产党人，不仅要埋头赶路，而且要抬头望远，时刻不要忘记了社会主义和共产主义远景目标。

---

① 《邓小平文选》第 3 卷，人民出版社 1993 年版，第 370 页。

四、公有制的主体地位不能动摇

社会主义公有制是社会主义制度的基础。公有制为主体也是初级阶段基本经济制度的前提和基础。坚持基本经济制度，首先要巩固公有制为主体这个前提和基础。

“公有制的主体地位主要体现在：公有资产在社会总资产中占优势。公有资产占优势，要有量的优势，更要注意质的提高。”① 现在有不少人对公有制是否还是主体有疑虑，主要是对公有制所占的比重即量的方面有疑虑。目前，根据国家统计局的数据，我国国有经济在国民经济中的比重不断下降，宏观上并不存在所谓的“国进民退”；微观上国有经济“有进有退”，但更多的是“国退民进”；个别案例中的所谓“国进民退”，多半属于资源优化重组，并非没有道理。我们党一贯强调，“公有制比重的减少也是有限制有前提的，那就是不能影响公有制的主体地位”②。解除人们疑虑的办法之一，就是用统计数字来说明，坚定人们对社会主义初级阶段基本经济制度的信心。

公有资产占优势，更重要的表现为质的优势，即关键性的涉及经济命脉、战略全局和国民经济发展方向的生产资料占优势，而不是一般的微不足道的生产资料占优势；是先进的具有导向性控制性的生产资料占优势，并且不断提高进步发展壮大，而不是落后的东西占优势。这样它才能控制经济命脉，对国民经济起主导作用，有强大的控制力、决定力、示范力和促进力。

要从“以人为本”的高度去看待“公有制占主体”、“公有资产占优势”。要重视有多大比例的工人阶级在公有制经济中劳动。如果中国大部分工人阶级（包括农民工）受私营企业主雇用、在私有制经济中劳动，那么很难说公有制还占主体地位。这样，工人阶级必然收入低

---

① 《十五大以来重要文献选编》（上），人民出版社2000年版，第21页。

② 《江泽民文选》第3卷，人民出版社2006年版，第72页。

下，他们也没有享受到社会主义的优越性，很难说他们是社会主人还是私营企业主是社会主人。而中国必然两极分化，中国也很难说是一个社会主义国家。

所以，初级阶段基本制度不但要求公有制经济占主体地位，而且要求国有经济对国民经济起主导作用，国家应控制国民经济命脉，国有经济的控制力、影响力和竞争力得到增强，要使中国共产党的执政基础——工人阶级和农民阶级都能享受到国有经济的好处。在社会主义经济中，国有经济不是像在资本主义制度下那样，主要从事私有企业不愿意经营的部门，补充私人企业和市场机制的不足，而是为了实现国民经济的持续稳定协调发展，巩固和完善社会主义制度。为了实现国民经济的持续稳定协调发展，国有经济应主要集中于能源、交通、通信、金融等基础设施和支柱产业中。这些都是关系国民经济命脉的重要行业和关键领域，在这些行业和领域中国有经济应该有"绝对的控制力"、"较强的控制力"，"国有资本要保持独资或绝对控股"或"有条件的相对控股"①。这些都是中央文件所规定和强调的。国有经济对这些部门保持控制力，是为了对国民经济有计划地调控，以利于它持续稳定协调发展。

五、社会主义初级阶段国有经济的作用远大于资本主义国家的"国有经济"

关于国有经济控制力应包括的范围，有一种意见是值得注意和研究的。这种意见把国有经济的社会责任分为两种：一是帮助政府调控经济；一是保证社会正义和公平的经济基础。前一个作用普遍适用于社会主义国家和现代资本市场经济国家，而后一个作用则是社会主义国家独有的。"按照西方主流经济学的观点，在一定条件下国有经济有助于政

① 《十五大以来重要文献选编》（下），人民出版社2003年版，第2587页。

府调控经济，但是经济合作与发展组织（OECD）国家的私有化证明，即使以垄断性的基础产业为主要对象进行了私有化，国有经济到了10%以下的比重以后，政府照样可以运用各种货币政策、财政政策、产业政策和商业手段等有效地调控经济。但是社会正义和公平，却是高度私有化的经济和以私有化为主的混合经济解决不了的老大难问题。”“在中国坚持社会主义市场经济的改革方向中，增强国有资本的控制力，发挥其主导作用，理应包括保障、实现和发展社会公平的内容和标准。对那些对于政府调控经济不重要但是对于保障社会正义和公平非常重要的竞争性领域的国有资产，也应该认为是‘重要’的国有资产，要力争搞好，防止出现国资大量流失那种改革失控，随意实行大规模‘转让’的偏向。”①

基于国有经济负有保证社会正义和公平的经济基础的社会责任，国家要保障在公益服务、基础设施、重要产业的有效投资，并不排除为解决就业问题在劳动密集领域进行多种形式的投资和运营。在保障垄断性领域国有企业健康发展的同时，还要保障在竞争性领域国有企业的发展，发挥它们在稳定和增加就业、保障社会福利和提供公共服务上的作用，增强再分配和转移支付的经济实力。有竞争力的国有企业为什么不能在竞争性领域发展，利润收入只让私企独占？其实，中央对竞争性领域的国有经济一向坚持“有进有退”，发挥其竞争力的政策，而绝不是“完全退出”竞争性领域的政策，像一些新自由主义的精英们和体制内的某些追随者喋喋不休地说教的那样。我国这样一个社会主义大国，国有经济的数量底线，不能以资本主义国家私有化的“国际经验”为依据。确定国有经济的比重，理应包括保障、实现和发展社会公平和社会稳定的内容，所以国家对国有经济控制力的范围，有进一步研究的必要。

① 夏小林：《非国有投资减缓，后效仍需观察》，《中华工商时报》，2007年1月31日。

六、正确认识私有经济的两面性

谈基本经济制度，不能不谈私有经济，私有经济是非公有制经济的一部分。其与公有制主体经济的共同发展，构成我国社会主义初级阶段的基本经济制度。非公有经济在促进我国经济发展，增加就业，增加财政收入，满足社会各方面需要方面，不仅在当前，而且在整个社会主义初级阶段的历史时期内，都有不可缺少的重要积极作用，因此我们必须鼓励、支持和引导非公有制经济发展，而不能忽视它、歧视它、排斥它。所以，党和政府对非公有制包括私有制经济非常重视，对它的评价，从党的十三大、十四大的“公有制经济的补充”，到九届全国人大二次会议称为“社会主义市场经济的重要组成部分”，党的十六大还提出了“两个毫不动摇”，足见中央充分肯定非公有制包括私有制经济的重要作用。

但我们应该把私有经济的性质与作用分开来讲。只要是私人占有生产资料，雇佣和剥削劳动者，它的性质就不是社会主义的。至于它的作用，要放到具体历史条件下考察。当它处于社会主义初级阶段，适合生产力发展的需要时，它还起积极作用，以至构成社会主义市场经济的一个重要组成部分。由于它不具有社会主义的性质，因此不能说它也是社会主义经济的组成部分。某些理论家则把非公有经济是“社会主义市场经济的重要组成部分”，偷换为“社会主义经济的重要组成部分”，认为“民营经济”（即私营经济）“已经成为”或者“应当成为”社会主义经济的主体，以取代公有制经济的主体地位。这明显地越过了《宪法》关于基本经济制度规定的界线。

对私有经济，既不应当轻视、歧视，又不应当吹捧护短，那么应当怎样正确对待，才符合坚持基本经济制度的要求呢？毫无疑问，我们要继续毫不动摇地发展私有经济，发挥其机制灵活，有利于促进社会生产力的正面作用；同时克服其剥削性产生的不利于社会经济发展的负面作用。如有些私营企业主贿赂政府官员，偷逃税收，压低工资和劳动条件，制造假冒伪劣产品，破坏自然资源环境，借机侵害国有资产，以及其他欺诈行为，都要通过教育监督和法制，克服清除。我想广大私营企业主，本着“社会主义建设者”的职责和良心，也一定会赞成这样做，这对私有经济的发展只有好处，没有坏处。

在鼓励、支持私有经济发展的同时，还要正确引导其发展方向，规定能发展什么，不能发展什么。比如竞争性领域，要允许私有经济自由进入，尽量撤除限制其进入的藩篱。特别是允许外资进入的，也应当开放内资进入。而对关系国民经济命脉的重要部门和关键领域，就不能允许私有经济自由进入，只能有条件、有限制地进入，不能让其操纵这些部门和行业，影响国有经济的控制力。私有经济在竞争性领域有广大的投资天地，在关系国民经济命脉的一些重要部门现在也可以参股投资，分享丰厚的盈利，他们应当知足了。作为“社会主义建设者”群体和“新社会阶层”，私营企业主大概不会觊觎社会主义经济的“主体地位”。但是确有某些自由主义精英明里暗里把他们往这方面推。要教育他们不要跟着这些精英跑。

总之，我们要毫不动摇地发展包括私有经济在内的非公有经济，但这必须与毫不动摇地坚持发展公有制经济并进，并且这种并进要在坚持公有制经济为主体，国有经济为主导的前提下进行。这样做，才能够保证我国社会主义基本经济制度的巩固和发展使之永远立于不败之地。

七、社会主义初级阶段的经济仍然要坚持有计划按比例发展

马克思主义认为，在共同的社会生产中（即以公有制为基础的社会生产中），国民经济要实行有计划按比例地发展。“有计划按比例”并不等于传统的行政指令性的计划经济。改革开放以来，我们革除传统计划经济的弊病，相应于社会主义初级阶段的基本经济制度，建立了社

会主义市场经济体制。基本经济制度以公有制为主体，所以社会主义市场经济就不能丢掉有计划按比例发展规律的要求。

社会主义市场经济必须有健全的宏观调控体制，这当然是正确的。但是，宏观调控下的市场经济并非社会主义国家经济体制独具的特色，而是资本主义国家也有的。那么，我们社会主义国家宏观调控下的市场经济怎样区别于资本主义国家呢？就在于社会主义市场经济的基础是以公有制为主体，因而还有计划性这个特点，还有国家计划的指导。少数市场经济国家，如日本、韩国、法国，都曾设有企划厅之类的机构，编有零星的预测性计划。英、美等多数市场经济国家只有财政政策、货币政策等手段，没有采取计划手段来调控经济。但我们是以公有制经济为主体的社会主义大国，有必要也有可能在宏观调控中运用计划手段，指导国民经济有计划按比例发展。这符合马克思主义有计划按比例发展的原理，也是社会主义市场经济的优越性所在。宏观调控有几项手段，最重要的是计划、财政、货币三者，党的十四大报告特别指出"国家计划是宏观调控的重要手段"①。这里没有说到财政政策、货币政策，不是说财政政策、货币政策不重要，而是财政政策、货币政策是由国家宏观计划来导向的。所以，国家计划与宏观调控不可分，是宏观调控的主心骨。宏观调控下的市场经济也可以称为国家宏观计划调控下的市场经济，这就是社会主义市场经济不同于资本主义市场经济的地方。

党的十七大重新强调国家计划在宏观调控中的导向作用，并不是如某些人所歪曲的那样，"要回到传统计划经济模式"。因为：第一，现在的国家计划不是既管宏观又管微观，无所不包的计划，而是只管宏观，微观的事情主要由市场去管；第二，现在资源配置的基础性手段是市场，计划是弥补市场缺陷的必要手段；第三，现在的计划主要不再是行政指令性的，而是指导性的、战略性的，预测性的计划，同时必须有导向作用和必要的约束、问责功能。由计划经济向市场经济过渡，再到

① 《中国共产党第十四次全国代表大会文件汇编》，人民出版社 1992 年版，第 23 页。

重新强调国家计划在宏观调控中的导向作用，这合乎辩证法的正—反—合规律。这不是回到过去传统的计划经济的旧模式，而是计划与市场关系在改革新阶段更高层次上的综合。

八、防止两极分化要靠公有制经济的强大

改革开放30多年来，我国人民生活水平普遍提高，但收入分配中贫富两极分化趋势也越来越严重。现在谈到贫富差距扩大的原因时，人们首先会想到城乡差距扩大、地区不平衡加剧、行业垄断、腐败、公共产品供应不均、再分配调节滞后等。这些都有道理，也必须一一应对，但这不是最主要的。造成收入分配不公的最根本原因被忽略了。

收入分配不公源于初次分配。初次分配中影响最大的核心问题是劳动与资本的关系。这就涉及社会的基本生产关系或财产关系问题了。按照马克思主义观点，所有制决定分配制；财产关系决定分配关系。财产占有上的差别，才是收入差别最大的影响因素。西方著名经济学者萨谬尔森也承认，“收入差别最主要的是由拥有财富多寡造成的”①。30多年来我国贫富差距的扩大和两极分化趋势的形成，除了前述原因外，所有制结构上和财产关系中的“公”降“私”升和化“公”为“私”，财富积累迅速集中于少数私人，才是最根本的。

我国社会主义初级阶段经济结构，在改革开放伊始时，还是比较清一色的公有制经济。随着让一部分人先富起来和效率优先政策取向的执行，以私有制为主的非公经济的发展必然超过公有制经济，从而形成了多种所有制经济共同发展的局面。这是有利于整个经济的发展的。但这种私有经济超前发展的势头一直延续下去，“到一定的时候问题就会出来”，“两极分化自然出现”②。随着所有制结构的“公”降“私”升，在分配关系上按劳分配的比重就要缩小，按要素（主要是按资本财产）

---

① ［美］萨谬尔森：《经济学》下卷，高鸿业译，商务印书馆1979年版，第231页。

② 《邓小平年谱（1975～1997）》下，中央文献出版社2004年版，第1364页。

分配的比重就要增加。有人分析，我国现在国民收入分配已经由按劳分配为主转向按要素（资本）分配为主。① 我们从资本积累规律和市场经济发展的一般进程可以知道，这一分配方式所带来的后果，就是随着私人产权的相对扩大，资本财产的收入份额也会相对扩大，劳动的收入份额则相对缩小，从而扩大贫富差距，促进两极分化趋势。我国国民收入中劳动与资本份额变化的统计，证实了上述理论分析。

在调整收入分配关系，缩小贫富差距时，人们往往从分配领域本身着手，特别是从财政税收、转移支付等再分配领域着手，完善社会保障公共福利，改善低收入者的民生状况。这些措施是完全必要的，我们现在也开始这样做了。我们做得还远远不够，还要加大力度。但是，仅仅就分配谈分配，仅仅从分配和再分配领域着手，还是远远不够的，不能从根本上扭转贫富收入差距扩大的问题。还需要从所有制结构，从财产制度上直面这一问题，需要从基本生产关系，从基本经济制度来接触这个问题；需要从强化公有制为主体地位来解决这个问题，才能最终地阻止贫富差距扩大，实现共同富裕。因此，分配上的状况改善是以所有制上公有制经济的壮大为前提条件的。所有制发展上要扭转“公”降“私”升的趋势，阻止化“公”为“私”的所有制结构转换过程。只有这样，才能最终避免贫富的两极分化。邓小平同志强调，“只要我国经济中公有制占主体地位，就可以避免两极分化。”② 这是非常深刻的论断。这指明社会主义初级阶段容许私人产权的发展，容许非劳动要素（主要是资本）参加分配，但这一切都要以公有制为主体和按劳分配为主为前提，不能让私有制代替公有制为主体，也应该扭转按资分配代替按劳分配为主的趋势。那种让私人资本向高利行业渗透（关系国民经济命脉的重要部门和关键领域），那种盲目地、有违国情地鼓励增加“财产性收入”之类的政策，只能促使收入差距和财富差距进一步扩

① 武力、温锐：《1992 年以来收入分配变化刍议》，《中华工商时报》，2006 年 5 月 26 日。

② 《邓小平文选》第 3 卷，人民出版社 1993 年版，第 149 页。

大，都应该调整。

改革收入分配制度，扭转贫富差距扩大趋势，要放在坚持共和国根本大法的角度下考虑，采取必要的政策措施，保证公有制为主体、按劳分配为主的“两个为主”的宪法原则的真正落实。只要保持这两个主体，贫富差距就不会恶性发展到两极分化的程度，可以控制在合理的限度以内，最终向共同富裕的目标前进。否则，两极分化、社会分裂是不可避免的。

论 坚持和完善中国特色社会主义经济制度

◎卫兴华*

胡锦涛同志在2011年的“七一”讲话中提出：要“坚持和拓展中国特色社会主义道路，坚持和丰富中国特色社会主义理论体系，坚持和完善中国特色社会主义制度”。上述三个方面都会涉及生产资料所有制问题。所有制是经济制度的基础，而经济制度又是社会制度包括政治制度、法律制度和其他具体制度的基础。“中国特色社会主义制度”以中国特色社会主义经济制度为基础。这一经济制度，就是以公有制为基础或为主体的制度。同样，“坚持和拓展中国特色社会主义道路”，也离不开坚持和发展公有制为主体的根本方针；而坚持和丰富中国特色社会主义理论体系，又离不开坚持和丰富公有制为主体多种所有制共同发展的理论建设。因此，坚持和完善中国特色社会主义，首先要坚持和完善中国特色社会主义经济制度。

* 卫兴华，中国人民大学经济学院教授。

一、中国特色社会主义经济制度的内涵及其坚持、发展与完善问题

过去讲“社会主义经济制度”、“社会主义初级阶段的基本经济制度”，现在又提出“中国特色社会主义经济制度”，其内涵和相互关系是什么?“中国特色社会主义经济制度”从目前来看，是从“中国特色社会主义制度”中分离出来的。它与社会主义初级阶段的基本经济制度是同义的。但从长远来看，即使走出了社会主义初级阶段，进入中级阶段或高级阶段，社会主义制度不断成熟与发展了，我国的社会主义依然可以说是中国特色社会主义，我国的社会主义经济制度依然可以说是中国特色社会主义经济制度。将来的“特色”是什么，可以与现在有所区别，可以是中级阶段或高级阶段所具有的新的特色。

中国特色社会主义经济制度的理论与实践，是马克思主义科学社会主义的继承与发展。它以社会主义公有制为基础或为主体，否定这个基础或主体，就是否定科学社会主义和中国特色社会主义。《共产党宣言》和共产党的称谓，就表明是主张“共产”的，即共生产资料的产，建立生产资料公有制。当然，马克思、恩格斯曾预计，社会主义首先在发达资本主义国家实现。而且认为这些发达国家建成了社会主义后，私有制完全消灭，建立起单一的公有制即社会所有制。我国是在生产力落后、没有经过资本主义独立发展阶段的基础上建立社会主义的。国情不一样，不能脱离实际照搬经典作家的理论观点，搞单一的“一大二公”的公有制度。要允许和鼓励非公经济与公有制经济共同发展。但又不能搞没有公有制为基础或为主体的“社会主义”。而是要实行公有制为主体，多种所有制共同发展的中国特色社会主义经济制度。有的学者主张不问姓公姓私，搞非公扬私，或断言马克思、恩格斯在后来的著作中否定了消灭私有制、建立公有制的理论观点。这都偏离了科学社会主义的本义。

马克思、恩格斯虽然没有专门系统论述未来社会主义和共产主义高级阶段的论著，但是对未来新社会制度的本质和特点，还是一再提出了其科学预见，这散见于他们的诸多论著中。特别是对社会主义实行公有制的理论观点，是自始自终都强调的。恩格斯在 1844 年 2 月发表的《国民经济学批判大纲》中，就明确提出，只有消灭私有制，才能消除资本主义制度造成的极其严重的社会弊端。马克思在《1844 年经济学哲学手稿》中也提出“社会从私有财产等等解放出来，从奴役制解放出来，是通过工人解放这种政治形式来表现的，这并不是因为这里涉及的仅仅是工人的解放，而是因为工人的解放还包含普遍人的解放”①。在《共产党宣言》、《资本论》、《哥达纲领批判》和其他一系列著作中，直到恩格斯逝世前于 1895 年 3 月为马克思的《1848 至 1850 年的法兰西阶级斗争》一书写的《导言》和 1895 年 5 月《对法国“费加罗报”记者的谈话》中，一以贯之地强调社会主义运动的重要任务是实行生产资料公有制。有的学者热衷于引证恩格斯晚年写的《导言》，断言马克思、恩格斯后期放弃了原来的社会主义理论，包括消灭私有制建立公有制的理论。完全是错解、歪解。《导言》中明确指出：“这本书（指马克思《法兰西阶级斗争》一书）具有特别重大意义的是，在这里第一次提出了世界各国工人政党都一致用以扼要表述自己的经济改革要求的公式，即生产资料归社会所有……这里第一次表述了一个使现代工人社会主义既与形形色色封建的、资产阶级的、小资产阶级等等的社会主义截然不同，又与空想的以及自发的工人共产主义所提出的模糊的财产公有截然不同的原理。如果说马克思后来把这个公式也扩大到占有交换手段上，那么这种扩大不过是从基本原理中得出的结论罢了。”② 因此，马克思主义的科学社会主义与其他社会主义流派的根本区别，就是始终主张实行生产资料和交换手段的公有制。

为什么马克思、恩格斯如此强调社会主义公有制的决定意义呢？因

① 《马克思恩格斯文集》第 1 卷，人民出版社 2009 年版，第 167 页。

② 《马克思恩格斯选集》第 4 卷，人民出版社 1995 年版，第 508 ~ 509 页。

为公有制是实现社会主义根本任务和根本目的，或者说是实现社会主义本质要求的制度安排。马克思、恩格斯、列宁一再指出，社会主义的本质要求是快速发展生产力，而发展生产力是“以所有人的富裕为目的”，也就是邓小平所讲的共同富裕。而实现共同富裕需要两个前提条件：其一是物质条件，即通过生产力的快速发展，提供日益丰富多彩的物质文化产品；其二是社会条件，即实行生产资料公有制，消灭剥削和两级分化。公有制，既是实现共同富裕的必要条件，也是快速发展生产力的制度安排。马克思、恩格斯之所以提出以社会主义公有制取代资本主义私有制，也是从社会主义公有制可以消除资本主义固有的基本矛盾，即生产社会化与资本主义私人占有的矛盾出发的。资本主义的内在矛盾，造成了周期性的经济危机，破坏生产力，延缓生产力的发展。

马克思、恩格斯讲公有制、公共占有制、社会所有制等概念，可以说是同义的。在国家存在的情况下，社会所有制要求采取国家所有制的形式。在社会主义国家所有制问题上，需要澄清一些理论是非。第一，有人断言：国家所有制或国有经济，不是来源于马克思、恩格斯，其“老祖宗”是希特勒，其根据是纳粹搞过国家社会主义工人党，并宣称国有制是“国家社会主义”，它在“一天天烂下去”。这完全是信口开河。社会主义国家实行和发展国有经济的理论和实践，与希特勒毫不沾边。《共产党宣言》中就提出，无产阶级取得政权后，要把一切生产工具集中在国家手中，并尽可能快地增加生产力的总量。在《论土地国有化》一文中，马克思又指出：“生产资料的全国性集中将成为由自由平等的生产者的各联合体所构成的社会的全国性的基础。”① 这里明确提出了生产资料国有制是新社会制度的经济“基础”。恩格斯在《反杜林论》中也指出：“无产阶级将取得国家政权，并且首先把生产资料变为国家财产”。社会主义的国家所有制，是国家代表全国人民掌握生产资料的所有制形式。社会所有制或全民所有制，总得有个机构来代表社

① 《马克思恩格斯选集》第3卷，人民出版社1995年版，第130页、第630页。

会或代表全民进行管理和运营，在国家没有消亡前，只能由国家的相应机构来代表。因此，我国宪法规定，国有经济是“全民所有制经济”。国有经济应是重在为国家和全国人民谋利益的经济，任何专注于本位利益、以权谋私乃至造成国有资产大量流失的事例，是背离社会主义原则的错误行为。

第二，有的学者宣称，任何社会都有公有制，资本主义国家也有国有制，因此，不能认为公有制和国有制就是社会主义。以此否定我国的公有制和国有制的社会主义性质。的确，原始氏族社会也实行公有制，那不是社会主义。但社会主义必须以公有制为基础。没有公有制就谈不上科学社会主义。应区分原始社会的非社会主义的公有制，同社会主义的公有制的根本差别。至于奴隶社会和封建社会的官办经济，是专为皇室和官僚阶层服务的，无益于劳动人民，不应视作公有制。公有制是指生产资料和产品归劳动人民所有所享。至于资本主义国家的国有或国营经济，理论界称之为国家垄断资本主义。恩格斯在《反杜林论》中批评了将俾斯麦的国营经济视作社会主义的“冒牌社会主义”。并论述了资本主义国家的国有经济为什么不是社会主义的道理。有的学者将恩格斯批评“冒牌社会主义”的理论观点，泛化为社会主义国家的国有经济也不是社会主义的理论观点。这是完全误解和错解。前引马克思、恩格斯一再强调无产阶级取得政权后首先实行国家所有制，将其作为社会主义运动的任务，就表明是把国家所有制作为社会主义经济制度的内容和基础。同样，我国从毛泽东、周恩来、刘少奇，到邓小平和以后的中央领导，到中央有关文件和国家宪法，都一致把我国的国有经济定性为社会主义经济。这里有必要讲一讲我国宪法的规定。从 1954 年第一届全国人民代表大会通过的新中国的第一部宪法起，历经 1982 年、1988 年、1993 年、1999 年的历次修正，直到 2004 年的再次修正后的《中华人民共和国宪法》，始终把国营和国有经济定性为社会主义全民所有制经济。1954 年的宪法规定：“国有经济即全民所有制的社会主义经济，是国民经济中的领导力量”。2004 年的宪法规定：“国有经济即全民所有制经济，是国民经济中的主导力量。国家保障国有经济的巩固和发展。”宪法是国家的根本大法，按宪法要求是要“巩固和发展”国有经济，而不允许损害和否定国有经济主导地位及其发展。

第三，要重视和正确解读宪法中分别规定的两个概念。这两个概念宪法做了明确规定，但没有引起应有的普遍重视，那就是：宪法把“社会主义经济制度”同“社会主义初级阶段的基本经济制度”作为两个既相联系又有区别的概念，分别进行论述的。宪法第六条中讲：“中华人民共和国的社会主义经济制度的基础是生产资料的社会主义公有制，即全民所有制和劳动群众集体所有制。社会主义公有制消灭人剥削人的制度，实行各尽所能、按劳分配的原则”。这一规定表明：作为社会主义经济制度的基础的所有制，只能是公有制，并不包括非公有制经济。而社会主义公有制经济是消灭剥削和实行按劳分配的。这也从侧面表明，私有制经济不能消灭剥削和实行按劳分配。有的学者写文章讲：宪法中规定的“社会主义经济制度的基础”是“主体”之意。这样解读是为了把非公有经济也纳入社会主义经济制度之中。然而，这是错解与曲解。“基础”是指：社会主义公有制是社会主义经济制度大厦的根基；而“主体”是指在多种所有制经济中，公有制经济所占比重要大于非公经济。“基础”与“主体”是两个内含不同的概念，绝对不能混同。

讲公有制是社会主义经济制度的基础，表明在这一基础上建立起社会主义经济关系体系。经济制度是生产关系即经济关系总和。社会主义经济制度概括地来讲，是在公有制基础上快速发展生产力，实行按劳分配，劳动人民是经济和社会的主人，消灭剥削和两级分化，实现共同富裕。在非公有制经济中不存在这种社会主义经济关系。私营企业和外资经济是资本主义性质的经济，尽管它们在我国国民经济和社会生活中的地位和作用与旧社会不同，但其社会性质不会因此而改变。在私营和外资企业中，是资本与雇佣劳动的关系，资方老板是主人，工人只是出卖劳动力的雇佣劳动者。由于发展非公有制经济符合三条“有利于”的标准，因而要鼓励、支持和引导其发展。从政治经济学的视角分清这种社会主义和非社会主义的不同经济关系，才能正确理解我国目前实行的社会主义初级的经济制度或中国特色社会主义经济制度的内涵与规定，才能正确理解为什么要坚持和强调国有经济为主导和公有制为主体的原因所在。

我国宪法第六条在论述和规定了我国社会主义经济制度的内容后，紧接着又论述和规定了我国社会主义初级阶段的基本经济制度的内容："国家在社会主义初级阶段坚持公有制为主体、多种所有制共同发展的基本经济制度，坚持按劳分配为主体、多种分配方式并存的分配制度"。这表明：社会主义初级阶段的基本经济制度，反映初级阶段的特点，除作为主体的公有制外，还包括私营、个体经济等非公有制经济。

关于宪法的规定，有两个属于经济理论的问题值得探讨。其一是生产资料所有制只是经济制度的基础，而不是其全部。宪法讲社会主义经济制度时，对此表述得很清楚。但讲初级阶段的基本经济制度时，将公有制为主体、多种所有制并存的所有结构作为基本经济制度的全部内容，分配方式和其他经济关系游离于基本经济制度之外了。其二是讲社会主义初级阶段的经济制度就可以了，没有必要加"基本"二字。中央文件最初提出这一基本制度时，是讲："公有制为主体、多种所有制共同发展，是社会主义初级阶段的一项基本经济制度"，有"一项"二字，表明初级阶段的所有制结构只是基本经济制度中的"一项"内容，而不是全部。笔者认为，多种分配方式并存，也应是初级阶段经济制度的内容。后来将"一项"二字去掉了，"基本"二字就没有保留的必要。或是仍保留，将多种分配方式并存也纳入其中，将公有制为主体、多种所有制共同发展，按劳分配为主体、多种分配方式并存，作为现阶段的基本经济制度，也就是中国特色社会主义经济制度。所谓"特色"，就是既不搞单一的公有制，要同时支持、鼓励和引导私营、外资和个体经济的发展；又要必须以公有制为主体，不搞私有化。什么叫"主体"？什么叫"私有化"？没有提出过量化的具体标准。学界的理解也不同。但讲公有制为主体，应肯定其所占比重大于非公有制经济。比重大的界线又在哪里？51∶49恐怕不行，55∶45也可算作主体，但这个主体的地位既软弱又不稳定，如果以60∶40作为主体，就可以较好地发挥公有制的作用，保证我国的经济社会发展的社会主义性质。但作为主体的较大比重用什么尺度衡量？产值？GDP？资产？过去是用产值衡量公有制与非公有制经济所占比重的变化，但实行股份制等混合所有制后，难以准确确定产值比重的变化，于是提出按资产比重衡量。就是说，公有制为主体是指公有制资产所占比例占优势。但如果所占资产的相当部分被闲置、资源被浪费，形不成相应的增加值，这样的"主体"界线是要打折扣的。因此，衡量"主体"的比重，不应只用所占资产比重为尺度。应以综合尺度来衡量，主要用新增加值和GDP为尺度，混合所有制经济中可按不同所有制成分所占资产比重计算其新增加值和GDP比重。

什么叫私有化？西方国家的政要和学者，苏联解体后的俄罗斯和独联体国家，认为大中型国有企业搞股份制，让私人入股，小型国企出卖给私人，就是私有化。我国不这样看。可以这样判断，是不是私有化，要看是不是坚持国有经济为主导、公有制经济为主体、多种所有制经济共同发展的中国特色社会主义经济制度。如果私有制经济成为国民经济的主体了，就很难否认是私有化的事实了。江泽民同志在庆祝中国共产党成立七十周年大会上的讲话中指出：动摇了生产资料公有制，就动摇了社会主义的经济基础，必将损害全体人民的根本利益。也就谈不上社会主义了。因此，要坚持中央提出的两个毫不动摇：既要毫不动摇地巩固和发展公有制经济，又要毫不动摇地鼓励、支持和引导非公有制经济的发展。对第二个"毫不动摇"来说，无论在理论和实践上，已是不可逆转的现实。而对第一个"毫不动摇"即巩固和发展公有制经济来说，还存在究竟是巩固还是动摇、是发展还是退缩的实际问题。要坚持和完善中国特色社会主义经济制度，就要通过改革与发展，坚持和完善国有经济为主导、公有制为主体的所有制结构，搞好搞活国有经济和集体经济，充分发挥其利国利民的优势。也要坚持和完善非公有制经济的地位和作用及其发展环境，也需完善其内部体制和资本运营。

二、关于国有经济的"定位"问题

学界提出对国有经济的"定位"问题。有的学者将中央关于国有经济的布局和结构的战略性调整，当做"定位"，而且对所提出的布局和结构的规定，也理解得不准确不完整。他们引证1999年从《中共中央关于国有企业改革和发展若干重大问题的决定》有关战略性布局的一段话，作为反对国有企业做大做强和在竞争性领域发展的根据。《决定》中讲："国有经济需要控制的行业和领域主要包括：涉及国家安全的行业，自然垄断行业，提供重要公共产品和服务的行业，以及支柱产业和高新技术产业中的重要骨干企业。"后面紧接的一段话他不引用，即："其他行业和领域可以通过资产重组和结构调整，集中力量，加强重点，提高国有经济的整体素质。"他们根据前一段话得出结论：其他行业和领域实行民营，要求国有企业从竞争领域退出。然而，他们不引用的后一段话并没有说，其他行业和领域国有经济一律退出。而是说，其他行业和领域，国有经济应"集中力量，加强重点"。

更重要的问题是：不应将国有经济的战略性布局和结构调整作为国有经济的定位。所谓定位，应是指国有经济在我国社会主义经济制度或中国特色社会主义经济制度中的地位、功能和作用问题。这种定位，在我国宪法和中央文件中已有明确的规定和说明。离开本来意义的科学定位，去从经营范围和布局方面找寻定位依据，是舍本逐末之举，会导致并且已经导致否定国有经济在我国社会主义制度中的重要地位、功能和作用的理论观点。

我国宪法对国有经济的定位是：国有经济是社会主义全民所有制经济，是国民经济的主导力量。国有经济和劳动群众集体所有制经济是中华人民共和国社会主义经济制度的基础。国家保障国有经济的巩固和发展。

在《中共中央关于国有企业的改革和发展若干重大问题的决定》中也有“定位”性的论述：国有企业是我国国民经济的支柱，发展社会主义社会的生产力，实现国家的工业化和现代化，始终要依靠和发挥国有企业的重要作用。为要增强国家的经济实力、国防实力和民族凝聚力，就必须不断促使国有经济的发展壮大。包括国有经济在内的公有制经济，是我国社会主义制度的基础，是国家引导、推动、调控经济和社会发展的基本力量，是实现广大人民群众根本利益和共同富裕的重要保证。

在党的十六大报告中提出：“发展壮大国有经济，国有经济控制国有经济命脉，对于发挥社会主义制度的优越性，增强我国的经济实力、国防实力和民族凝聚力，具有关键性作用”。

江泽民同志在《巩固和加强社会主义的经济基础》的谈话中指出：“不断发展壮大的国有经济，是我们社会主义国家政权的重要基础，我国国有经济的发展，不仅对保证国民经济稳定发展、增强综合国力、实现最广大人民的根本利益具有重大意义，而且对巩固和发展社会主义制度，加强全国各族人民的大团结、保证党和国家长治久安具有重大意义。没有国有经济为核心的公有制经济，就没有社会主义的经济基础，也就没有我们共产党执政以及整个社会主义上层建筑的经济基础和强大物质手段。这一点各级领导干部特别是高级干部必须有清醒的深刻的认识。”①

对国有经济在社会主义经济制度或中国特色社会主义经济制度中的地位、功能和作用，怎样进行科学定位，要不要巩固、发展、壮大和搞好国有经济，这与是否认同我国实行马克思主义的科学社会主义及其中国化的中国特色社会主义密切相关。

只要认同我国走科学社会主义道路，认同中国特色社会主义理论和

---

① 《江泽民文选》第3卷，人民出版社2006年版，第71页。

制度，就不会认同那种一味否定和贬抑国有经济的思潮，不会认同所谓“国退民进”的改革与发展方向。在所有制结构的调整中，国有经济的比重可以也必然会降低。既然中国特色社会主义鼓励和支持非公有制经济发展，国有经济和集体经济的公有制经济一统天下的格局必然会打破，公有制经济包括国有经济的比重会随着非公有制经济的发展而出现下降趋势。国有经济的摊子原来也铺得太宽，缩短战线也是必要的。但是，提出“国退民进”、“国有企业从竞争领域退出来”这种战略性口号，是不符合科学社会主义经济制度和中国特色社会主义经济制度的要求的。要求国有经济退出，让位给民营经济，主要是指私有制经济，是没有任何道理的。所谓“国退民进”没有任何退与进的边界，可以理解为国有经济不断退出乃至全面退出，让私有制经济取而代之。连以私有制为基础的当代资本主义国家也还保持一定比例的国有经济，我国作为社会主义国家，能够废除国有经济的主导地位吗？问题还在于：有的学者声称“国退民进”是中央提出的改革方向，而更多的人包括一些地方官员和企业人员，也以为真的是中央提出的改革方向。其实，中央是不赞成所谓“国退民进”、“国有企业从竞争领域退出”这类提法和宣传的。《人民日报》和《经济日报》曾根据中央精神发表过多篇评论性文章，否定这种提法。例如，《人民日报》于2001年5月8日在头版发表《坚定信念、坚定信心》的“本报评论员”文章，明确地批评：“有的片面理解调整国有经济布局等重大决策，将国有企业改革简单地归纳为‘国退民进’，笼统地说‘国有企业要从一切竞争领域退出’”。指出只有坚定搞好国有企业的信心，才能更加自觉地贯彻执行中央关于国有企业改革与发展的一系列重大决策，牢牢把握国有企业正确的改革方向。2003年3月24日，《人民日报》以《坚持国有企业改革的正确方向》为题发表金吉平的评论文章，指出：“深化国有企业改革，是为了搞活国有企业，增强国有经济的控制力，发挥国有经济的主导作用。那种所谓‘国退民进’，‘国有企业从一般竞争性领域退出’等提法，把发展公有制经济与非公有制经济对立起来，不符合‘两个毫不动摇’

的要求。这是重大的原则问题，不能动摇犹豫”。2004 年 9 月 29 日，《人民日报》又发表“本报评论员”的文章，更加尖锐地批评：“在改制过程中也出现了一些问题。有的把国有经济布局和结构的战略性调整演绎为‘国退民进’，主张‘国有经济从一切竞争性领域退出’；有的采用下指标、派任务、定时限、赶进度的做法，用搞运动的方式要求国有经济从竞争性领域全部退出；有的把国有经济布局和结构调整简单地理解为‘卖’……有的把国有企业当作包袱急于甩掉，一卖了之，损害了出资人、债权人和职工的合法权益，引起了职工的不满和各方关注”。尽管中央媒体根据中央精神一再否定和批评“国退民进”、“国有企业从竞争性领域退出”等提法，尽管这种提法由于广为宣传已造成了国有资产的大量流失，而且国有经济所占比重已经相当低了。可是目前还有人在继续宣称“国退民进”是改革的方向。要求国有经济只能退不能进，一有所进，就批评是“国进民退”。中央的方针是：国有经济“有进有退，有所为有所不为”。不能只进不退，也不能只退不进。我国实行社会主义市场经济，市场经济是竞争经济，为什么不允许国有经济在竞争性领域存在和发展呢？有的学者不仅要求国有经济从竞争性领域退出，而且反对国有经济掌握国民经济命脉，反对国企做大做强。连孙中山都主张不能由私人资本操纵国民经济命脉，应由国家掌控，要“节制资本”。无论毛泽东的新民主主义理论、人民共和国的新政协《纲领》、社会主义中国的历届中央有关文件，都明确规定，有关国计民生和国民经济命脉的领域，应由国家掌握，国有经济应占支配地位。有的学者不顾这一切，公开提出反对意见。因为他们不赞同国有经济为主导，公有制为主体的社会主义原则。那就不是单纯的理论是非问题了。

三、应弄清国有经济和公有制整体在社会主义制度中的真实地位与作用

有人往往将资本主义国家搞国有经济的状况作为我国国有经济的参

照系，混淆了社会主义制度与资本主义制度的区别。资本主义以私有制为基础，即使不搞国有企业也不会损害资本主义一根毫毛。资本主义国家也建立一些国有企业，并不是属于构成资本主义制度的内在要素，而是出于调控资本主义经济运行的需要。为了弥补市场这只“看不见的手”的缺陷，便于实行政府调控，需要一些国有企业作为物质手段。再者，这类国有企业，一般是私人资本不愿或无力经营的部门。在遇到经济危机或特殊情况使某些私企濒临倒闭困难时，国家也会出手相助使其改为国企。而对社会主义国家来说，第一，国有经济作为社会主义全民所有经济，是社会主义经济制度的内在构成要素。它从长远利益和全局利益方面，支撑社会主义经济的发展。社会主义国家只有劳动群众的集体所有制是不够的，因为它会重视本位利益，而忽视长远和全局利益。只有坚持和完善以国有经济为核心的公有制经济，才能实现社会主义的本质要求，才能消除两极分化，走向共同富裕。第二，国有经济是社会主义国家对经济运行更为有效地实行宏观调控的经济手段。兹举一例：日本强震引发福岛核电站危机，使关东地区产生电荒。日本不能从全国调剂电力，因为国家不掌握电力，关西的大阪电力和关东的东京电力两大电网无法并网。而我国大电网可全国调配。第三，国有经济是我国先进生产力的代表，是国民经济的支柱。发展社会主义社会的生产力，实现国家的工业化和现代化，始终要依靠和发展国有经济的重要作用。第四，国有经济是保证我国经济独立自主和国家安全、应对国际竞争和突发事件、保障国家安全的重要支柱。在 2008～2009 年的国际金融危机中，我国能够首先摆脱危机的冲击，经济继续快速增长，国有经济功不可没。第五，以国有经济为核心的公有制经济，是共产党执政的经济基础和物质手段。江泽民同志指出：“没有国有经济为核心的公有制经济，就没有社会主义的经济基础，也就没有我们共产党执政以及整个社会主义上层建筑的经济基础和物质手段。”对于这一论断，经常受到某些人的非难。他们认为，私有制经济就是社会主义经济，就是党和政权的执政基础。有人咒骂国有企业，竭力反对“国有企业是政权的基础”。断言国有企业“造成民营经济发展的困难、法治的破坏、民生的困难、腐败的蔓延、道德的沉沦”，因而国有企业“不是政权的基础”。这实在是无理强加于国有企业的罪责。国有企业固然还存在这样那样的问题，但这不是国有企业的制度性问题，而是需要通过深化改革，完善机制，实行科学管理的问题。并且这与上述对国企的诅咒毫不相干。例如，贪官腐败受贿，往往与私企资本相勾结有关，而非主要与国企相关。

之所以强调包括国有经济的公有制经济是党和政府执政的经济基础，正是因为，公有制是社会主义制度的经济基础。在公有制的基础上才能建立起按劳分配、消除两极分化实现共同富裕的社会主义生产关系体系。共产党是搞社会主义和共产主义的。如果搞私有化，搞资本主义，不需要共产党。非公有制经济是非社会主义经济。它们是社会主义市场经济的组成部分，而不是社会主义经济的组成部分。按照三条“有利于”的标准，即使是资本主义性质的外资经济和私营企业，也要毫不动摇地鼓励和支持其发展。但如果国有经济为主导、公有制为主体的经济基础丧失了，上层建筑会迟早随之变化。正因为如此，江泽民同志特别告诫：“这一点各级领导干部特别是高级干部必须有清醒的认识”。

以国有经济为核心的公有制经济，究竟有无优越性？有人只拿发达资本主义国家实行私有制来论证私有制的优越性。然而，应明确两点：首先，世界上有约 200 个国家和地区实行私有制，而其中经济发达资本主义国家只占 1/10 左右，大部分私有制国家属于发展中国家，其中许多国家落后于社会主义的中国。其次，有些领先崛起的资本主义发达国家，是通过对内掠夺人民对外侵略和掠夺别的国家并占领殖民地起家的。多个发达资本主义国家的财富是沾有中国人民的血和泪的。

再从社会主义国家发展的历史事实来看：沙皇俄国原是一个在经济上远远落后于美国的国家。十月革命建立了苏联社会主义公有制以后，迅速缩小了与美国的差距。美国在1901～1929年，工业产值年均增长不过4%，1955年的国民收入只为1917年的2.66倍。而苏联1957年的工业增加值与1913年相比，增加了32倍，国民收入增加了18倍左右。第二次世界大战后，尽管苏联在战争中受到重创，但迅速恢复和发展了经济，成为可与美国抗衡的超级大国。而苏联解体，转向私有化后，经历了十几年的经济停滞和衰退，昔日雄风不再。由远胜于中国的世界强国倒退为经济落后于中国的“发展中”国家。

解放前的旧中国，是一个十分落后的贫穷的衰弱国家。成人文盲率高达80%，人均寿命只有35岁左右。新中国建立前的一百多年中，多种私有制经济的存在没有导致中国走向繁荣富强，而是内忧外患，任列强宰割，民不聊生，经济社会趋于停滞与衰退。新中国成立后，建立了以国有经济为核心的公有制的社会主义制度，生产力获得解放与发展。改革开放前，尽管受到“左”的损害，公有制的优越性没有充分发挥，但由于摆脱了帝国主义、封建主义与官僚资本主义的掠夺、压迫与剥削，经济增长还是比较显著，到1978年近30年中，新中国的年均经济增长率约为8%，处于世界前列，在较短的时期内建立了完整的工业体系，其成就超过了1949年之前的几百年。而这种成就，主要依靠国有经济的作用。改革开放以来社会主义建设的成就，又远远超过中国任何历史时期。而改革开放以来的显著成就，是由国有企业付出了巨大成本取得的。非公有制经济的快速发展，也与国有经济的付出相关。

四、国有经济的效率问题及其与非公有制经济的关系问题

国有企业的效率问题，经常受到不实事求是的指责。如果国有资产增长快了，利润率大幅提高了，会指责你是“国进民退”，挤压了非公经济，甚至说你是明盈实亏。如果利润率低了，说你低效率，国有不如私有，主张“国退民进”。最近看到有人用统计数字批评国企：“近几

年国进民退，国有资产从1999年9万亿元增加到2009年的43万亿元，是十年前的五倍。令人震惊！国有及国有控股企业整体上处于亏损状态”，并运用了一些数据。但这不是实事求是的论断。

对于国有经济在社会主义经济发展中的地位和作用，以及它与私有制经济的关系问题，只有从坚持和完善中国特色社会主义制度的总体理念和要求去考虑与研究，才会得出科学的认识。只根据国有资产十年增加到五倍，就认为是“国进民退”，是一种片面的武断之词。国有资产的绝对量增加，并不是靠挤压私有制经济取得的，与私人资本更快的增长相比，国有资产的相对量是降低的。从国家统计局提供的数字看，2004~2008年，国有资产在全国资产所占比重中下降了8.1个百分点，而私营企业增加了3.3个百分点。多年来，国有工业资产在全国工业经济中的比重是持续下降的。从2002年的近70%，下降到2008年的43.7%。

断言国有企业整体上处于亏损状态也是违反事实的。国有企业承担着社会责任，不是只以盈利为目的。即使如此，通过改革，近些年来国有企业的利税率还是很高的。从全国国有企业的利税指标来看，1993年的利润总额为1142亿元，上缴税金为1634.9亿元，3级及以上企业户数为190780个；到2009年，企业户数减少为115115个，但利润总额增加为15702.9亿元，上缴税金增为22795.5亿元，分别为1993年的13.8倍和13.9倍，而且可以看出，国有企业的上缴税金远大于企业利润。再从国有工业企业来看：2002~2008年，国有工业企业实现的利润从2633亿元增加到9063亿元。2009年，中央企业利润总额达8151.2亿元，同比增长17.1%，2002~2009年，中央企业缴纳税金由2914.8亿元上升到11474.8亿元，增长近3倍。根据有关单位从综合统计数字分析看出，2003~2008年间，国企税费大大高于其他类型企业，是私营企业税负综合平均值的5倍以上。截至2009年年底，已有1561多亿元的国有股权转让收入，划归社保基金，使国企收益供全民共享。我这里提供的统计数字，都有可靠的出处，而有些人士为贬损国企所运用的数字并不真实可靠。

近年来，许多学者运用多种统计资料和实证分析，证明国有企业的效率远高于私营企业。如张波和张益锋在《马克思主义研究》2011 年第 5 期所发表的《我国国有企业高效率论》，通过运用层次分析法，研究和分析了我国国有及国有控股工业企业的经济效率、社会效率都比私营经济高，而社会效率高于私企一倍。然后得出结论说：从“实证分析中可以得出结论，我国国有企业无论整体上的效率还是经济效率都好于私营工业企业，而在社会效率上占有绝对的优势，并且是不断提高的趋势。”并指出：认为“只有实现了国有企业的私有化才可能实现高效率的观点，是毫无科学依据的，也是违背实践经验的”。另外，宗寒同志发表于《当代经济研究》2011 年第 2 期的论文《正确认识国有企业的作用和效率》，反驳了《经济研究》2010 年第 1 期所发表的刘瑞明和石磊的论文《国有企业的双重效率损失与经济增长》中的有关观点和分析判断方法。刘瑞明等认为“国有企业不仅自身效率低下，而且构成了民营企业的拖累，从而拖累了整个国家的经济增长”，要“深入理解无效率的国有企业对经济增长的危害”，以此作为进一步要求“国退民进”的根据。宗寒同志运用统计数字，通过理论和实证分析，证明国有企业不是“双重效率低”，而是双重效率高。统计数字表明，从工业增加值率来看，1998～2006 年，国有企业最低为 2005 年的 32.44%，最高为 2002 年和 2003 年的 35.27%；而私营企业则最低为 1998 年的 24.44%，最高为 2006 年的 27.86%。就是说，国有企业 2005 年最低值也高于私营企业 2006 年的最高值。再从成本费用利税率来看，2005 年和 2006 年，国有企业分别为 8.44% 和 7.09%，而私营企业为 4.93% 和 5.27%。再从劳动生产率来看，2005 年和 2006 年国企分别为 117653 元和 144954 元，而私企分别为 54790 元和 75976 元，差距很大。

国有企业和私有企业的效率高低问题，国外学者也有讨论。斯蒂格利兹不赞成国企低效率论。他指出：“韩国的国有钢铁企业比好多美国的私有企业同行还有效率”。“傻瓜式的经济理论暗示，私有比国有企业更有效率。私有制提供了激励，而公有制却做不到。好多年以前，诺贝尔奖得主西蒙曾对这个逻辑谬误在何处做过解释”。①

总之，应坚持和完善现阶段的基本经济制度，真正做到公有制和非公有经济平等竞争、共同发展。不应从理论和实践上依靠非科学社会主义的观点和不全面准确的统计数字来贬损国有经济否定公有制为主体，为私有化张目。应真正夯实我国特色社会主义的经济基础，以保障中国特色社会主义经济制度的长治久安。

① 《经济理论与经济管理》，斯蒂格利茨：《私有化更有效率吗》，2011 年第 10 期，第 6 页。

论国有企业是中国特色社会主义的重要支柱

◎宗　寒*

公有制为主体、多种所有制经济共同发展，是我国社会的基本经济制度。公有制为主体包括国有经济和集体经济两个组成部分。社会主义国有企业是社会主义公有制中占主导、支柱、基础和控制地位的最重要组成部分，也是在整个社会主义生产关系和国民经济中占主导、支柱、基础和控制地位的最重要组成部分。它不仅决定、制约和影响社会主义集体经济的发展，决定、制约和引导着非公有制经济的发展，更加重要的是，它决定着整个社会制度的性质，主导、影响和决定着中国特色社会主义的发展。

* 宗寒，《求是》杂志社经济部原主任、研究员。

一、国有经济是中国特色社会主义生产关系基础

生产资料所有制是任何社会发展中的根本性问题。主要生产资料掌握在谁手中，为什么人服务，是否适应社会生产力的性质和水平，决定着一个社会的性质及其是否能促进社会生产力和整个社会发展。旧中国的生产资料1/3掌握在帝国主义手中，2/3掌握在官僚资本手中，农村耕地70%以上掌握在不到5%的地主手中，全国占90%以上的劳动者创造的财富为占不到5%的少数剥削者所占有，帝国主义、封建主义和官僚资本主义“三座大山”压得全国人民透不过气来、抬不起头来，暗无天日，生产关系完全违背社会生产力的性质和发展要求，这是旧中国落后衰败的根本原因。推翻旧制度，建立社会主义制度，把生产资料掌握在劳动者手中，变生产资料帝国主义、封建主义和官僚资本主义所有制为社会主义公有制，由剥削者当家做主变为由劳动者当家做主；改变生产资料所有制的性质，才能改变人与人之间的关系的性质，改变劳动者的地位和作用，改变整个社会的性质。

马克思经典作家指出：无产阶级取得国家政权，必须“首先把生产资料变为国家财产”。“国家真正作为整个社会的代表所采取的第一个行为，即以社会的名义占有生产资料”。生产资料归社会主义国家所有，即归社会主义国家所代表的全国人民和全体劳动者共同所有，“归那些真正使用生产资料和真正生产这些产品的人占有”。① 这是使“生产资料摆脱它们迄今具有的资本属性”，结束创造和使用生产资料的广大劳动者没有生产资料而遭受剥削，而不创造不使用生产资料的剥削者却凭借生产资料私人占有剥削别人的唯一途径，是结束劳动者与生产资料彻底分离，使生产资料由劳动者的对立物转化为劳动者为自己的共同

① 《反杜林论》，《马克思恩格斯选集》第3卷，人民出版社1995年第2版，第630、631、621页。

利益和根本利益服务的根本手段。

社会主义国家是真正的"整个社会的正式代表"①。社会主义国有经济的产生、建立和发展，是全国人民和全国劳动者把主要生产资料集中到自己手中，取代生产资料资本主义所有制的集中体现。社会主义制度否定和取代资本主义制度，首先必须否定和取代生产资料资本主义所有制。劳动者成为生产资料的主人，才能成为国家和社会的主人，掌握自己命运而不再任人摆布、剥削和宰割的主人；才能根据自己的共同利益、根本利益和社会发展规律的客观要求，来支配和使用生产资料，发展社会生产力；才能改变社会产品和消费者的分配方式，改变剩余产品和积累的所有权、使用方向和使用方式，正确进行资源配置，决定投资规模、方向、重点和比例，决定社会生产力是否能按照社会生产发展规律的客观要求健康全面发展；才能真正调动最广大劳动者的积极性和创造性，使创造财富的劳动者共同享受自己的劳动成果，促进社会生产力发展、社会全面发展和人的全面发展。

社会主义国有经济是中国特色社会主义制度的政治基础。我们走社会主义道路，以工人阶级为领导，以工农联盟为基础，人民当家做主，团结一切可以团结的人建筑自己的国家。人民当家做主不仅仅是把政权和上层建筑牢牢地掌握在自己手中，使政权和整个上层建筑保持社会主义性质，确保国家一切权力属于人民，一切为了人民，一切相信人民，一切依靠人民，实现党的领导、人民当家做主和依法治国的有机统一。还必须确保把主要生产资料和经济命脉掌握在由国家代表的人民手中。经济是基础，经济基础决定上层建筑并为经济基础服务。国家不掌握生产资料和经济命脉，中国共产党执政为民、执政兴国就失去经济基础和阶级基础，劳动人民当家做主就会成为空话，建设中国特色社会主义也会成为空话。

国有经济是中国特色社会主义的生产关系基础。我国《宪法》规

① 《反杜林论》，《马克思恩格斯选集》第3卷，人民出版社1995年第2版，第621页。

定："中华人民共和国的社会主义经济制度的基础是生产资料的社会主义公有制，即全民所有制和劳动群众集体所有制"。中国特色社会主义不是搞单一的公有制，但只有社会主义公有制居主体地位，国有经济居主导地位，才标志着人与人之间的关系出现了根本性的变化，整个社会生产关系出现了根本性的变化。生产资料的性质，决定人们之间关系的性质和社会的性质。公有制为主体、国有经济为主导地位的建立、巩固和发展，表明我国人与人之间的社会主义生产关系在巩固和发展，中国特色社会主义经济制度的基础在巩固和发展。失去国有经济的主导地位，也就失去公有制的主体地位，失去中国特色社会主义制度的生产关系基础，中国特色社会主义也就有名无实了。

国有经济也是社会主义上层建设的基础。精神文明、上层建设与生产资料所有制和经济基础是联系在一起的。上层建筑是为经济基础服务的。有什么所有制和经济基础，就有什么样的上层建筑。小私有制只能产生小私有、小生产观念及极其狭隘的小生产者的上层建筑；资本主义所有制产生唯利是图的观念和资产阶级上层建筑。只有社会主义现代化大生产，才能产生大公无私、分工合作、高度组织纪律性以及共产主义理想情操、社会主义精神文明和人民民主专政上层建筑。高度的社会主义精神文明是在兴旺发达的和先进的社会主义生产关系基础上产生的，国有经济和集体经济为其产生和发展提供了生产关系的基础，也为它们的丰富提高发展提供了物质条件。国有经济生产关系先进，产生社会主义精神文明，促进社会主义精神文明和上层建筑不断发展，激励人们的斗志，提高人们的思想，丰富人们的知识和智力，抵制资产阶级、封建主义的腐朽意识形态和文化的破坏和侵蚀，抵制和防止敌对势力对社会主义制度的破坏，维护社会主义上层建筑，促进中国特色社会主义发展。

二、国有经济是中国特色社会主义的物质技术基础

国有经济是社会主义生产关系和先进生产力的统一。公有制为主

体，国有经济为主导，不仅标志着在我们国家是社会主义生产关系占主体地位，而且意味着社会主义的先进生产力占主体地位。国有经济构成我国社会主义事业发展的最重要物质技术基础，事实上它也的确成为我国社会主义制度的最重要物质技术基础和生产力基础。我国国有经济实力比较雄厚，技术比较先进，管理比较严格科学；它占领控制关系国民经济命脉的重要行业和关键领域，是名副其实的国民经济的主导和支柱，是我国先进生产力的代表和领军者。正因为具有这样的生产力和实力，它才能对国民经济起控制和引导作用，在宏观调控中发挥关键作用。任何一个社会，如果没有一批拥有巨大实力、巨大创造力和先进生产力的经济实体来带动、引领和做基础，这个社会的生产力是发展不起来的。我国国有经济尤其是国有大型企业具备了这样的条件和地位，给它创造更好的条件，支持它进一步发展，我国社会主义事业才能更好更快地发展。当然，这不是说可以忽视其他中小企业的发展。大总是由小转化而来的，而且大小是相对的，小企业往往有很大的创造性。但由小变大要有一个发展过程。国有经济的优势是其他类型的企业无法取代的。

新中国建立以来，我国从一无所有、“一穷二白”，从“能造桌子椅子，能造茶碗茶壶，能种粮食，还能磨成面粉，还能造纸，但是，一辆汽车、一架飞机、一辆坦克、一辆拖拉机都不能造”①，到建立起一个比较完整齐全的工业体系和踏实的物质技术基础，是在全国人民的共同努力和艰苦奋斗下，主要依靠国有企业实现的。“一五”时期，156个重大工业项目上马，随即又安排了694个工业项目，220个运输邮电项目，156个文教卫生项目，118个城市公用项目，都是国有企业。一个项目“上马”，一个国有企业建立发展，就出现一种新型技术和产品；一批项目“上马”，一批国有企业建立发展，就使社会物质技术基础发生变化，使社会面貌发生变化。“二五”到“四五”期间，国有经

① 《毛泽东文集》第6卷，人民出版社1996年版，第329页。

济新施工项目9470个，新增固定资产3635亿元，使经济技术大为改观。大庆油田、胜利油田、大港油田、马钢、攀钢，都是这时“上马”的。成昆、包兰、兰青、川黔、贵昆、湘桂铁路，南京长江大桥、新丰江水电站、淠史杭灌区工程建起来了，“两弹一星”上了天，第一颗返回式卫星发射成功定时回收，还研制成功第一艘鱼雷核潜艇，依靠的都是国有企业。

1978年以来通过改革开放和技术改造，新建设了一批基础设施和高科技工程，国有企业大企业增多，物质技术基础进一步巩固壮大，国有经济的比重虽然降低，但掌握经济命脉，承担着保障国有经济最重要生产资料和基础设施供应的重大任务。国家建设所有重大项目是它完成的，关系国计民生的大多数关键产品是它提供的，重大科研项目和高科技工程是它进行的。国有经济平均每年开发新产品上千种，高水平成套设备和重大创新课题上百种，为国民经济提供了大量基础性新型劳动手段、装备和原材料，武装国民经济多部门，支持非公有制经济发展。

国有经济是我国所有经济中自主创新能力最强、研发能力最雄厚的经济，是我国建设创新型国家的战略基地、核心和主导力量。“十五”以来，我国载人飞船升空、动车机组研制建设、高寒地区青藏铁路的建设，计算机芯片设计技术、“银河麒麟”计算机服务器操作系统基础软件以及中高端数控中心质量的突破，都是国有经济或以国有经济为中心组织力量完成的。一些重大工程设施技术要求高，投资大，没有实力是不能完成的。像投资1800多亿元的长江三峡工程，投资300多亿元的南水北调工程，投资1400多亿元的西气东输工程，以及大飞机工程，长途光缆工程等，如果不是国有经济发挥骨干支柱作用，谁也不能完成。

国有经济在物质技术基础上和生产关系上起主导作用，主要体现在控制力上。国有经济控制力的一个重要表现是导向能力。即能够控制和引导整个经济沿着社会主义现代化的方向发展。我们建设的是社会主义制度，我们实现的现代化是社会主义的现代化。只有坚持社会主义现代化方向，才能从根本上维护发展广大劳动者的利益和权利，实现共同富裕，不断提高他们的物质和文化生活水平。国有经济发挥支柱主导作用，具有控制和引导整个国民经济发展方向的能力，才能引导国民经济按照广大人民和社会发展要求的正确方向发展，一旦偏离，才有能力进行调整纠正。

国有经济控制力的另一个表现是对整个国民经济的调控调节能力，保障和促进国家宏观经济目标的实现。实现国家的宏观经济目标，要依靠多种手段，动员全社会的力量，国有经济是一个主要经济力量，在实现国家宏观调控目标中起重要的决定性作用。包括涉及国民经济全局的重大投资、重要基本建设和重大技术改造，重大发展战略的实施，国民经济长远发展的根本措施，国民经济基本供求关系和比例的协调平衡，国家经济安全、金融安全、市场安全和政治安全的保障和防范，国家财政收支的增长和基本平衡，任何时候都不能缺少国有经济的调节作用；越在关键的时候，关键的领域和环节，国有经济的这种调节作用越重要。国有经济如果没有控制力，不具备宏观调节的能力，国家的宏观发展目标就难以实现，国民经济的发展就将处于缺少灵魂主干、混乱无序的状态，重大发展战略无法实施，一遇到事没有力量进行调节和救治，国民经济的健康顺利发展是不可能的，快速全面进步更做不到。

国有经济的控制力，表现在它的实力和支配能力上。生产资料的分配是决定生产关系性质及其地位的最本质最重要的东西。代表全国人民根本利益的国家拥有的生产资料的数量及其运行情况，与社会总财富的增长趋势、质量及其调控控制国民经济的能力是成正比的。国有生产资料占优势，国有经济在关系国民经济命脉的重要行业和关键领域居支配地位，国有经济才能有控制力，才有可能在国民经济中起主导作用。不控制经济命脉，不在重要行业和关键领域占支配地位，缺乏调控控制国民经济的物质基础和手段，没有足够的实力，就谈不到控制力，主导支柱作用也就将名存实亡。

正因为国有经济具有这样的实力和控制力，中国特色社会主义事业才能欣欣向荣地发展。削弱国有经济，降低国有经济的控制力，就是削弱和降低中国特色社会主义的生产关系基础和物质技术基础，是不可能建设好中国特色社会主义的。

三、充分发挥国有经济的主导作用，才能更好地鼓励、支持和促进非公有制经济共同发展

我国处于社会主义初级阶段，总体生产力水平低，人口多，就业压力大，地区发展不平衡，决定了不可能实行单一的公有制，而必须坚持公有制为主体，鼓励、支持和引导多种所有制经济共同发展。鼓励、支持和引导多种所有制经济发展，适应我国长期处于社会主义初级阶段的国情，能够调动多方面的积极性发展社会生产力，扩大就业，扩大税收来源，促进技术进步和社会生产力发展。这些年来，我国非公有制经济对生产力的总贡献达到2/3，吸收就业人口超过7000多万人，比国有经济吸收就业人数多1400多万人；上缴税收以年平均40%的速度增长，上缴税收占全国的一半。非公有制经济对我国经济发展作出了很大贡献，是社会主义现代化建设必不可少的重要力量。

非公有制经济是中国特色社会主义制度和我国社会主义市场经济的组成部分，对我国生产力发展将长期起重大做用。这一点不可丝毫轻视。我们必须长期坚持两个“毫不动摇”。但是，也必须看到，私有经济生产资料属于私有，具有剥削的一面；它能够极大地促进生产力发展，同时又存在由私有制本性决定的违背社会生产力发展要求、阻碍生产力发展的一面。私有经济吸收就业人口，增加了劳动者的收入，但它的发展以追求剩余价值为前提，将劳动收入限制在劳动力价值的范围，它给劳动者的工资任何时候不会高于劳动力的价值，而劳动者创造的剩

余价值则全部为私有者无偿占有了。这种剥削与被剥削的关系是客观存在的，是收入差距扩大的根本原因。这种情况与劳动者在国有企业当家做主、按劳分配的情况完全不同：劳动者在私有企业中是以劳动力出卖者和生产力要素地位出现的；劳动时间长，劳动环境差，劳动报酬却通常低于劳动力价值，拼命卖力，收入不高；只顾使用，不给培养；受到严格监督制约，稍为不慎就被训斥、罚款、扣工资；流动性强，动不动就被辞退。2009 年，全国私营企业劳动时间比国有企业高 10% 以上，而工资比国有企业低 45%，比集体企业低 7%，比全国平均水平低 41.6%；农民工工资更低，比国有企业低 45.2%，比全国平均水平低 41.9% ~50%。欠薪、不发薪成为常事。一些私营企业平时不发工资，只发少量基本生活费，年底才发工资。一些老板携薪逃跑，更有甚者，工人讨薪，不仅不给，还被殴打、拘禁。

请看近 10 年我国私营企业劳动者收入与私营企业主收入的不同增长情况（见表 1 和表 2）。

2007 年，私营工业企业获得总利润 5053.7 亿元，平均每个企业获得利润 285.4 万元，每个企业主得到 142.7 万元。而工人的年平均工资是 1.9 万元。每一个企业的纯收入（税收利润）是劳动者的 144 倍，每一个私营企业主的纯收入是每一个劳动者的 72.1 倍。事实上私营企业主实际纯收入高于劳动者的倍数远不止此，因为一部分私营企业利润是瞒报的，少数也有虚报者；另外，私营企业家的不少开支都打入成本了，他们自定的“工资”也打入成本。这些都属于资本收入。

2007 年私营工业企业的剩余价值率高于 100%（145.9%）。加上税金部分，更高。税金表现为私营企业对社会的贡献，是劳动者创造的剩余价值的一部分。

这些年来，私营工业企业主每一年的纯收入都比劳动者高 70 多倍，一般为 80 倍，高时达到 98 倍。1988 年规模在 41 ~60 人私营企业雇主的收入为雇工的 57.5 倍，60 人以上的企业雇主收入为雇工收入的 65.9 倍。

表 1　　1998~2008 年私营工业企业企业主与劳动者的收入基本情况

年份	企业数（个）	企业主人数（个）	全部从业人员（万人）	平均每个企业人数（个）	利润			资产			劳动者		
					总额（亿元）	每个企业（万元）	每个企业主（万元）	总额（亿元）	每个企业（万元）	每个企业主（万元）	工资（元）	每人为企业创造 创利润（元）	每人为企业创造 创资产（元）
1998	10667	21334	160.8	150.7	67.2	63.1	31.5	1486.9	1394.0	697	4500	4182	9.24
1999	14601	29202	229.1	156.8	121.5	83.2	41.6	2289.2	1567.8	783.9	5000	5305	9.99
2000	22128	44256	346.4	156.5	189.7	85.7	42.8	3873.8	1750.6	875.3	5200	5475	11.82
2001	36218	72436	541.5	149.5	312.5	86.3	43.1	5901.9	1629.6	814.8	5264	5771	10.89
2002	49176	98352	732.9	149.0	490.2	99.7	49.8	8759.6	1781.3	890.6	5790	6689	11.95
2003	67607	135214	1027.6	151.9	859.6	127.1	63.6	14525.3	2148.5	1074.2	8033	8414	14.13
2004	119357	238714	1515.4	141.7	1429.7	119.8	59.9	23724.8	1987.7	993.8	8300（9282）	9435	15.65
2005	123820	247640	1692.0	136.6	2120.6	171.3	85.6	30325.1	2449.1	1224.5	8640	12533	17.92
2006	149736	299472	1971.0	131.6	3191.0	213.1	106.6	40514.8	2705.7	1352.8	14460	16189	20.55
2007	177080	354160	2252.9	127.2	5053.7	285.4	142.7	53304.9	3010.2	1505.1	15367	22432	23.66
2008	245850	491700	2871.8	116.7	8302.1	337.6	168.8	75879.6	3086.3	1543.2	17076	34831	26.42
2007 年比 1998 年增长（倍）	15.6	15.6	12.9	-16%	74.4	3.5	3.6	34.8	1.1	1.1	2.4	4.3	1.5
2008 年比 1998 年增长（倍）	22.0	22.0	16.8	0.7	122.9	4.3	4.4	50.0	1.2	1.2	2.7	7.3	1.8

资料来源：根据《中国统计年鉴》(2008)，第 512、514 页计算。

表2 1998～2008年私营企业主与劳动者收入对比

年份	每个企业主的收入比每个劳动者收入高多少（倍）			剩余价值率（%）
	年收入	资产*	合计	
1998	69.0	697	1617	92.9
1999	82.2	783	1650	106.1
2000	81.3	875	1764	105.3
2001	80.8	814	1628	109.6
2002	85.0	890	1623	115.5
2003	78.2	1074	1369	104.7
2004	71.1	993	1218	113.6
2005	98.0	1224	1515	145.0
2006	72.7	1325	1008	111.9
2007	91.8	1505	843	145.9
2008	87.4	1543	1027	216.6

注：*私营企业主的资产指拥有的生产资料总额，不计家庭资产；劳动者不拥有生产资料，也不计家庭资产。

利润转化为积累和投资，使私营企业拥有的资产总量不断扩大。私营工业企业拥有的资产从1998年的1486.9亿元增长到2007年的53304.9亿元，10年内增长了34.8倍，每一个私营企业主拥有的资产从697万元增长到1505.1万元，增长了1.1倍，成为占有劳动者创造的剩余价值的新的物质条件和生产关系基础。

私营企业的利润来之于劳动者的剩余劳动，是劳动者创造的剩余价值的转化形式。1998年，每一个劳动者为企业创造利润4182元，当年私营工业企业有从业人员160.8万人，所以创造和提供了67.2亿元的总利润。每个劳动者一年创造的利润从1998年的4182元，提高到2007年的22432元，在私营工业企业劳动的总人数从160.8万人增加到2252.9万人（增加了12.9倍），所以总利润也从67.2亿元增加到5053.7亿元。每一个劳动者创造的利润不断扩大，私营企业雇用的劳动量不断扩大，利润转化为资本的部分不断扩大（10年中增长了34.8倍），而劳动者的平均收入却增长甚微（3.3倍），这就是私营企业利润不断扩大（74.4倍），而资本与劳动收入不断扩大的原因（由69倍上升到72.1倍。加上资产，实际上是劳动者的843倍)。

1998~2008年中，私营工业企业劳动者的名义工资虽然提高了3.3倍，但劳动者所得到的部分在他所新创造的价值所占比重却下降了：由1998年的51.8%，下降为2007年的46.5%。下降部分，是资本额外占有的部分。这里并未计算超时劳动对于劳动者收入的侵占以及实际工资低于劳动力价值的部分。加上这些因素，资本收入与劳动收入的差距更大。

劳动者创造的剩余价值被无偿占有，收入差距不断扩大，不仅影响劳动者的积极性，也关系到劳动力的扩大再生产和质量的提高，是影响生产力发展的重要生产关系因素。

私营经济促进了我国生产力的发展，同时由于追求利润的本性和生产的盲目性，短视行为，造成低水平重复投资、建设和比例失调，形成的生产能力落后低下过剩，耗费了大量物力等于白费；不惜破坏自然资源和生态环境，大气污染和水土流失，对生产力和生产环境造成巨大破坏。这种损失要用更多的投入才能弥补，一年半年难以见效。至于追逐利润，盲目生产带来的比例失调，是私有经济的痼疾，必将周而复始地以不同形式出现。

私营经济与国有经济相互分工、合作，发挥自己之所长，在市场经济中驰骋，与国有经济进行竞争，有利于发挥国有经济的主导作用，促进国有企业发展壮大。但是它追求利润又往往是不择手段的，随着实力的壮大，它会争夺占领控制社会资源直至国民经济命脉，力图以平等竞争者的身份一步步地进入国民经济命脉及关系国计民生的重要领域和关键行业，取国有经济的主导地位而代之。国有经济命脉有的行业不赚钱，属于公共福利领域的，它不会也不愿进入；而凡赚大钱的，风险小的，不管是否会影响到人民的根本利益和共同利益，它一定要进入、占领、控制。有些人早就主张私有经济进入掌握国民命脉，将国有企业压缩到20%以下，给私有经济让位。有些人宣传非公有制经济已经成为主体，应“承认现实，修改宪法，取公有制为主体而代之”。有些地方政府官员受到私有资本的收卖、拉拢、腐蚀，以权谋私，权钱结合，大量贱卖国有企业，将巨额国有资产无偿低价转移到私营企业主手中，削弱国有经济；有的地方政府官员违背中央的方针，不是坚持两个“毫不动摇”，而是只搞支持私有经济发展不动摇。这些做法违背中国特色社会主义发展的要求，危害中国特色社会主义事业，不能维护只会破坏广大人民的根本利益和共同利益，不能促进而只能破坏社会主义生产力的发展。

凡事都有两重性。我们要看到非公有制经济与公有制经济相统一，促进生产力发展的一面，这是主要的；又要看到它与公有制和生产力发展存在一定矛盾的一面；还要看到对立统一的矛盾可能向有利的方面或不利的方面转化。坚持两个“毫不动摇”，坚持公有制经济与非公有制经济统一的一面，正确认识和处理其矛盾的一面，才能保证中国特色社会主义健康顺利发展。

论 国有经济的性质和改革方向

◎张 宇*

一、如何认识国有经济的性质

关于我国国有经济的性质，《中华人民共和国宪法》有明确的表述：宪法第七条指出，“国有经济，即社会主义全民所有制经济，是国民经济中的主导力量”。第六条指出，“中华人民共和国的社会主义经济制度的基础是生产资料的社会主义公有制，即全民所有制和劳动群众集体所有制”。这清楚地说明，我国的国有经济是生产资料公有制的一种形式，是社会主义性质的。

但是，对于这一点学术界历来有不同的看法。有人认为，国有制不等于公有制，更不等于社会主义，因为奴隶社会、封建社会和资本主义社会中都存在国有经济。持这种观点的人还经常引用恩格斯在《反杜林论》中的一段话作为论据，这段话是这样说的：“自从俾斯麦致力于国有化以来，出现了一种冒牌的社会主义，它有时甚至堕落为一种十足的奴才习气，直

* 张宇，中国人民大学经济学院教授。

截了当地把任何一种国有化，甚至是俾斯麦的国有化，都说成社会主义的。显然，如果烟草国营是社会主义的，那么拿破仑和梅特涅也应该算入社会主义创始人之列了"①。应当承认，国有制的确并不等于公有制，国有制成为公有制是有条件的，这些条件至少包括：第一，人们在生产资料占有上的地位是平等的，每个劳动者包括企业领导人都只能凭借自己的劳动获得相应报酬，没有任何个人可以凭借对生产资料的垄断获得收益。第二，生产资料归社会所有，作为社会的正式代表的国家应当按照社会的意志对国有资产进行有效的监管，使其真正体现全体人民的共同利益。第三，企业内部不存在资本与劳动的对立，企业的劳动者和其他相关利益主体可以有效参与企业的民主管理。因此，在社会主义条件下，必须按照公有制的要求不断改革和完善国有经济的管理体制，这样才能体现社会主义制度的要求，发挥社会主义制度的优越性。然而，有些人并不是这样来看问题的，他们从国有制不等于公有制这一观点出发所要得出的结论是：国有制不如私有制，应当对国有企业实行私有化，甚至荒谬地认为，私有制或民营经济比国有制更具有社会主义的性质。例如，在近期关于"国进民退"的讨论中，本来属于全体人民所有的全民所有制或国有经济被一些人说成是只代表少数人利益的"官僚资本"，而本来属于私人所有的民营经济却被说成是代表老百姓利益的"民有资本"，国有企业与私有企业之间正常的市场竞争则被说成是"与民争利"，并进而被夸大为"国与民"的对立。这种概念上的混淆把实际的经济关系完全给颠倒了。

在公有制企业中，属于全体人民共同所有的生产资料只能通过国家、企业和个人一层一层的委托代理关系来实现，这样就必然会出现所谓的委托代理问题，即代理人损害委托人利益的问题。其中，代表全体人民行使生产资料所有权的政府部门和代表全体人民行使经营权的企业管理人员，最有可能做出以权谋私、损公肥私和化公为私的事情，使公

① 《马克思恩格斯选集》第3卷，人民出版社1995年版，第752页。

有制在事实上被扭曲和变质，这是公有制经济在其发展中始终面临的一个基本矛盾，社会主义社会的公有制经济就是在解决这一矛盾中不断发展的。实际上，只要存在所有权与经营权的分离，就会发生委托代理问题，这一点国有企业和私有企业没有什么不同。然而，出现这种违法和违规的事情绝不能证明，我国的国有企业是“官僚所有制”，世界上从来也不曾有过这种所有制形式。正如我们不能因为经理人员可能有损害股东的违法行为，而将股份所有制称为经理所有制。

有人认为，既然是公有制，那就意味着人人都是所有者，人人都有份，因此，应当把公有企业的股份和公有企业的利润平分到个人手中，这样才能使人们共同享受公有制创造的财富。这种看法实际上是在用私有制的逻辑解构公有制的关系。我们说的公有制是全体人民的共同所有制，在这种所有制关系中，每个社会成员都是所有者，但每个人都不是独立的所有者，他们联系起来才能成为共同的所有者。但是，如果把公有的财产如大型国有企业、农村集体的土地分到个人手中，从表面上看好像是实现了社会的公平，但实际上却把公有制转变成了私有制，而且是个人私有制，这种个人私有制在现实中会通过激烈的市场竞争迅速集中到少数掌握巨额财富的大资本的手中，所谓的“人民资本主义”最后无一例外地转变成了垄断资本主义。俄罗斯的私有化实践就是一个很好的例子。20 世纪 90 年代初，俄罗斯实行了大规模的私有化政策，主要的方法就是通过给每个公民发放私有化证券，全面瓜分公有财产，其结果并没有使绝大多数俄罗斯人变成“所有者”，哪怕是名义上的“股东”，却使少数俄罗斯人一夜间成了亿万富翁。

因此，问题不在于国有制是否等于公有制，而在于是改革和完善国有经济还是对国有经济实行私有化，这才是问题的要害。

二、如何认识国有经济的地位和作用

在中国，国有经济的地位和作用是与社会主义初级阶段的基本经济制度紧密联系在一起的。众所周知，以公有制为主体、多种所有制经济共同发展，是我国社会主义初级阶段的一项基本经济制度，而公有制经济的主体地位则主要体现在两个方面：一是公有资产在社会总资产中占优势，二是国有经济控制国民经济命脉、对经济发展起主导作用。前面引用的宪法条文明确指出，生产资料社会主义公有制是社会主义制度的经济基础，国有经济是国民经济中的主导力量。党的十五大以后党中央的有关文献也对国有经济的地位和作用多次做过说明。中共十五届四中全会通过的《中共中央关于国有企业改革和发展若干重大问题的决定》指出："包括国有经济在内的公有制经济，是我国社会主义制度的经济基础，是国家引导、推动、调控经济和社会发展的基本力量，是实现广大人民群众根本利益和共同富裕的重要保证。"党的十六大报告指出，"发展壮大国有经济，国有经济控制国民经济命脉，对于发挥社会主义制度的优越性，增强我国的经济实力、国防实力和民族凝聚力，具有关键性作用。"党的十七大报告指出，"毫不动摇地巩固和发展公有制经济"，"增强国有经济活力、控制力、影响力。"

有人认为，在市场经济中，国有企业的主要责任是提供公共物品，生产非盈利产品，而不应当追求利润。这种观点既混淆了国有企业与公共财政，又混淆了社会主义国家的国有企业与资本主义国家的国有企业。

与私有企业相比，国有企业的目标一般是多元化的，需要满足社会的公共利益，因此，利润并不是国有企业的唯一目标。第二次世界大战后，发达资本主义国家曾经出现过多次国有化浪潮，建立了一大批国有企业，涉及了石油、煤炭、电力、钢铁、铁路、公路、港口、民航、宇航、汽车、飞机、银行、保险和公共服务等多个部门。建立这些国有企业的目的，主要不是为了追求利润的最大化，而是为了克服私有制的缺陷，完成当时条件下私有企业不愿意或者不能有效完成的社会目标，保障资本主义国家的再生产的条件，推动资本主义经济的发展。但是，这并不意味着这些国有企业不能盈利。因为，投资于国有企业的资本毕竟不同于一般的财政支出，它需要在经营过程中不断保值和增值，在社会再生产体系中不断循环周转，这样才能在市场经济中得到生存发展，才能有效地完成其承担的社会职能，实现社会的目标。从这个意义上说，追求利润与实现社会目标是并行不悖的。

社会主义国家的国有经济与资本主义国家的国有经济有相同之处，也有不同之处。相同之处在于它们都反映了社会化大生产和现代市场经济发展的要求，不同之处在于它们的发展阶段和基本制度存在差别。在社会主义市场经济中，国有经济的主导作用是由公有制的主体地位赋予的，体现了社会主义基本经济制度的根本要求和社会主义初级阶段的基本国情。因此，国有经济的作用不像资本主义经济中那样，主要存在于私有企业不愿意或不能有效经营的领域，而是为了促进国民经济稳定协调和有计划的发展，巩固和完善社会主义制度，实现广大人民群众根本利益。发挥国有经济的主导作用，有利于国家对经济发展进行有计划的集中调控，发挥社会主义制度可以集中力量办大事的优势；有利于消灭剥削，消除两极分化，实现共同富裕；有利于完善基础设施，促进民生建设，保障公平正义；有利于维护国家的经济安全，推进自主创新，实现自主发展；有利于建立和谐的劳动关系，保持政治的稳定，建设民主政治。

因此，包括国有经济在内的公有制经济，是我国社会主义制度的经济基础，否定公有制的主体地位和国有经济的主导作用，必然会加剧劳动与资本的对立、财富分配的两极分化，催生私人资本特别是大资本的形成，导致金融寡头的出现，破坏社会的稳定，导致社会的混乱，动摇中国特色社会主义事业的根基，最终将严重阻碍生产力的健康发展。在这一点上，不应当有丝毫的含糊。

□三、如何认识国有经济存在的问题

迄今为止，我国国有经济的改革经历了两个大的阶段：从改革开始到中共十五大的召开是第一阶段，这一阶段国有经济改革的主要目标是所有权与经营权适当分离，使国有企业成为自主经营、自负盈亏的商品生产者，增强企业活动。党的十五大以后，国有企业改革进入了一个新阶段，这一阶段的主要特点是确立了社会主义初级阶段的基本经济制度，着眼于从整体上搞好整个国有经济，把国有企业的战略调整与制度创新结合起来，主要包括两个方面的内容：一是通过制度创新，使股份制成为了公有制的主要实现形式，建立起了适应市场经济要求的新型国有资产管理制度和企业经营管理体制。二是通过调整国有经济的布局，把国有经济的重点放到一些重要行业、关键领域和重点企业。这两方面的改革都取得了重大的进展，国有经济的效益明显改善，主导作用得到了发挥。党的十七报告指出，“深化国有企业公司制股份制改革，健全现代企业制度，优化国有经济布局和结构，增强国有经济活力、控制力、影响力。深化垄断行业改革，引入竞争机制，加强政府监管和社会监督。加快建设国有资本经营预算制度。完善各类国有资产管理体制和制度。”上述论述，阐明了现阶段深化我国国有经济改革的基本方向和主要内容。

当前国有经济中确实存在不少问题值得深入研究、认真解决，如以公有制为主体和国有经济为主导的具体含义是什么，用什么指标加以界定；如何规范和确定国有经济的定位和功能，怎样看待国有经济的“进”与“退”；如何深化垄断部门国有经济的改革、完善垄断部门国有企业的收入分配制度；如何进一步完善国有资产管理体制，完善企业的治理结构等。同时，国有经济管理中还存在一些薄弱环节和不足之处需要解决，主要有：一是国有企业的覆盖面仍然过大，国有经济的分布仍然过散，不利于发挥整体优势。二是国有经济管理中还存在权力缺乏约束、管理者以权谋私、垄断企业收入过高、重大决策不够规范等问题，引起了群众的不满。三是目前国有经济存在于不同的产业、地区和不同的企业，分属不同的机构管理，国资委管理的只是国有资产中的一部分，因此，关于国有经济管理的许多政策是不统一的、不规范的。上述问题的存在，需要在坚持社会主义基本经济制度的前提下，通过不断深化国有经济的改革加以解决，重点要做好以下工作：一是继续优化国有经济的布局，推动国有资本向关系国家安全、国民经济命脉和新兴产业等重要行业和关键领域，以及具有较强国际竞争力的大公司大企业集团集中，进一步做强做大国有经济。二是完善各类国有资产管理体制和制度，探索建立包括农业、工业、金融和文化等不同领域、垄断和竞争等不同类型以及中央和地方等不同层次在内的国有资产的统一监管和统筹协调的体制和机制，建立完善社会民主监督和管理国有资产的机制，特别是各级人民代表大会对国有资产进行监督管理的机制。三是规范公司的治理结构，特别是要建立完善劳动者民主参与企业管理的机制，切实保障劳动者民主管理的权利。四是形成公平与效率相结合的收入分配体制，兼顾各方面的利益，特别是要加强对垄断行业和金融部门等领域收入分配的监管，完善国有企业利润上缴和资本分红制度，使国有企业的经营更好地体现全体人民的利益和要求。

上述改革的目的，是进一步完善国有经济的结构和体制，促进国有经济又好又快的发展，而绝不是对国有企业实行私有化。那种把国有企业改革的目标曲解为私有化，并进而把国有经济的做强做大视为改革的倒退的观点是错误的，与我国国有经济改革和发展的方向是背道而驰的，也不符合广大人民群众的愿望和要求。

遗憾的是，当前一些人对国有经济的批评恰恰不是以搞好国有经济为目标的，而是以私有化为目标的。他们执拗地认为，国有企业是计划经济的残留物，只有彻底实行私有化才能建立“真正的市场经济”。然而，仔细推敲一下就不难发现，这些人提出的许多观点都是自相矛盾的，比如：国有企业搞不好，就会说，国有经济注定低效率，国有企业搞好了，就会说，国有企业依靠垄断；国有企业不市场化，就会说，国有企业与市场经济不能兼容，国有企业参与竞争了，就会说，国有企业与“民”争利；国有企业管理人员工资低了，就会说，缺乏激励，工资高了，就会说，侵占公共利益；私有企业兼并了国有企业，就会说，是改革的成就，国有企业兼并了民营企业，就会说，旧体制复归；国有企业不扩张，就会说，国有企业没有动力，国有企业扩张了，就会说，挤压了民营经济成长的空间。总之，只要私有的都是好的，只要国有的都是坏的，只能“民进国退”，不能“国进民退”。这些批评显然不实事求是，因而难免自相矛盾。

四、如何认识深化国有经济改革的方向

国有经济的地位及其改革问题在社会主义市场经济中始终是一个关键性的问题，进一步深化经济改革和完善社会主义市场经济仍然要把国有经济的改革作为重要环节。国有经济的改革包括两个方面的内容：一是国有经济的重新定位或结构调整问题，二是国有企业的制度创新或改制问题。这两个方面的改革目前都已经取得了长足的进展。目前国有经济在国民经济中的比重与改革初相比大大下降了，主要集中在了一些重点行业，同时，绝大多数国有中小企业已经放开，大部分国有大企业完成了改制任务。当然，国有经济改革的过程并没有结束，问题是，下一步该怎么走，主要的任务是什么？

持新自由主义观点的人认为，公有制经济产权不清，效率低下，与市场经济不能兼容，因此应当彻底推进私有化或“民营化”，使国有经济完全退出竞争领域，同时要打破国有经济在基础产业和战略性产业中的所谓垄断地位。近些年来，我国一些部门和地方在国有企业改制中出现了低价出售国有资产、管理者内部收购、权钱交易等变相私有化的现象，不仅导致了国有资产的大量流失，而且造成了严重的腐败和贫富分化，极大地损害了广大群众的利益，同时还使一些原本优秀的国有企业在经营上陷入困境。这些情况与新自由主义理论的流行不无关系。

当前，国有经济的改革正在进入一个新的历史阶段，如果说前两个阶段的重点在于适应市场经济的要求，解决政企分离和现代企业制度，那么，在新的历史阶段中，国有经济的改革则要重点解决国有经济的社会责任问题，解决国有经济的定型化和完善化的问题，按照国有经济的

内在要求建立国有经济的监管体系，具体来说，进一步深化国有企业改革的基本思路是：

1. 深化国有经济改革必须继续坚持和完善以公有制为主体、多种所有制经济的基本经济制度，充分发挥国有经济的主导作用，不断提高国有经济的控制力、影响力和带动力，努力做大做强国有企业，不断提高国有企业的竞争力，坚决反对私有化思潮的误导。改革开放以来，国有经济在国民经济中的比重持续下降，这种情况在改革开放的初期是合理的正常的，但是，当前，公有制经济的比重已经接近甚至低于50%，国有经济的比重在国民经济中的比重不足30%，公有制经济主体地位面临着丧失的危险。在这种情况下鼓吹“国退民进”，这对社会主义基本制度来说无异于釜底抽薪。

2. 总的来看，国有企业改革的任务包括两个主要的方面：一方面，通过深化对国有企业的制度创新，使股份制成为公有制的主要实现形式，建立起了适应市场经济要求的新型的国有资产管理制度和企业经营机制管理，逐步完善了公司治理结构，提高国有企业的竞争力和效率。另一方面，通过调整国有经济的布局，把国有经济的重点放到关系国民经济命脉的重要行业和关键领域，提高国有资产的整体质量，增强国有经济的控制力、引导力和带动力。这两个方面的改革是紧密联系、互为条件的。一方面，只有调整好国有企业的布局和结构，才能增强国有企业的活力和效率；另一方面，只有建立起完善合理的企业制度，才能增强国有经济的控制力、引导力和带动力。

3. 国有经济的改革有两种基本模式：一种模式是非国有化的模式，即把国有经济通过租赁、拍卖、兼并和股份化等方式，转变为非国有企业；另一种模式是改革公有制实现形式的模式，即在坚持国有制的前提下对国有经济的管理体制和经营方式进行改革。这两种改革的性质是不同的，不能混为一谈。中小企业的改革以前一种模式为主，大型国有企业的改革虽然也不排除前一种模式，但是就当前存在的为数不多的大型国有企业来说，深化改革的应当以后一种模式为主，否则，坚持社会主义基本经济制度和国有经济的主导作用就会成为一句空话。

4. 国有经济的地位和作用要与社会主义市场经济的要求相符合。在社会主义市场经济中，国有经济是特殊的商品生产者，具有二重性：即一方面它要体现市场机制的要求，面对激烈的市场竞争；另一方面它要体现宏观导向的作用，保障资源配置的宏观效率。在不同部门和不同企业中，国有经济的市场性和宏观性的组合方式各不相同，需要具体分析，区别对待。在公共产品中，国有企业基本上是非竞争性的；在垄断性企业中，国有企业是不完全竞争的；在一般性部门和企业中，国有企业是完全竞争的。因此，要把体制改革与结构调整结合起来，按照有进有退、有所为有所不为的方针不断调整国有经济的布局，实现微观效率与宏观效率的共同提高。

5. 从总体上看，可以把国有经济的分布领域分为两种情况：即有控制的领域和一般性的领域。在涉及国民经济命脉和国家安全的关键部门，国有经济要保持控制力，国有企业的范围、制度和行为的选择不仅要考虑市场化的短期目标，而且要考虑宏观调控的总体要求和约束。在其他一般性的领域，国有企业的范围、制度和行为的选择则要完全以市场竞争为导向，国家对此一般不进行直接干预和约束。国有企业的比重会有所降低，数量会适当减少。但这并不意味着国有企业不能参与竞争，更不能人为地让国有企业完全退出竞争领域。而要坚持有进有退，有所为有所不为，集中力量，加强重点，提高国有经济的整体素质。

6. 国有经济的制度设计和体制创新要体现国有制的性质和要求。在社会主义国有企业中，生产资料的所有权最终属于全体人民并通过多层次的代理主体和代理机制得以实施。这里有两个基本的代理层次或代理关系需要认真考虑：第一个层次是社会层次的代理关系，涉及到了政企关系、政资关系、中央地方的关系、各政府部门的关系等方方面面。第二个层次是企业层次的代理关系，涉及到了企业内部的治理结构问题。这两方面的代理关系和治理机制的改革都要遵循民主化、科学化和规范化的原则，建立和健全各种有效的内部和外部监督机制和治理机制，保障职工的民主管理的权利，树立以人为本、和谐共赢的理念，兼顾各方面的利益，充分调动各方面的积极性。

7. 与社会主义国有经济的性质相适应的收入分配制度，是以按劳分配为主多种分配方式并存的公平与效率相结合的收入分配体制，这种体制要兼顾各方面的利益，体现以劳动为基础的社会公平。特别是要加强对垄断行业和金融部门等领域收入分配的监管，防止企业领导人和内部职工的利益过度膨胀，损害社会的利益。同时要完善国有企业利润上缴和资本分红制度，国有企业的利润要更多体现全体人民的利益。

总之，深化国有企业改革必须充分反映社会主义基本经济制度和社会主义市场经济的要求，既要适应市场竞争，又要发挥主导作用，既要强调政企分离，又要强调政企合作，既要强化管理人员的责任，又要落实民主管理的权利，只有这样，才能超越和扬弃私有制的逻辑，发挥国有经济的优势。

五、如何认识国有经济的战略调整

对国有经济进行战略性调整，是国有经济改革的一项重要内容，其主要原则之一，就是要把产业结构的优化升级和所有制结构的调整完善结合起来，坚持有进有退，有所为有所不为。关于国有经济进行战略性调整的思路，中共十五届四中全会曾经做过具体的说明：国有经济需要控制的行业和领域主要包括：涉及国家安全的行业，自然垄断的行业，提供重要公共产品和服务的行业，以及支柱产业和高新技术产业中的重要骨干企业。其他行业和领域，可以通过资产重组和结构调整，集中力量，加强重点，提高国有经济的整体素质。2006 年 12 月国务院办公厅转发的国资委《关于推进国有资本调整和国有企业重组的指导意见》，进一步明确了国有经济发挥控制力、影响力和带动力的具体行业和领域，提出国有经济应对关系国家安全和国民经济命脉的重要行业和关键领域保持绝对控制力，包括军工、电网电力、石油石化、电信、煤炭、民航、航运等七大行业。这一领域国有资本总量增加、结构优化，一些重要骨干企业发展成为世界一流企业。同时，国有经济对基础性和支柱产业领域的重要骨干企业保持较强控制力，包括装备制造、汽车、电子信息、建筑、钢铁、有色金属、化工、勘察设计、科技等行业。上述思路的实质可以概括为：在关键部门要保持较强的控制力；在一般部门要加强重点。然而，国有经济战略调整的上述思路却往往被误读为国有经济只能退不能进，只能存在于非竞争性领域，而不能参与竞争，这样的理解显然是不全面不正确的。事实上，我国国有经济的战略调整并不是以垄断或竞争为依据的，而是以发挥国有经济的控制力的需要为依据的。

需要强调的是，我们建立和发展社会主义市场经济以及推动国有企业改革的根本目的，就是要把公有制与市场经济结合起来，使公有制企业特别是国有企业适应市场竞争的要求，在市场竞争中得到发展壮大。如果说国有企业只能存在于非竞争领域，如果国有企业都要退出竞争领域，这就等于说，国有经济根本不应当存在，发挥国有经济的控制力、影响力和带动力就失去了客观基础，建立和完善社会主义市场经济就成了一句空话，深化国有经济的改革就失去了方向。试问，如果一些国有企业在市场竞争中得到了发展壮大，表现出了自己的效率和优势，我们为什么要用行政命令的手段强迫其退出所谓的竞争领域呢？我们又如何能够形成党的十七大报告提出的“形成各种所有制经济平等竞争、相互促进新格局”这样一个目标呢？更何况，在现实经济中，国有企业有垄断性的，也有竞争性的，更多的是垄断性与竞争性并存，完全竞争和完全垄断都只是一种理论上的抽象，它们之间并不存在某种固定不变的界限，竞争发展到一定阶段必然会产生垄断，而垄断的出现并不能消除竞争，反而会加强竞争，因此，竞争与垄断相互转化相互渗透。

其实，垄断作为一种市场结构状态，与所有制形式并没有直接的关系，在市场经济中，某些行业中的某些企业由于在技术上的优势、对稀缺资源的占有、规模经济和政府特许等方面具有特殊的地位，从而在生产、交换和价格的形成上具有了一定程度的控制力，就会形成垄断地位。这种情况无论是在公有企业还是私有企业中都会存在。在当今世界，私有企业的垄断要比国有企业的垄断多得多。自从资本主义由自由竞争阶段进入垄断阶段后，垄断就日益成为资本主义经济的常态，并随着资本主义经济的发展而不断加强。

事实上，当前我国市场结构所面临的主要问题不是垄断，而是企业规模相对较小、产业组织结构分散、国际竞争力低下，不能适应激烈的国际竞争的需要。因此，一些关键性行业集中度的提高和国有企业的做强做大，是面对全球竞争的挑战和维护国家经济安全的必要选择。在事关国家安全和国家经济命脉的战略性部门以及自然垄断行业，问题的关键不在于有没有垄断，而在于谁来垄断。一般来说，在这些特殊的部门和行业，由公有制企业经营要比私有制企业能更好地体现社会的利益和国家的战略。

当然，有垄断现象就会有垄断问题的出现，因此，必须有相应的措施防止垄断企业用不正当行为损害社会利益，引入竞争机制，加强政府监管和社会监督。但是，应当看到，当前我国的国有企业多数处于有效竞争之中，并不都是垄断性企业。即使是处于垄断地位的国有企业，其行为是否正当也要以企业是否有“滥用市场地位”的垄断行为作为标准，也就是说必须以国家的《反垄断法》为依据，而不能不分青红皂白地把国有经济的所有行为如房地产投资、资产重组等动辄扣之以“垄断”的帽子横加指责，更不能把反垄断与私有化混为一谈。

六、如何认识国有经济与民营经济的关系

党的十七大报告指出：“坚持和完善公有制为主体、多种所有制经济共同发展的基本经济制度，毫不动摇地巩固和发展公有制经济，毫不动摇地鼓励、支持、引导非公有制经济发展，坚持平等保护物权，形成各种所有制经济平等竞争、相互促进新格局。”以上论述准确阐明了社会主义市场经济中公有制经济与非公有制经济之间的相互关系。一方

面，应当强调，公有制与非公有制、国有经济与民营经济并不是完全对立的，而是可以相互促进共同发展的，如：国有企业多数是大企业，在国民经济中具有骨干和支柱作用，可以带动民营经济的发展；当前我国的国有企业除少数由国家独资经营外，绝大多数实现了投资主体多元化，进行了股份制改造，成为了以公有制为主的混合所有制经济，与民营经济你中有我，我中有你；国有经济在宏观稳定、技术创新、维护安全等方面的作用为民营经济发展创造了有利的宏观条件等。另一方面，民营经济的发展对于推动国有经济的改革与发展也有积极作用，它为国有企业的改革与发展提供了有效的竞争环境、广阔的市场需求和全面的分工协作。在国有经济与民营经济的关系上有一个情况值得关注，即在全球化的大背景下，跨国企业与本地企业的竞争更趋激烈，而当前我国的民营经济整体素质还不高，难与发达国家跨国公司匹敌，因此，在国有经济大量退出的许多产业和领域，往往被具有诸多优势的跨国公司所占据，一些民营企业面对跨国公司强大的力量和各种利益诱惑，逐步成为跨国资本的并购对象或附庸。因此，一味地鼓吹“国有企业退出”的结果很可能不是民营企业的进入和发展，而是跨国垄断资本的占领。这就要求我们处理好国有、民营与外资企业的关系，在全球化的条件下实现多种所有制的共同发展。

2008年以来，社会上有不少人和一些媒体将国有企业的发展壮大，特别是一些兼并、收购和重组的事件说成是“国进民退”，并且认为“国进民退”现象已经成为了一种危险的趋势。对于这种判断，许多人提出了质疑。不少资料和统计都证明，改革开放以来，虽然国有经济的总量不断扩大，但国有经济的比重一直趋于下降。即使在近几年中，国有经济比重下降的趋势依然存在。因此，从我国所有制结构变化总的情况来看，所谓的“国进民退”并不存在，相反存在的是“民进国退”的趋势。最近一个时期国有企业在一些领域的扩张，一是与应对危机中国有经济的特殊作用有关，二是与大企业在危机中的特殊优势有关，三是与国有经济的竞争力提高有关。从微观层面看，在特定时期和个别领域，国有经济或民营经济的进与退都是市场竞争的正常现象。但是从基本制度层面和发展趋势上看，如果公有制经济的比重不断下降，最终势必会影响公有制的主体地位和国有经济的主导作用，瓦解社会主义基本经济制度，应当说，这才是我们所面临的真正危险。

改革开放以来，我国民营经济获得了巨大发展，但也面临不少问题，这些问题有外部因素也有内部因素。从外部因素来看，民营经济存在着市场准入方面的限制，融资渠道窄，实际税费负担较重，企业合法权益不时遭受侵犯等问题。一些地方政府，在不少涉及国计民生的重要行业，甚至宁愿让外资企业进入，也不愿让国内民营企业进入，民营经济与外资企业处于严重的不平等竞争的环境之中。针对这些问题，需要采取切实有效的政策措施进一步积极鼓励、支持、引导非公有制经济发展。同时也要看到，民营经济的发展还受到了内部因素的限制。我国的民营企业大多起点低、底子差、规模小、经营模式粗犷、技术创新能力不足，社会责任意识薄弱，“家族式”、“家长制”治理方式弊端严重，甚至违法违规经营也时有发生。这些内部因素也制约着非公有制企业的发展壮大。因此，需要在改善外部环境和加强自身素质两个方面齐头并进、共同努力，推动国有经济的繁荣与发展，特别是要推动民营经济管理制度和发展方式的创新与升级。

因此，深化改革、推动发展必须进一步处理好坚持公有制主体地位与促进非公有制经济发展的关系，把两者统一于社会主义现代化进程中，不能把二者对立起来。应当牢牢把握，两个毫不动摇是统一的不可分割的，忽视了公有制的主体地位，就会落入私有化的陷阱；忽视了非公有制经济的发展，就会重蹈单一公有制的错误。忽视二者的统一性，则会破坏多种所有制相互促进共同发展的和谐局面。只有不断坚持和完善以公有制为主体、多种所有制经济共同发展的基本经济制度，才能使中国特色社会主义的道路越走越宽。

论 垄断行业国有企业的改革

◎高 梁*

近年来关于垄断行业的改革，一直是讨论多于行动。“垄断行业”是一个集合概念。对于各具体行业，首先要了解其经济技术特点和运行规律，才能将讨论深入下去，才有操作意义。笔者在此愿提供一得之见，欢迎批评。

一、关于垄断行业的一般讨论

1. 垄断和国有垄断性企业。垄断是经济领域中的独占或排斥、限制竞争者的状态或行为，企业通过获得市场中的支配地位获取超过一般水平的收益。一般认为垄断有三种形态：

自然垄断：对关系公众利益的有限资源（设施）的独占与经营。

经济垄断：在竞争性领域中，企业以竞争优势形成垄断地位或寡头合谋状态。

* 高梁，国家发改委体改所国有资产研究中心主任。

行政性垄断：政府机构利用行政权力在某一经济领域形成垄断状态。这里应该注意的是：具有行政背景的经济实体活动于某些行业的情况各国都不同程度地存在，但只要不排斥竞争，就不是垄断。

在市场经济条件下，通过竞争、淘汰和兼并，趋向于形成经济垄断。在这一领域有《反垄断法》给以制约。但在被称为“垄断行业”的领域——电力、电信、铁道、民航、邮政、公用、石油、军工等行业，由于种种原因，难以实现一般意义的市场竞争。

上举各垄断行业，是一国经济的基础和支柱，有很强的外部性，或具有国家战略意义。在我国，这些行业的主体均为国有企业，且多数是中央企业。

即使在市场经济的西方，垄断行业也一直被置于政府的严格控制之下，或由国有企业占支配或垄断地位。近30年来，世界各国在垄断行业兴起改革浪潮。改革的目的大体是转变官商习气，提高效率，或是出于自由经济的信仰。改革主要在两条途径进行：一是私有化（或产权多元化）；二是自由化，放开市场引入竞争，同时对法律与监管框架相应进行调整。

2. 深化改革要对垄断行业具体分析。改革开放已经走过30多年历程，今天如果还停留在一般讨论的层面是不够的。需要对每个特定行业进行具体分析：一是要对各领域改革和开放准入的情况有客观的评价；二是应该对各行业的技术经济特点进行分析，一些行业为什么不容易进引入竞争；三是要根据我国当前国情弄清楚在不同领域和行业应该开放到什么程度；四是要研究在各重要行业国有经济的控制程度应该怎样，是否要保持行政的控制，保持到什么程度等。

上述垄断行业根据其技术特点和战略重要性，大体可以做如下分类：

第一，网络型行业，也就是“自然垄断”行业——铁路、电力、电信、部分公用事业。长途输油（气）管线、机场港口的加油管线设施也属于这一类。

第二，承担普遍服务任务的组织网络，如邮政。

第三，稀缺战略资源——石油（又如稀贵金属）。对特定矿藏的排他性占有使用是生产经营的前提，即一定程度的自然垄断性质。

第四，战略性行业——民航、军工（金融也可归入这一类）。

上述各行业过去都是由国务院各部管辖，根据定义均属于“行政垄断”之列。近30年来，我们在上述行业不同程度地引入了竞争机制，推进股权多元化。目前，除铁道部仍实行政企合一体制外，其余行业基本上都实行了政企分开，由国有（国有控股）企业占支配地位或垄断地位。

中国共产党第十六届三中全会《关于完善社会主义市场经济体制若干问题的决定》对垄断行业改革的任务做出了清晰的表述：“对垄断行业要放宽市场准入，引入竞争机制；有条件的企业推行投资主体多元化，在上述领域推进政企分开，政资分开，政事分开；对自然垄断业务要进行有效监管。”

2005年国务院“非公36条”，允许非公有资本进入法律法规未进入的行业和领域，参与上述垄断行业竞争。但“非禁即入”也要根据具体行业的情况才能实施。

3. 物理网络和自然垄断行业。上举自然垄断各行业具有共同的“网络型”特征，即由覆盖广大地域、联系千家万户的物理网作为企业经营活动的主体设备，提供各类公共必需品与服务。

拥有高度发达的网络型产业是现代工业科技进步的产物，是当代经济区别于亚当·斯密时代的突出标志。网络型产业共同的特点是：

第一，地域布局的单一性。网络要求合理布局，保持完整统一，行业组织往往要求全网全程联合作业和统一兼容。这是此类产业“自然垄断”的客观依据。

第二，网络系统内各环节配合紧密，一体化运行便于协同，节省交易费用，实现整体效率。

第三，规模经济。作为生产设施的网络不可任意分割，企业须有足够大的规模方能降低单位产品的固定成本，网络的扩张通常具有“边际效益递增”效应。

自然垄断行业是“市场失灵”的领域。资本主义工业化早期，城市公用事业、电力电信、铁路等均为私有私营。经反复碰壁和探索，形成了“公共行业需要政府统管、国企垄断”的社会共识。直至20世纪三四十年代，上述行业的“公有公营”体制才在西欧广泛实行，并支持了五六十年代经济增长和基础设施扩张的需求。但“公有公营”又难免效益递减，于是近30年西方又兴起此类行业的“自由化、私有化”潮流。新的改革方向促进微观效率提高，但又带来纵向交易成本增大、私人垄断经济命脉行业、扩大社会不公平等问题。

总之，在自然垄断领域的“市场失灵”和“政府失灵”两难中，至今尚未有绝对最优的解决方案。政策选择要在满足社会大众对公共物品日益增长的需求和保证生产者的有效投资经营这两个目标之间根据本国的具体情况进行权衡。对国际经验，对自己的改革，都应该具体情况具体分析。

上举第二、三、四类行业（普遍服务、战略资源、战略产业）不具有自然垄断性质。之所以要实行国家垄断性经营（或国有企业占支配地位），主要出于国家战略与全民福利的考虑（烟草盐业等专营是出于特殊考虑，暂不论）。改革和引入竞争，要服从这一基本目标。

二、各垄断行业概况

1. 电力。电力是现代人类生活的基础动力，同时也具有公共服务的性质。电力由“发、输、配、售”四个环节组成，环环相扣，网络覆盖所有用户。电力的生产与使用必须瞬时平衡，输电网络是平衡电力供需的中枢，电力输送有严格技术指标（频率、电压等），必须通过电网的层级调度系统统一调度。电厂上网必须服从指挥，方能保障输电网平稳安全。电力建设的规模与速度要求统一规划。

20世纪80年代，电力系统改革起步，鼓励地方、企业多元化投资，扭转了电力短缺局面，但多元的发电企业之间、发电与输电之间的公平竞争问题凸显。2002年，国务院推行以“厂网分开、竞价上网”为基本内容的电力改革。组建5大国家级发电集团和4个辅业集团，电网分拆为国家电网和南方电网，清理了电价，为实现公平竞争铺平了道路。目前，电厂竞价上网、区域电力市场的建立还处于发展时期。

由于输电环节的阻隔，电力供给和电力用户一般不可能直接谈判（少数大企业除外）。在目前条件下，电网的输配环节的一体化有其必然性。输电网络作为国家能源命脉，国有垄断是必须的。问题在于如何加强监管。

关于电价问题：煤炭价格因国际能源价格波动而上升，给电力系统带来巨大的成本压力。有人建议电网取消交叉补贴，实现煤电价格联动。但售电价格关系千家万户，关系到行业间、地区间的利益平衡，电价作为基础价格在相当长期还是难以放开。

2. 铁路。铁路是现代交通运输的主干，关系国家战略布局。铁路的明显特点是：一体化程度高，路轨与列车紧密联动，列车编组运行需安排精确，环环相扣；特别是干线，更要强调统一调度。随着技术进步，运行速度与安全标准也不断提高。

20世纪90年代，西欧各国铁路实施“网运分开、引进竞争”为主线的改革，铁路网仍由国有（国控）公司统一经营，运输业务向私人企业开放。其中英国的改革，将铁路网也交给私人企业经营，且将路网中路轨、车站、乘务、仓储等各环节分拆独立，形成100多家企业纵横交叉的竞争局面。但由于私人公司追逐短期利润，压缩设施维护费用，政府对路网监控困难，财政补贴大增。加上路轨各环节拆分造成扯皮，管理下降，导致事故频发，伤亡严重，经营陷入危机。政府最终收回了路轨公司，恢复国企管理。

中国铁路实行集中统一的建设和管理体制。铁路系统内的改革包括放权让利、拓宽投融资渠道、部分支线试行股份公司经营等。关于铁路的下一步改革，有人建议参照国外经验实行网运分离，分拆路网中的建设维护业务、(按区域）分拆路网等。

首先要明确铁路运输业发展的基本要求：效率、成本、安全、发展。改革要兼顾提高微观效率与整体协同两方面。我国铁路是世界上最繁忙、运行效率最高的铁路系统，运力不能满足社会需要。这一特点决定了至少在全国干线网实行严格的调度指挥，强调整体协同性是第一位的。目前，首要的任务是增加路网密度和提高运能。

3. 电信。我国的电信管理体制改革围绕政企分开和产业重组两条主线展开。20 世纪 90 年代，成立了若干多元化电信企业——联通、吉通、网通、铁通，对传统的中国电信形成竞争。期间经过多轮拆分或整合，今天形成三足鼎立局面：中国电信、中国联通、中国移动。

30 年来我国电信行业实现了跨越式发展，其成功的主要原因一是技术进步（新技术引进消化、交换机与路由器打破技术封锁），二是打破行业垄断，引进竞争。电信企业服务质量明显改善，资费水平稳步下降。

当前社会对电信界的批评集中在：区域垄断、国有股独大、资费不透明等。基础电信是国家命脉，固定市话是物理网，形成区域独占并不奇怪。资费问题应该通过完善社会听证机制加以解决。

关于 3G 牌照：国际三大标准（WCDMA、CDMA2000，中国 TD－SCDMA）由国内三大公司各执行一种，世界罕见。显然，深化垄断行业改革中，正确处理国内有序竞争与行业协同的关系以应对外部的强势竞争，促进行业健康发展，是更需要重视的问题。

4. 网络型公用事业。包括供水排水、供电、燃气、城市轨道交通等网络及相关业务，这是为居民和企业提供生活便利、具有普遍服务性质的行业。管线设施必须统一规划建设，这是城市（地方）政府不可推卸的职责。

市政设施管网的建设所需巨额投资难以从运行收费中回收，成为所谓“沉没成本”。政府要在“维持低价财政增负”还是“服务价格上升穷人增负”的两难中权衡选择。

传统的公用事业管理模式是由地方政府主持筹资建设，制定专营企业经营管理。近年来，部分公用事业的非网络性业务，如城市水务、垃圾处理等，允许民间企业招标投资经营，以便引进竞争，促进垄断企业改善管理、更好地发挥公共服务的功能。但如果在这一领域简单推行私有化，将形成单一追求盈利的私企或外企垄断（如一些城市将供水公司转制为外资控股），既难以提高效率，也损害了公共服务的基本功能。

5. 邮政。邮政是政府管理的、以邮递业务为核心、提供信息传输服务的组织网络。邮政具有普遍服务性质，政府负有为所有居民提供低价邮递服务的责任，保障公民自由通信权利。

邮政以普遍服务为基本职责，意味着在偏僻贫困地区，其服务业务很难盈利。其网点建设及运营费用或来自财政补贴，或来自邮政内其他业务收入，其亏损全部由财政补贴将导致效率的极大损失。这就决定了邮政的“亦官亦商”特征。邮政专营也是国家安全保障机制之一。

当代电信普及，交通便捷，民间快递等替代业务对传统邮政形成挑战。近十几年来欧盟、日本推行邮政“政企分开、引入竞争”，美国仍强调邮政专营为主。不论是专营还是放开，各国邮政仍是由中央政府控制或政企不分的企业经营，政府邮政仍占90%以上市场。

我国自20世纪90年代开始，邮电部实行邮电分立，政企分开。2006年剥离邮政储蓄，邮政内部实行收支差额包干，减少内部交叉补贴。邮政因收益减少，偏向效益目标，基本邮递服务渐受冷落。

1992年至今，我国民营快递公司从零发展到7？000多家，占同城快递业务的80%、异地快递的60%。国际四大快递巨头占据了我国国际快递市场的90%。2009年通过的新《邮政法》，给邮政一定范围的专营权，但邮政的专营范围如何划定，至今仍是有关各方辩论的焦点。

6. 石油。我国油气蕴藏有限，进口需求与日俱增。保障国内储备与供给、争取海外资源，是国家能源战略的核心问题。这是对石油天然气源头实行“行政垄断”的基本根据。

全世界除美英等极少数国家，包括中东在内的绝大多数主权国家，均实行石油矿藏国有制、开发权国家专营或由国有企业垄断，开采加工经营可招标、合资。俄罗斯以石油为经济支柱，普京上台后逐步将私有化的油田收归国有。

当前，社会上对石油天然气“产业链垄断”体制颇多批评。我国石油产业上游体制与多数国家相同，油气开采与进口实行垄断是国家能源战略所需。由于上游垄断，炼油、批发、零售环节由几大国有公司占优势地位不可避免。产业下游已经适当放开，非国有成分比重增长很快。

7. 民航。民航是国家基础交通运输体系的重要部分，具有商业性、基础性与高度国际化特点，战略地位重要。民航体系包括：空中交通管制、机场（起降、机队保障、旅客服务）、航线、航空运输公司、信息、结算、各类后勤服务等。航空运输要求高度的安全性和精确性。

其中，空域管制是政府责任和国家主权；机场管理是公共服务领域，经营情况取决于航班与客流量（业务量小的机场无利可图），其中的加油业务须通过机场输油管线（航油公司独占）。航线客货运输与后勤保障业务（配餐、清洁、机场商业）是可竞争领域。所以，民航系统的各环节中，垄断性和竞争性相间交替，将民航笼统称为垄断行业并不确切。

民航运输企业进入门槛高，专业性强，且需要最低限度的机队规模以摊薄固定成本。加之部分航线客流不稳定，民航运输实际上是微利行业，全球民航销售利润率在 1.6% ~5%。

1984 年中国实行政企分开，空管、机场、航空运输分立，成立了六大直属民航运输公司和十几家地方航空公司。2002 年进行新一轮改革，形成今天的三大直属运输公司为主的格局（国际、东方、南方）。

世界民航运输市场的基本格局是寡头竞争。我国民航目前以国有骨干企业为主导的局面，对“入世”后应对国际竞争是有利的。三大民航公司各自总资产均不超过1？000亿元，主要业务收入不到500亿元，与西方大公司相比仍然偏小。作为战略性运输企业，国家保持控制权是必要的。这是深化改革、引入多元股权的前提。

近年来若干民营公司进入航线运营，但本小利微，抗风险能力差。企业规模门坎和鼓励中小民营航空企业进入这两个目标显然不易兼顾。民航总局负有运行安全监管责任，有人把政府加强监管看做“管卡压”是片面的。

8. 军工。军工（国防科技工业）是一组服务于国防的机械电子制造业部门，最终产品是处于顶端的各类武器系统，下层的分系统、零部件、材料、元器件等，在广义上都属于“军工”。军工行业准入的困难，在于需求的特殊性。所有国家国防工业的核心部分，都是在国家严密控制下的寡头垄断性企业。

系统低层的零部件、元器件、材料等研发加工环节，多数具有军民通用性，严格划分军民界限不仅不合理，而且有害。比如，特殊钢厂既可以生产舰船战车用钢，也可以生产石化、发电设备用钢。只要条件允许，应该鼓励军民互动，军工企业可以参加民用市场竞争，也应该准许民用企业参加军品订货的竞争，这样有助于军工企业提高效率，有助于军工与整体经济的资源合理配置。

民间企业参加军品研发生产，必须符合军品技术标准，企业的技术能力和设施必须具备相应的资质，产品的品质必须符合战场环境下的特殊要求。民间企业参加军品招标还必须遵守国家的保密管理法规条例，履行保密义务。这是有待完善的问题。

三、简短的总结

1. 垄断行业改革成效显著，改革目标大部分已得到实现。经过30年改革，我国各传统的垄断行业（除铁道部外）已经扭转了政企不分的局面，各部属企业已转为国有企业集团；各网络型产业均在条件允许的情况下，在可竞争领域初步引进了竞争，部分领域已形成了规范的监管机制。各非网络型产业部门通过行业分拆和准许新企业进入，竞争状态已初步形成。但是，运行机制的转变，“三公”式的竞争局面的形成，需要作持久的努力。邮政部门已经是竞争过度的问题。

上述各行业鉴于其战略地位，目前以国有大企业为主体的竞争格局是基本合理且符合我国国情的，不能因为竞争的参与者以国企占优势，就认定“垄断尚未打破”，似乎只有私企占优势或垄断地位才算改革到位。这是很大的认识误区。

2. 保持国有经济的支配地位，是垄断企业深化改革的前提。以上行业均为关系国计民生的重要行业和关键领域。党的十五大和十七大报告分别指出，“对关系国民经济命脉的重要行业和关键领域，国有经济必须占支配地位……要增强国有经济活力、控制力、影响力，深化垄断行业改革，引入竞争机制，加强政府监管和社会监督”。在这些重要行业和关键领域中引进竞争，推进投资多元化，目的是推进企业转变经营机制，打掉官商习气，增强活力，做强做大，从而增进人民福利，增强国家竞争力，而不是要国有经济退出这些领域。国有经济在垄断性行业占支配地位，是贯彻国家战略所必须，维护社会公平所必须，这是社会主义的根本性质决定的，这也是符合中央的一贯精神的。

3. 思想认识的一些倾向需要澄清。近年来关于破除垄断的讨论，存在过分偏爱私有化的倾向。有人认为垄断行业改革“遇到了阻力”，产权改革不彻底，垄断型企业仍然是“国有股一股独大”；打破垄断必须改变“产权缺位”状态，“还权于民”等。“还权于民”就是极少数私人垄断经济命脉，这样的见识还不如孙中山。

更偏激的意见认为，国企垄断是腐败的根源，是当前分配差距扩大的主要体制原因。垄断性国企内确实有分配差距问题，需大力纠正；但将当前社会分配的弊病都归结于“国企垄断”或“垄断腐败”，不及其余，这不是科学态度。其目的无非是要借反垄断之名，否定国有经济在“关系国民经济命脉的重要行业和关键领域”的支配地位，以便推行彻底的“私有化取向”。

从经济的角度看，私有化也不是垄断行业改革的方向。

在自然垄断领域，企业的垄断地位来自网络设施的区域唯一性，与制度无关。像电力这样的基础性工业，其效率主要取决于技术、装备与管理水平，产权并不重要。如果国企退出，得到的结果不是竞争，而是私人垄断，效率不一定提高，公共服务性质反而受损，且政府监管成本与难度增加。

在可竞争领域，上举仍由国有经济占支配地位的行业，一种是具有公共品性质，外部性强（电信、民航），竞争和公有制应该而且可以相容；另一种是国家的支柱产业或战略产业（石油、军工），面临西方高技术跨国垄断公司的强势竞争。在这一领域保持国有经济的优势地位，是国家发展与安全战略的需要。当然，国家不能一味保护这些行业，在确保国有经济的支配地位同时，更要通过引进竞争，激励企业进步。

任何主权国家，在事关国计民生的行业与关键领域，均保持政府的强势控制，或以国有经济占主导地位。某些发展中国家推行激进自由化政策，曾将国有银行、矿山、基础设施出售，结果被外资垄断而丧失经济主权，教训深刻。

关于行政垄断，在一般竞争性领域搞行政垄断，只能窒息经济活力。但政府对某些事关国计民生的领域实行强力控制不是坏事，而且十分必要。如政府管理央行和垄断货币发行，对稀缺的土地使用的管理，对战略资源的控制，对城建、电力、运输的规划，对部分基础价格的控制等。

4. 对深化垄断行业改革的原则意见。坚持垄断行业改革方针，放宽准入，引入竞争；政企分开，有条件的企业投资多元化；对自然垄断有效监管。推进企业转变经营机制，增强活力，做强做大。

要处理好微观活力和整体效率的关系，形成兼顾竞争和规模（网络）经济效益的产业格局。对于特定的行业来说，深化改革要兼顾网络基础设施规模扩张的发展需求；要有利于发挥普遍服务功能以增进全民福利。要在关系国民经济命脉的重要行业和关键领域保持国有经济的支配地位。

说到底，垄断行业改革同样要贯彻邓小平同志提出的“三个有利于”原则：有利于经济发展，有利于国力增强，有利于人民生活提高。

论 国有企业是维护国家安全的“经济长城”

◎江　涌*

21世纪第一个十年，“世界进行曲”以危机开始（美国新经济泡沫破灭与“9·11”恐怖袭击），最后又以危机结束（美国次贷危机引爆国际金融危机）。世人对经济增长、生活改善、社会繁荣之憧憬，犹如色彩斑斓的肥皂泡，转瞬间就破灭了。21世纪第二个十年，人们期盼峰回路转，否极泰来，但是中东大动荡、日本大地震与发达国家主权债务危机接踵而至，冲击着国际社会尚抱一丝希望的绿芽。政治、军事、经济、环境和社会等各种传统与非传统因素相互作用，相互激荡，在全球化、信息化的参和下，在强权国家的干预下，在别有用心分子的搅和下，在羊群效应、预期效应的作用下，易于演变成为复合型危机，如此令大小不一、强弱不等的主权国家疲于应对，陷入不同程度的安全困境。作为现代经济社会的一

* 江涌，中国现代国际关系研究院经济安全研究中心主任。

类主要主体，企业在国家安全中的地位与作用日益凸显。这便是本文的论说背景与逻辑起点。

一、国有企业在国家经济安全中的作用非常突出

在世界范围内，国有企业在理论上不仅易于达成“社会责任和义务以及公共政策目标”，而且在国家利益拓展、经济基础夯实、社会与经济安危中，扮演不可替代的关键角色，是国家经济安全的中流砥柱。

（1）国有企业能够有效约束资本的贪婪。人世间，最贪婪的莫过于资本。资本贪婪一方面可以焕发出巨大的物质财富生产力，资本主义在它不到一百年的统治中所创造的生产力，比过去一切世代创造的全部生产力还要多，还要大；另一方面则不折不扣地产生无穷的破坏力，将自然环境、道德良知、社会秩序等一切积极社会要素，无一例外地拖进了市场这个“撒旦的磨坊”，碾个粉碎，社会的无穷灾难便由此开始。

政府的权力、大众的民力与企业或资本的钱力构成现代国家的三大基本力量，实践表明，若“权力—钱力—民力”三大力量保持相对均衡态势，社会则能保持相对稳定和谐。在前资本主义社会，政府权力凸显，积极有效使用民力，但资本钱力始终是遏制对象。进入资本主义尤其是垄断资本主义社会，资本利用其强大的钱力，不仅奴役民力，而且俘虏了权力，使权力与民力一道，成为企业的生产要素。强盗贵族们一方面利用他们豢养的学者、操纵的舆论，鼓吹自由民主，全方位有效地制约监督权力；另一方面，对外不断推进市场扩张，对内实行高度集权统治，建立起没有边疆、没有约束的“公司帝国”。一个清晰而不争的事实是，社会大众、普通公民可以肆意攻击、谩骂他们的政治领袖，但是公司员工绝对不可非议他们的经理老板；企业老板们可以任何一个理由让他们的员工加班加点，不辞劳苦地在世界奔波，而政府的权力根本无法企及。

节制资本，即用政治力量、社会力量来约束不断扩张与日益嚣张的

资本，在经济自由主义复辟之前，早已成为社会的共识。作为资产阶级革命家，孙中山先生在中国也是倡导"节制资本"的先行者，先生一方面鼓励私人资本的发展，另一方面为了防止资本家操纵国计民生，又主张大力发展国家资本，由国家经营主要工业部门。民生主义的一大要义就是实行"国家社会主义"，这样既能"防资本家垄断之弊"，又可"合全国之资力"以发展实业。

节制资本，一方面给资本戴枷，即用权力设定企业外部扩张的框架；另一方面将民力引入企业内部，实现资本社会化，使企业承担适当的社会职能与社会责任。历史经验表明，这种方式可以在一定的时空中有效约束资本，但是无法驾驭资本，而国家控股与企业工会，是驾驭资本最有效、最可靠的途径，这种制度安排就是国有企业。国有企业承担诸多职能，盈利不是唯一目的。从中国国企改革之前几十年的实践来看，国有企业能够把企业利益、职工利益、国家利益较好地结合在一起，成功地约束了资本的贪婪。

国有企业兼有部分政府与社会职能，是实现"权力—钱力—民力"和谐的最积极尝试。国有企业在公共利益与企业利益之间，能够把公共利益放在第一位，同时实现自身企业利益，这应是国有企业有别于私人企业的根本特点，也是包括资本主义国家在内的全球公认的国际惯例。在西方国家，国有企业主要是国家调节与控制经济的一个基本工具，各国设立国有企业的用意大致有三：一是财政性目的，即扩大财源以满足政府支出需要；二是政治性目的，即为了维护和巩固政权，抵御外敌入侵或实施对外侵略，由国家控制某些经济要害部门；三是经济性目的，即通过国家直接投资经营，调节国民经济结构，促进社会经济稳定和协调发展。有分析家指出，倘若东京电力公司是一家国有企业，日本就不会遭遇那样深重的核危机。

（2）国有企业可以有效避免全球化、金融化下资本扩张的负面效应。贪婪的资本与生俱来便遭遇"利润率平均化"与"边际报酬递减"的魔咒。为克服这两大魔咒，资本在技术结构上不断信息化，在形态上不断虚拟化、金融化，在空间上不断全球化、国际化。

资本由工业资本到商业资本，再到金融资本，形态越来越虚拟，相应的国民经济也越来越虚拟化、泡沫化。资本在虚拟化、泡沫化过程中，不断稀释真实财富，最后达到转移财富的目的。这是当代资本金融化、热钱化，以实现赚大钱、赚快钱的主要途径。经济全球化本质上就是资本于国际、全球扩张，除了要摆脱“利润率平均化”以及“边际报酬递减”的魔咒、获取垄断利润外，另一个重要动机就是要摆脱工会力量（民力的一种体现）与“政治工资”（权力的一种体现）的约束。资本的横向全球化与纵向虚拟化并行不悖，因为现代大型企业集团，都有自己的投资机构，宜工则工，宜商则商，能乘机捞一把就不会放过任何投机机会。

资本的虚拟化与全球化，在实现自己利益最大化的同时，不仅给东道国政府与大众带来挑战，而且也给母国政府与大众带来挑战。跨国企业从全球化中获得巨大收益，其利润如滔滔江水，源源不绝。但是，企业利润的增加并未导致母国国库收入的增加，至少是没有同等幅度的增加，因为跨国企业可以在税率极低的甲地注册，用乙地资源，到丙地生产，于丁地销售。即企业可以利用国际分工，利用转移定价等手法，轻松逃避税收。而为吸引企业留在国内，保住国内就业，政府则不断调降企业税负，如此进一步影响到政府的财政收入。

另外，政府应对全球化、金融化消极影响的开支不断增加。企业跨国生产、转移服务，导致母国失业增加，从而使政府的福利性支出不断增加。与此同时，掏空产业，卷走就业，输出资本与利润，留下程度不等的烂摊子，主要由政府收拾。一些大企业、大机构因金融投机不慎，深陷债务囹圄，在“太大而不能倒”的思想胁迫下，政府还不得不伸出援手，如此将私人机构债务国家化。这样，政府的包袱越来越重，踟蹰前行。2011 年 7 月底，美国两党为“提限减赤”进行恶斗时，美国国库的资金尚不及苹果公司的资金流动性。

很显然，全球化使资本尤其是跨国资本成了最大赢家，而国家、政府、社会、大众成了输家。美国前总统查尔斯·威尔逊有句名言："凡是对美国有利的，必然对通用汽车有利，反之亦然。" 如今，越来越清晰的态势是，凡是对通用汽车有利的，未必对美国有利，甚至有害。2008 年危机前夕，美国家庭债务高达 GDP 的 130%，如今依然为 GDP 的 120%；美国主权债务累积已高达 GDP 的 100%；若加上医疗、养老等或有债务，一个刚出生的美国公民，就得背负至少 17 万美元的债务，折合人民币就是名副其实的"百万负翁"。至于日本、欧洲等其他诸多发达国家，债务重负与美国类似，有的更加严重，如日本主权债务累积已高达 GDP 的 220%，而欧洲 PIGS（"猪群"）国家业已深陷债务危机。

跨国企业能够轻易避税、逃税，关键就是全球化、金融化、信息化导致的"无国界"为资本的肆虐贪婪提供了新便利。与越来越少约束的私人资本相对照，国有企业在政府权力与社会民力的多重约束下，其社会价值导向远远超过经济利润冲动，更为关键的是国有企业有着清晰而明确的国界与国家烙印。因此，越来越严重的跨国逃税与避税、随便辞退职工或压低工人工资、违背或损害国家利益等私人企业通病，在国有企业那里鲜有发生。更为重要的是，在国有企业占主导地位或有重要影响力的国家，资本奴役民力、俘虏权力被有效遏制，如此为建立一个健康、和谐的社会奠定了良好基础。

（3）国有企业可以有效抗衡跨国资本的垄断与扩张。国际竞争自古就有，只是于全球化之下日趋激烈而复杂。就竞争主体而论，不仅有国家之间的竞争，还有企业之间以及国民之间的竞争。从世界历史发展的脉络来看，国家之间的竞争先于企业及国民之间的竞争。自国家诞生后，国家之间的政治与军事竞争就始终存在。经济全球化下，国家之间的政治与军事等方面的竞争正渐渐退居次要地位，经济竞争越来越凸显与激烈。这不仅体现在国家之间经济发展战略的竞争、重要战略资源的拥有权与定价权的竞争、国际话语权的竞争以及国际经济规则的竞争上，而且直接反映在不同国籍企业之间的竞争上。

在企业竞争层面，发达国家的企业占据优势，诸多来自发达国家的跨国公司，不仅经济实力富可敌国，如苹果公司、沃尔玛的销售额与利润额超过世界多数国家的经济规模与财政收入。发达国家的跨国公司在技术、管理、营销等诸多方面普遍超出发展中国家与新兴市场的民族企业。而市场开放与自由竞争的国际规则是发达国家主导的国际经济秩序的重要组成部分，显然有利于发达国家跨国公司的全球扩张。小舢板与航空母舰一较高下，实力严重悬殊下的自由竞争，必然使后进国家的弱小民族企业沦为发达国家跨国公司的猎食与并购对象，由此成为跨国企业国际分工链条的一环。

环视全球，市场不断开放下的后进国家民族企业多半成为跨国公司的附庸，获取低廉利润，难以做到资金、技术、人才的积累而实现自主创新，由此很难成长为可与跨国公司匹敌的巨型企业。在跨国企业遭遇困境时，往往成为风险转移与危机转嫁的对象，多半长期为基本生存而不断挣扎。当然，在一些后进国家与地区的某些行业，也有在狭缝中成长为可与发达国家跨国公司相竞争的民营企业，然而那是为数极少的例外，而且通常是在国家保护下成长壮大的。

在广大发展中国家，能够与发达国家跨国公司相抗衡的，近乎唯有国有企业。这些国有企业利用各种相对优势，在某一行业、某一地域，以垄断对抗垄断，即以国家垄断抵御跨国垄断，以“地头蛇”的方式来对抗“强龙”。因此，透视日趋开放的发展中国家与新兴市场，大凡有国有企业存在的行业与领域，其相对应的国家经济安全都有不同程度的保障，很显然国有企业的活力与国家经济安全的保障度成正比。

(4) 国有企业是国家经济危难时的最可靠依托。国有企业是跨国资本的死敌，因此消除发展中国家的国有企业是跨国垄断资本处心积虑的目标。在强化市场竞争的同时，跨国垄断资本则另辟蹊径，从东道国内部的政策与法律入手，从相关代理人与利益集团入手，消除国有企业。新自由主义的产权理论原本就是因应消除公有制、消除国有企业这一需要而诞生。跨国垄断资本通过各种途径向发展中国家大肆兜售新自由主义，其基本要义就是市场化、自由化、私有化，以扫清垄断资本扩张的障碍。

在新自由主义思想指导下，阿根廷、俄罗斯等国大张旗鼓地出售国有企业。阿根廷基本卖光了战略性行业的国有企业，包括银行业、自然资源和公用事业，并实现了所有国有资产进入市场的“全流通”。但是，这些被变卖的国有企业经过短暂民营后，很快被跨国企业尤其是美国资本所收购，阿根廷由此丧失了战略性行业和经济命脉的控制权。社会经济发展基本由外资主导，国家政治社会生活深受外国利益集团的影响。当金融危机爆发时，阿根廷因为没有国有企业的抵押或担保，美国及 IMF 拒绝给予资金援助，由此只能任由国家、民众在危机中煎熬，任由跨国垄断资本肆意宰割。

相反，墨西哥在以市场化、自由化、私有化为核心的“华盛顿共识”的潮水冲刷中，留了一手，保存了一些关乎国计民生的国有企业。在爆发金融危机后，墨西哥以国有石油与铁路企业的股权与收入作担保，获得及时援助。在俄罗斯，普京执掌克里姆林宫权柄后，对叶利钦时期的自由经济政策来了个 180 度大转弯，全力收复石油、天然气等战略资源行业，重组国有企业，保证国家对经济命脉的控制，经济、社会乃至政治生活与国际地位因此有利明显改观。

(5) 国有企业是国家经济安全的中流砥柱。依照《中国社会各阶级的分析》经典，民族资产阶级（相对应的民族资本、民族企业）具有明显的两面性：依附跨国垄断资本，成为其国际分工链的一环，决定其软弱性；受跨国垄断资本的欺压与剥削，决定其斗争性。如果说，民营企业在经济效益增进上职能显著，在社会效益增进上有待进步，但是在维护国家经济安全上，则不能也无法寄托期望。道理简单，那就是不可以期待“跪着造反”来实现革命，自然也不可期待，作为跨国垄断资本的附庸，来维护国家经济安全。

就拿物流行业来说，中国民营企业通过各种途径争取到了发展空间，赢得了很好的发展势头，但是在中国全面“入世”，国际“四大”物流巨头（即德国敦豪、荷兰天地快运、美国联合包裹与联邦快递）

大兵压境后，过去一向信誓旦旦与外资物流巨头一决高下的中国民营物流企业纷纷缴械投降，竞相向外资物流企业投怀送抱。原因很简单，就是外资物流巨头报出了远远高于这些中资物流企业自己评估的收购价格。大利当头，脊梁股一下子便软了。

当然，企业家逐利，无可厚非；要求他们考虑国家利益，反而有些过分。实际上，为获得外资待遇，通过维尔京群岛、开曼群岛等国际避税港“回流”中国内地的大量“外资”绝大多数是民营资本，他们像跨国公司一样积极逃税、避税。很多成为跨国垄断资本的“桥头堡”与“带路党”。而大凡比较成功的民营资本，在境外不开设资金账户的恐怕是凤毛麟角，拥有多国护照乃至他国国籍的也不在少数。所以，在“发展是硬道理”下，依赖民族企业促进发展，可以；在安全也是硬道理下，若依赖民族企业维护安全，恐怕过于离谱。所以，能承担国家经济安全职责的责无旁贷地落到国有企业的肩上。

二、国有企业在国家安全中的地位无可替代

作为一个发展中的社会主义大国、一个在全球化下不断推进改革开放的大国，中国的国有企业肩负着艰巨的历史使命与现实重任，是其他任何一类企业制度形式所不能替代的。国有企业在国家经济、政治、社会、文化等各类安全中扮演着重要地位与作用，是国家利益的守护者、社会主义的实践者、民族精神的传承者、社会责任的肩负者、经济调控的执行者以及干净财富的创造者。

国家利益的守护者。当今，经济全球化令世界市场渐趋一体化。作为世界市场的主要主体——跨国公司，大多来自发达国家。若将国家与企业依照经济规模放在一起排名，列前100位的，公司数目多于国家。诸多跨国公司富可敌国，财富500强的公司，一般都有相当于波兰这样的中等国家的经济规模，比很多国家都要强大。

在跨国公司的母国，公司必须接受政府的监管，接受大众及舆论的

监督，接受企业内员工的制约。但是，在无政府的国际社会，在整个世界都在竭力向跨国公司献媚、向资本低头的情形下，东道国政府、大众舆论对跨国公司的权力的监督非常薄弱。而且跨国公司规避监管的手法巧妙而多样，由此近乎为所欲为，在越来越多的行业占据优势甚至是垄断地位。在一些弱小国家（如中美洲、广大非洲地区的国家），跨国公司甚至呼风唤雨，左右国家政局。

在中国，多年持续不断地扩大开放与引进外资，令越来越多的行业为跨国公司直接或间接主导甚至垄断，民族企业在资金、技术、管理、营销等诸多方面无法与这些跨国企业相抗衡，越来越多的民族企业成为跨国公司的附庸，成为跨国公司国际分工链条上的一环，没有丝毫的谈判与议价能力，而且在跨国公司面临困境的时刻，往往成为转移风险、转嫁危机的对象。但是，值得庆幸的是，正是由于国有企业的存在，使得中国经济主权，总体上依然掌握在中国人自己的手中。实际表明，凡是国有企业居于主导地位的行业，经济安全就有保障；凡是国有企业被改制、被私有化的行业，经济安全状况便令人堪忧。

国有企业的利益与大众利益、国家利益是一致的，在公益性、自然垄断性、部分资源性、关系国家安全、易得厚利与需求弹性小、民间资本无力投入的高资本与高技术密集、外资企业已经或可能垄断同时民营企业薄弱等行业，承担着诸多其他性质的企业所不愿、不能、不应承担的角色。国有企业急国家所急，想国家所想，在国家需要的时候，有条件要上，没有条件创造条件也要上。在抗震救灾的一线，在航空航天的一线，在自主创新的一线，在走出去为国家获取资源、拓展市场的一线，在一切高风险、低回报的一线，在其他性质的企业瞻前顾后、踟蹰不前的一线，都能看到国有企业的身影。

社会主义的实践者。连极端自由主义者都承认，资本主义不是人类的完美制度，却是迄今为止人类所选择的最好制度。然而，人类不可能停留在一个危机周期性爆发、两极分化不断加剧、人与人以及人与自然的矛盾空前激化的世界中。只要人类理想与智慧之火不会熄灭，就要探索出一个比资本主义更好的世界或制度设计，社会主义就是一个重要选项。尽管苏联集权式社会主义的尝试失败了，但是如同资本主义存在多样性一样，社会主义当然有不同的组织与体现形式。

社会主义的经济基础就是公有制，公有制的重要实现形式就是国有企业。中国的国有企业从诞生那天起，就肩负着一个伟大的理想与神圣的事业——建设社会主义。新中国成立初期，国有企业是中国工业化的骨干。在苏联的帮助下，156个项目建设，使中国从农业国转变为工业国，也使得中国社会主义的新生政权得以稳固。而后，中国以国有企业为主导，建立起完整与庞大的民族工业体系。正是在这些国有企业的支撑下，中国虽然身居发展中国家之列，拥有发展中国家之名，但是中国的实际表现——农业基础扎实、粮食与石油自给有余、工业自主创新、劳动者政治地位的提高、以“两弹一星”为代表的科学技术的发展等——远远超出一个发展中国家所能实现的最大目标。

国有企业改制后，在国民经济中的地位和作用不断下降，国民经济与社会发展越来越依靠民营企业与外资企业，中国对外贸易、外汇储备与GDP迅速做大，经济也日趋繁荣。但是，在国民经济、社会发展的各个方面，如粮食、石油、精密仪器设备、知识产权、国际话语权、尤其是人的面貌与社会结构等方面，中国越来越像一个标准的发展中国家，社会主义初级阶段的概貌愈发清晰。

公有制为主体，多种所有制经济并存，是中国社会主义的基本经济制度，也是中国社会主义的重要内容。公有制经济是社会主义国家人民当家做主的经济基础和制度保障。《中华人民共和国宪法》明确规定：“我国在社会主义初级阶段，坚持公有制为主体，多种所有制经济共同发展的基本经济制度”。“公有制为主体”应该体现在控制力上，而控制力又是由数量和质量决定的。没有一定的数量，质量就无从谈起。生产资料公有制为主体是社会主义生产关系的基础和核心，决定生产关系的性质和社会制度性质。只要宪法依然是中国的根本大法，只要依旧要“坚持公有制为主体”，国有企业作为社会主义的实践者的角色就不可替代。

民族精神的传承者。《易经》有言——天行健，君子以自强不息；地势坤，君子以厚德载物——集中体现中华民族精神。几千年来，传承这种民族精神的主体是“龙的传人”，但是新中国成立后，中国共产党以及由党领导的各项社会主义事业，也在孜孜不倦地传承以及弘扬这种精神。国有企业正是“自强不息，厚德载物”这一伟大民族精神的传承与弘扬者。

新中国成立后，为了不再遭遇帝国主义的欺凌，为了弘扬民族正气，中国选择了所谓“要核子不要裤子”的战略，搞出了以“两弹一星”为代表的一系列令世界震惊的伟大工程，这些伟大工程的重要实施者，就是国有企业。正是国有企业职工战天斗地（“天当被子地当床”）的英雄气概，正是有了“宁可少活十年，也要拿下大油田”的“铁人精神”，中国的工业现代化、国防现代化与科学技术现代化才有了日新月异的进步，中国才能在帝国主义、修正主义的包围中“独立自主，自力更生”建设现代化国家。

共产党领导下的工人阶级当家做主，激发了工人、知识分子的无穷创造力，培育了前所未有的“主人翁”意识。1960 年，鞍山钢铁公司职工制定了《鞍山钢铁公司宪法》，规定了参与、改革和融合的原则。这种对管理过程高水平的参与在各级员工当中培养了一种高度的主人翁责任感，创造了中国独特的企业文化——“爱厂如家”，职工爱厂如家的思想在国有企业中普遍存在。就是在这种文化背景下，以国有企业为龙头，“比学赶帮超”的社会主义劳动竞赛，在全社会范围内涌现了一批又一批的劳动模范和技术能手，由此创造了人类历史、社会主义建设史、中华民族文明史的灿烂辉煌。

改革开放后，中国选择了一条“以市场换技术”诡异道路，在比较优势下基本放弃了科技创新的努力。越来越多的企业也放弃了研发，大搞“三来一补”的贴牌加工制造的快速生财道路。尽管国有企业不断萎缩，但是在与中国经济增长远不成比例的科技创新中，国有企业的贡献尤其重大。近年来，国家科技进步特等奖全部由中央企业获得。2005～2008年，中央企业共获国家科技进步一等奖27项，二等奖202项，分别占该奖项的52%和27.4%。“神舟”载人航天、“嫦娥”绕月探测以及“天宫”宇宙飞船等更是成为中国自主创新、集成创新的典范。在青藏铁路、三峡工程、奥运场馆建设等重大工程中，中央企业技术创新成果都发挥了重要作用，中央企业由此成为广袤与深邃夜空中最抢眼的星星。

正是“铁人精神”和“爱厂如家”等企业文化，汇聚成了新的民族精神，由此冲刷出一个个激情燃烧的岁月。在这段岁月中，无数有理想、有道德、有文化的中国年轻人磨剑砥砺，发愤图强。在今天这个物欲横流、铜臭泛滥、道德底线不断被穿越的时代，中华民族更需要传承、发扬“自强不息，厚德载物”的优秀精神。而国有企业的文化建设与社会主义精神文明建设具有内在一致性，具有与民族精神传承的一致性，必将谱写出新的光辉篇章。

社会责任的肩负者。为政府分忧、为社会负责是国有企业的天然属性。即便在市场长期占据主导的西方国家，国有企业的社会责任意识与实际承担状况要普遍高于私人企业。至于原苏东社会主义国家，抑或改革开放前的中国，国有企业与社会一体化是一个普遍现象，极端的情形就是“企业办社会”。

国有企业在成立之始，很自然要考虑、承担职工住房、子女教育、医疗及养老等多种社会职能。企业尤其是大中型国有企业，近乎成为一个基层的社会单位。国有企业因为“办社会”，外加“铁饭碗”的“终身雇佣制”，使得企业内人际关系保持和谐，人力资本持续积累，职工创造性不断发挥，国有企业由此一直扮演着“社会大家庭”的角色。但是，“企业办社会”的“超载”不适应市场化的竞争机制，当轻装简从的外资企业、民营企业纷纷加入竞争行列后，国有企业在利润创造上的“低效”愈发明显。为了“增强企业活力”，实际则是“经济效率”、“利润创造力”，国有企业被推上了手术台。

国有企业历经多种改制，由“办社会”转向“创利润”，承担的社会责任越来越少，如此导致另一种极端情形的发生，即企业把利润装入腰包，包袱甩给社会，责任由社会、职工、失业者自己承担。企业社会职能的卸载和社会责任的缺失，使越来越多的国有企业如同私人企业、外资企业一般，在社会职能上处于“空载”状态。如此，进入21世纪，尤其是近年来，社会对国有企业积聚了并表达出越来越多的不满。

很显然，负责任的国有企业感受到了来自四面八方的抱怨，2006年国家电网公司在中央企业中率先发布企业社会责任报告。2007~2008年有33家中央企业发布了可持续发展报告。中远集团发布的可持续发展报告被联合国“全球契约”办公室评为典范。中央企业履行社会责任的行动得到了国内外、社会各界的广泛好评，起到了很好的表率作用。2008年国务院国资委发布《关于中央企业履行社会责任的指导意见》，明确对央企提出了“国家经济的栋梁和全社会企业榜样”的先进性要求。实际上，在中国三类企业中，企业社会责任的整体水平较低，但是相对来说，国有企业在总体上要好于民营企业与外资企业。

2010年11月，中国社会科学院经济学部企业社会责任研究中心发布了2010年《企业社会责任蓝皮书》，蓝皮书主报告《中国100强企业社会责任发展指数（2010）》披露：在中国100强系列企业（包括国有企业100强、民营企业100强和外资企业100强）中，国有企业的社会责任指数（28.9分）仍领先于民营企业（13.9分）和外资企业（8.1分）。其中，国有金融企业得分最高（38.7分）、中央企业紧随其后（37.3分）、其他国有企业处于一般水平（11.4分）。但是，大众对国有企业的普遍高期待与一些国有企业的实际表现仍存在相当的落差，因此，国有企业在社会责任上依旧存在很大的改进空间。为此，应重新审视中国各类企业的制度安排，重构、强化国有企业的社会责任，使其处于“适载”状态。

经济调控的执行者。长期以来，经济自由主义对国有企业的经济调控职能持怀疑与批评态度。理由是，在实施经济调控职能时，国有企业要占用一些本应该属于自由/私人企业的资源，而这些资源被私人企业使用时会更加有效。然而，令人讽刺的是，在金融危机到来时，在经济大厦将要倾倒时，在私人企业行将被经济海啸席卷时，他们都强烈呼吁政府奋力搭救，实现私人企业国有化。这种“和平时期自由主义，危机时刻干预主义；平常时期资本主义，非常时期社会主义；对己社会主义，对人自由主义”双重标准，显示自由主义学者、新强盗贵族的伪善。

在诸多西方国家，国有企业通常作为一种解决市场失灵的组织机制而存在。随着全球化、金融化与信息化的逐渐扩大与深入，市场失灵越来越频繁，在一些领域近乎成为常态，因此国有企业不仅一直存在，而且职能甚至有扩大的态势。中国是一个有数千年中央集权历史的国家，一个仍处于初级阶段的社会主义国家，一个市场经济不完善的国家、一个在国际经济中定位于赶超型的国家，政府拥有强大的动员资源的能力、在国民经济中的突出地位毋庸置疑。这种“强政府”的经济与社会效能，在东亚以及诸多新兴市场的实践都取得了成功。

市场经济犹如一部机器，难免出现失灵故障，因此需要不时或定时进行修理。国有企业不仅是机器的组成部分，而且还是修理机器的扳手。长期以来，美国信奉经济自由主义，让市场做大，政府变小，因此缺乏修理机器的扳手。2008 年美国金融危机爆发后，只有美联储开动印钞机独家应对，其他各类机构、人等只能围绕机器瞎转悠，一筹莫展。但是，中国社会主义市场经济有诸多扳手，国有企业就是便捷、好用的扳手之一，因此也能比较从容应对国际金融危机。而且，国有企业自我决策，在全国范围内进行企业管理与市场布局，打破了部分、地方条块分割的局面，有利于统一市场建设与区域发展的平衡。

在当今中国，国有企业不仅是政府调控国民经济的重要途径，也是政府参与国民经济的重要手段，是推动国民经济发展和经济体制改革的主导力量。近年来，中国的宏观调控成效差强人意——自 2002 年开始的住房市场调控，结果是房价越调越高；2010 年开始物价调控，结果是通货膨胀越调越高；此外，粮食、蔬菜、大宗商品等，无一不是在调控中大起大落，这与熨平价格波动的调控目标相去甚远。究其原因，一个重要方面，少不了民营企业尤其是外资企业从中作梗，而国有企业逐渐丧失流通主渠道，稳定之锚的作用日益被侵蚀。新中国成立后，国家通过在西部、边远、落后地区建设大批国有企业，有效平衡了地区与行业发展差距。如今，正是国有企业不断萎缩，市场失灵普遍存在，导致在整个国民经济领域，资产泡沫越来越大，虚热实冷情形越来越严重，地区、城乡、行业发展差距越拉越大。

干净财富的创造者。尽管肩负多种沉重使命，国有企业在财富创造上同样富有效率。改革开放前，国有企业利润是国家财政收入的主要来源。改革开放后，国有企业为民营企业与外资企业的快速发展提供坚实的基础保障，没有国有企业提供的电力、煤炭、石油等能源和铁路、公路、港口、邮政、通信等公共设施以及各种技术装备和技术人才，就不可能有非国有经济的迅速发展。

据有关专家考证，1950～1990年，航空工业部总共得到国家投资约130亿元，生产出大批飞机和导弹等武器装备，装备我国空军、海军和陆军。相关专家约略估算，在同等性能的条件下，这些武器如果以国际市场价格从外国购买，需要花2600亿元人民币，即为投资的20倍。这还不包括中国建设了一个完整的航空工业体系，培养了一支专业技术队伍，形成了庞大的固定资产，解决了近百万人的就业。但是，由于飞机、导弹不是按国际市场价格核算，而是按当时的国家计委制定的价格核算。结果，航空工业成了一个汇集众多问题企业而经济效率低下的行业，因此实行改制难以避免。

毛泽东同志在《论十大关系》一文中揭示：上海的轻纺工业，一个工厂一年的利润可以建设一个新厂，新厂都布局在成都、重庆、武汉、郑州等广大的内地，为国家建设作出了极大的贡献。与世界资本主义的私人企业相比，高效率的国有企业远离血与火，没有剥削，没有压迫，没有欺诈，创造经济效益的手段光明，道德高尚，财富干净。

经济使命或盈利性，是现代企业的“第一责任”。自由主义经济大师弗里德曼曾言：企业要依照股东的期望管理公司事务，在遵守法律和道德规范的前提下，创造尽可能多的利润。国有企业本应超越“第一责任”。但是，在经济自由主义的制度设计下，在市场竞争的压力下，国有企业被纳入统一的会计与绩效核算体系。在改制的旗帜下，国有企业盈利性成为最重要标准，国有企业也由社会人变为经济人。盈利动机的强大牵引，使国有企业各类经济指标近年来不断迈上新台阶。

尽管创造财富是企业最重要的职能，但是相对其他职能，这也是一个最容易实现、最简单的职能。很多国有企业与跨国企业一样，通过市场的垄断（垄断的形式不同，实质一样），很容易实现经济指标的改善。1978～2007 年，国有经济在整个国民经济中的比重逐年下降，但国有企业的利润总额却增长了 25.5 倍，资产总额增长了 48 倍，主营业务收入增长了 28.5 倍。中央企业是国有企业的主干，2002 年，中央企业资产总额 7.1 万亿元，营业收入 3.4 万亿元，上缴税金 2914.8 亿元，实现利润 2405.5 亿元；到 2008 年，中央企业资产总额达 17.7 万亿元，营业收入 11.9 万亿元，上缴税金 9914 亿元，实现利润 6652.9 亿元。在 2008 年美国《财富》杂志公布的世界 500 强中，中央企业有 19 家，比 2003 年增加 13 家。一批中央企业不仅是国内行业排头兵，在国际市场上也有很强影响力。

三、充分发挥国有企业在国民经济中“顶梁柱”作用

多年来，国有企业遭遇一个极其尴尬的情形，那就是效益不好挨骂，效益好了也挨骂；社会责任承担多了受指责，社会责任承担少了也受指责。指责与攻击主要来自民营企业与外资企业及其代理人。综合透视这些指责与攻击，似是而非。“是”的一面，就是国有企业过去与今天一直存在不尽如人意的缺陷，从而成为指责与攻击的把柄；“非”的

一面，实际是让国有企业让出资源，腾挪空间，满足私人资本与跨国资本的扩张。

国有资本是私人资本的天敌，是跨国垄断资本的死敌，因为它挡住了私人资本发横财的道路，挡住了跨国资本谋求垄断扩张的道路。因此，国有企业自诞生那天起，就遭遇来自民营企业与外资企业及其代理人的指责与攻击。对国有企业的指责与攻击只是问题的一面，问题的另一面则是私人资本与跨国资本内外联合，权力与金钱上下其手，大肆挖掘国有企业的墙脚，国有资产流失不仅壮大了私人资本与跨国资本，而且还诞生了一个怪胎——权贵资本。

中国国有企业改革过程中，大笔国有资产流失、大批企业职工下岗、大量由国有企业创造的精神财富被抛弃。大凡作为一个正常的中国人，若不为国有企业遭遇这些劫掠而感到痛心，显然是没良心；但是，若再想恢复国有企业一统天下的时代，恢复高度集中与僵化的管理与经营体制，则是没头脑。中国将长期处于社会主义初级阶段，需要完善与发展社会主义市场经济，进而需要多种经济成分并存。作为纯社会主义和纯资本主义的混合形式，混合经济将长期存在。国有企业、民营企业以及能为我所用的外资企业将长期并存，国企、民企与外企“三分天下”的态势将长期呈现，但是三类企业在国民经济与社会发展的角色与地位应有差异，当区别对待。

国有企业是“主力军”。党的十七大报告强调“增强国有经济活力、控制力、影响力”，使国有企业始终切实扮演“主力军”的角色。

国有企业是国民经济的“顶梁柱”，是国家经济安全的坚强柱石。中国作为一个后进而又不断开放的发展中国家，民营企业普遍弱小，能够抗衡富可敌国的跨国公司的唯有国有企业；中国是一个社会主义国家，只有通过做大做强国有企业，才能为社会主义提供坚实的物质基础与经济保障。从现实情况看，公有制的主体地位应该更多地体现在公益领域、在关系国家安全的领域、在民营资本薄弱同时跨国资本强势的领域。中国的国有企业的主导地位有其历史渊源，是由责无旁贷的政治使命决定的，其在一些行业的垄断地位，是由日趋激烈的企业间商业竞争、国家间经济博弈的现实决定的。

与此同时，作为国有企业核心的国有资本，其本质属性仍然是资本，因此必须节制资本的贪婪天性，为国有资本设定边界，防止侵犯大众以及其他经济主体的合法利益；要加强对国有企业管理人员的监管，防止代理人的道德风险，如把自己的薪酬定得高高的。企业制度的建设绝不是一劳永逸，苏联式高度计划体制下的僵化，以及目前自由资本主义的严重浸淫，由此而确立的国有企业，与理想的国有企业都存在差距，应不断努力缩小这种差距。

民营企业是“生力军”。作为共和国的“长子”，国有企业应当爱护、呵护民营企业的发展，为民营企业争取更好的生存与发展空间，而不是“与民争利”。

国际经验显示，跨国垄断资本是一国民族企业成长的“大敌”。大敌当前，是国有企业与跨国垄断资本正面交锋，于“红海”作战，客观上为民营企业赢得了发展的时空。多年来，中国民营企业在“敌后”、在“蓝海”积极发展自己，成长壮大，活跃于各行各业，越来越崭露头角。一些民营企业甚至积累起令跨国企业与国有企业为之侧目、甚至畏惧的经济实力。中国民营企业是市场的积极开拓者、是大众就业的主渠道、是政府税收的最大贡献者。“中国特色社会主义”充满生机，一个重要的原因，就是民营企业所迸发出的巨大活力。

中国民营企业汇聚了一般企业的积极因素，同时也具有一般资本的消极因素。民营企业具有一个与生俱来的缺陷，就是软弱依附。哀其不幸，怒其不争。新中国建立之前的过去如此，改革开放后的现在亦然。在国有企业占据主导地位的时空中，民营企业依附国有企业；在外资企业在中国大肆跑马圈地的过程中，又主动投靠外资企业。而且，跨国垄断资本用其巨额垄断利润，以及中国政府对外资的让利，来收买民营企业，使其成为国际分工链条的一环。如此，不难看到，向国有企业发起责难与咒骂最起劲的就是民营企业及其代言人。近年来，毒奶粉、毒饺子、毒牙膏、毒食品等黑心产品，肆意投机引发各类资产泡沫，偷税漏税将资产转移海外，主要是民营企业所为。治理经济环境，整顿经济秩序，必须花大气力节制这些无良的私人资本。在强化法律制裁手段的同时，不应忽视加强思想道德建设，让越来越多私人资本、民营企业家的血管流淌道德的血液。

跨国企业是“雇佣军”。中国是后进国家，科技、管理、经营水平与发达国家存在一定的差距，因此需要那些先进的外资参与中国现代化建设。此外，随着中国经济壮大以及企业竞争力的增强，越来越多的企业需要“走出去”，利用国际资源、拓展国际市场。所以，保持市场的适度、有序开放，外资企业尤其是技术密集型外资企业，在国民经济中占据一定比重，有着积极意义。

但是，在世界范围内，跨国企业普遍遇到“非我族类，其心必异”的问题。中国长期以“超国民待遇”来吸引跨国企业是欠考虑的。必须注意到，外资企业的两面性比民营企业更加明显，尤其是跨国垄断资本不仅是先进的代表者、财富创造者，更是“病毒”的携带者、国际财富的掠食者。一些富可敌国的垄断企业，为了实现扩张、谋取垄断、获得超额利润，处心积虑要消除发展中国家的国有企业，使其私人企业成为自己附庸，从而得到各类廉价资源，为自己自由支配与使用，甚至令一国政权成为自己的傀儡。因此，中国在积极主动利用外资的同时，切忌被外资过度利用。

论国有企业在转变经济发展方式中的作用

◎宗　寒*

以科学发展为主题，加快转变经济发展方式，是“十二五”期间的重大任务，对于改变我国经济发展中存在的不平衡、不协调、不可持续的问题，促进我国社会主义现代化发展和社会主义制度优越性的进一步发挥，具有极其重大的意义。转变经济发展方式，任务重大艰巨，只有全党动员，全社会动员，大家一起动手，才能见成效。国有经济在其中具有特别重要的作用，需要特别引起重视。

一、国有经济是全国转变经济发展方式的主导力量

任何经济发展和任何时期的经济发展，都有一定的重点、

* 宗寒，《求是》杂志社经济部原主任、研究员。

中心和平衡点，都会有一定的力量起主导、引导、主体和支柱性的决定性作用。国有经济是全国转变经济发展方式的主导力量，在转变经济增长方式中具有关系重点、核心和全局的主导和支柱的能力和作用。

第一，它掌握经济命脉，在关系国民经济命脉的关键部门和重要领域居控制地位。转变经济发展方式首先是在关系经济命脉和长远发展的关键部门和重要领域转变。关键环节和重要部门的转变是最重要的转变，因为它影响大局，关系长远。国有经济掌握经济命脉，在关键部门转变发展方式，既是国民经济对它的要求，也是它带动其他部门转变经济增长方式的条件。国有经济通过转变经济命脉领域的发展方式，对整个社会经济发展方式的转变起着决定性的作用。

第二，它有能力在转变经济增长方式中起主导支柱作用。转变经济发展方式，必须在有充分认识和转变决心的前提下，有足够的实力和物质条件，有力量采取切实的措施，才能做到。国有经济有这样的实力和物质技术力量。目前，全国有国有企业 11.2 万户，其中国有工业企业 2.1 万户。国有工业企业户数占全国工业企业总户数的 4.9%，而拥有的资产占全国的 41.3%，主营业务收入占全国的 55.1%，利润占全国的 61.4%。国有企业总体规模大，实力比较雄厚。2007 年，我国国有及国有控股企业集团有 1446 家，占全国企业集团的 50.8%，资产占 85.8%，营业收入占 79.6%，利润占 84.4%，从业人员占 79.5%，研发费用占 80.7%。国有大型企业户均资产达到 143 亿元，国有大型工业企业户均资产 257 亿元，由国资委监管的中央企业户均资产达到 1000 亿元。像中石化、中石油、国家电网公司拥有的资产和营业额都超过 2000 亿美元，其中每一家企业的年产值都超过 1965 年全国工业总产值；宝钢、鞍钢等十大国有钢铁公司产量超过 2 亿吨，是全国钢材供应的可靠基地；五大国有发电公司和四个电力辅业集团为全国提供的电力超过 50%。

我国国有大型企业设备先进，管理严格科学，集中了大量技术人员、高级工程师、技术工人和优秀领导者。其科研投资大，创新能力强，是我国技术创新的核心主导力量和战略基地。以大型国有企业为骨干和基地，联合高校和科研单位，能够带动一大批中小企业发展，是我国技术进步的主导和动力。

第三，它是社会主义公有制的主体，具有优越的社会主义生产关系。国有企业是独立核算单位，自主经营，自负盈亏，要进行严格的经济核算，生产经营必须讲成本和利润。但它的资产属于国家所有，是社会主义性质的企业。它生产经营的根本目的是为全国人民和劳动者的共同利益和根本利益服务，为社会主义现代化建设服务。它是接受全国人民的委托，代表全国人民和劳动者的共同利益和根本利益，掌握生产资料，进行生产经营，为他们的共同利益和根本利益服务，为实现社会主义现代化服务的。国有企业也追求利润但它不为私有资本所决定的追求最大限度的利润规律所支配，利润只是它生产经营的一个结果和表现，实现的利润，也全部归国家所有。国有企业的积累部分用于扩大再生产，新形成的生产资料仍为国有。国有企业的利益必须服从国家利益和全局利益。从全局出发，从关键需要出发，从长远出发，为全国人民的根本利益和共同利益服务，为社会主义现代化建设服务。出于公共利益、全局利益和长远发展的需要，即便在一些情况下微利或亏损，国有企业也仍须进行投资、生产和经营。这是国有企业的本质，也是它优越性的表现。正因为如此，它能抓住根本、关键和关系国民经济命脉及长远发展的东西进行投资、经营和发展。这就决定了它不仅有能力主导转变经济发展方式，也必然在转变经济增长方式中起主体、主导和根本性的作用。

二、推进经济结构战略性调整主要依靠国有企业

加快推进经济结构战略性调整，是转变经济发展方式必须解决的首要问题和主攻方向。

目前我国经济结构存在两大突出问题：一是投资与消费失衡，二是

产业结构失衡。投资与消费不平衡，消费对经济增长的贡献率偏低，成为制约我国经济科学发展的关键。这些年来，我国消费率偏低，国内消费需求的增长赶不上生产的增长，人民群众物质文化需要的增长赶不上供给能力的增长，总供给大于总需求，严重影响到生产力的科学发展。2008 年，我国生产规模占全球的 7.2%，而消费只占全球的 4.3%。我国投资由 1978 年的 38.2% 上升为 2007 年的 42.1%，而最终消费率却由 62.1% 下降为 49%，工资总额占 GDP 的比重由 17% 降为 10.6%，以至于出现消费率低于西方国家水平的反常现象。由于内需不足，生产的产品只好转向出口，通过扩大外需实现平衡。扩大外需所增加的外汇储备，实质上是给别人增加消费，还由于美元贬值而遭受重大损失。像中国这样一个发展中大国，过度依靠出口来扩大生产是不合理的，将难以持久。转变经济发展方式，必须首先转变着重增加供给而不注重扩大消费的问题。

投资与消费失衡，进而导致内需不足的因素有很多，一个很重要的因素是非公有制经济长期压制工人工资的水平。我国非公有制经济雇佣工人上亿人，加上流动农民工近 2 亿人，雇工人数远远超过国有企业。私有企业劳动时间长，劳动条件差，但工人工资却一直处于最低水平，平均比国有企业低 45%，比集体企业低 7%，比全国平均水平低 41.6%。20 世纪 90 年代以来，珠江三角洲地区经济总量以年均 20% 以上的速度增长，但工人工资 12 年中每年仅增加 5.1 元，扣除物价因素，实际工资是下降的。2009 年以前的 5 年中，非公有企业上亿劳动者的工资没有任何增加。2008 年，我国制定了最低工资标准，但许多私营企业不执行。私营企业将工人工资压到劳动力价值以下，使剩余价值大幅度增长。2007 年，我国工人年均工资是 1.9 万元，而私营工业企业的平均利润高达 285.4 万元，私营企业的平均纯收入是劳动者的 144 倍，私营企业主的平均收入是劳动者的 72.1 倍。劳动者收入占比下降，导致消费比重不得不沿着同样的方向发展。这首先反映在消费品市场和生产上。2007 年我国最终消费支出为 12.8 万亿元，比按 1978 年消费率计算得16.2万亿元要少3.4万亿~5.5万亿元，全国平均每人少消费2600~4200元。不是老百姓不想消费，而是缺乏能力消费。消费市场不畅，消费品只能到国外市场找出路，消费品的扩大再生产受到抑制，进而抑制了生产资料的生产，使上万亿元的生产资料投资及形成的生产能力，相当部分打了飘了。抑制消费在广大农村表现得尤为突出。农民消费率最低。2009年农村人均纯收入为5153元，比城镇人均可支配收入17175元少12022元。9亿农民相当于少收入10万亿元。谁都知道我国农村市场潜力巨大，而这个潜力只有提高农业生产水平，提高农民购买力，缩小城乡收入差距，才能达到。劳动者收入低，成为内需不足的根本原因。

分配方式是由生产资料占有方式决定的。坚持公有制为主体，才能实现按劳分配为主体。就分配论分配，就消费论消费，是解决不了扩大内需问题的。坚持公有制为主体，同时鼓励、支持和引导多种所有制经济共同发展，引导非公有制经济遵纪守法，尊重劳动者，给工人以应有的报酬，才能扩大消费，扩大内需。非公有制经济工人工资达到国有企业水平，提高45%，全国消费水平和内需可以扩大35%；工人工资提高到国有企业的一半，平均增加20%，全国消费和内需也可以提高20%。这是扩大内需，解决投资与消费失衡的根本。

非公有制企业提高工人工资并不会把企业压垮。我国工资成本一般只占产品成本的10%左右，而非公有制经济的剩余价值率远远超过100%。从利润中拿出一个尾巴，就可解决工人长期低工资问题，促进消费。消费是生产的源泉。提高工人工资，可以提高工人的生产积极性和消费能力，反过来又会促进生产发展；反之，内需不足，生产出来的产品卖不出去，生产就难以上去。提高工资与生产发展并不矛盾。在劳动生产率提高的情况下，提高工人工资，工资绝对量会增加，但单位产品成本中工资比重反而会下降，这是技术进步的表现，也是技术进步的要求。

国有企业工人平均工资之所以比私有企业高，除因坚持按劳分配原则，尊重工人当家做主的地位外，还因为它技术不断进步，劳动生产率不断提高。以低技术、低工资、廉价劳动力来维持粗放式生产是不能持久的。转变发展方式必须转变生产方式，转变分配方式。坚持两个"毫不动摇"，进一步发展壮大国有经济，发挥国有经济的支柱、主导和控制作用，鼓励、支持和引导非公有制经济按照社会主义现代化建设的要求发展，才能从根本上改变投资与消费失衡，内需不足问题。

我国产业结构失衡主要是第一、二、三产业失衡，体现在第二产业重复投资、重复建设严重，闲置生产力多，落后生产力多。我国1/3～1/2 的行业产能过剩，已建成的生产能力利用率不到70%。许多行业一边生产能力过剩，另一边急需的产品却供不应求。如我国粗钢产量占全球的38%，炼铁中有1亿吨、炼铜能力中有5000万吨是落后的，而几类高级合金钢产能却相对短缺。这主要是一些中小企业盲目投资造成的。解决这个问题要靠多方面的努力，只有发挥国有企业的主导作用，以国有大中型企业为核心，按照生产力优化组合和供求平衡的原则，进行兼并重组，提高产业集中度，使大中小企业分工合作，科学发展才能解决好这个问题。近年来，邯钢、石家庄钢铁厂和宝钢的国有钢铁公司开展的兼并重组或对外注资就是这方面的成功案例。

改变第一、三产业落后于第二产业的失衡状态，必须走发挥国有企业主导作用的路子。国有企业一直是支持农业和农村现代化的主导支柱和带头力量。这些年来，它通过农村基础设施建设，提供耕作排灌机械、运输工具、能源、新型农药化肥和科学技术，极大地支持了农业现代化建设。以国有经济为主导，全国各行业动员起来，全国城市动员起来，支持农业现代化，才能取得更大成效。改变第三产业落后于第二产业的状况，也须如此。国有第三产业的带动主导作用，是零打碎敲所不能代替的。

□三、依靠国有企业才能有效提高产业核心竞争力

提高创新能力，提高产业核心竞争力，是转变经济发展方式的核心

和根本。近几年我国技术进步加快，但关键技术仍与国际先进水平有明显差距。2007 年中国社会科学院对我国 15 个主要工业行业的整体现代化水平与国外情况作了对比，绝大多数工业行业不及国际先进水平的 50%。由于我国研究开发投入不足，主要产业关键技术创新率低，技术对外依存度高达 50% 以上。高科技含量的关键设备至今基本上依赖进口。

当代产业竞争是综合国力的竞争，经济实力的竞争，归根结底是科学技术和创新能力的竞争。怎样才能改变技术创新能力不强，核心技术落后的状态呢？坚持改革开放，学习借鉴外国，扩大引进，吸收当代人类创造的一切优秀成果，是一个重要途径。但是，单纯引进不能改变技术落后状态，单纯依靠“三资”企业也不能改变技术落后状态。而私有企业虽是技术创新的重要源泉，但必须看到，追求利润是私营企业的第一要求，而且许多私营企业规模小，资金不足，缺乏设立科研机构，进行技术创新的能力。

国有经济是科技创新的主要力量。国有企业尤其是国有大企业的技术力量强，人才集中，几乎都建立了比较强的科研机构，是我国技术进步和科技创新的核心和基地。“十一五”期间，我国围绕核高基、集成电路装备、宽带移动电话、数控机床等 16 个涉及信息和能源资源环境等领域进行的 3000 余个项目和课题，都是由国有企业或以国有企业、国有研究机构为中心牵头完成的。像新研制的飞腾 1000 国产中央处理器芯片，沃 phone 智能终端操作系统，移动通信从芯片、终端、系统、仪表、软件到应用的完整产业链建设，载入航天和探月工程等重大科研成果，都属于当代重要关键技术，投资大，研究具有很大难度，没有实力是不能完成的。其涉及行业多，应用面广，对带动我国经济整体实力提升和科技进步有重大意义。

国有经济的优势在于能够集中力量打歼灭战。它不仅可以把全国国有企业的优势力量集中在一起，而且能够将产、学、研结合在一起，集中优势力量对重大课题进行攻关。实践证明，这个方法富有成效，能够完成单兵作战难以完成的重大复杂项目，高效率地取得重大技术突破，带动现代化事业发展，推动经济增长方式转变。像“十一五”期间科技部组织的电动汽车重大科研专项以及核高基专项，都是在统筹多地区、多企业和多科研机构的基础上进行的，分别取得了突出成就。这些年来，我国几乎所有重大技术创新都是用这种方法实现的。集中力量打歼灭战，表现了社会主义制度的优越性，只有在公有制为主体、国有经济为主体前提下才能完成。

转变经济发展方式要求培育和发展战略新兴产业，加强关键核心技术研发，将科研成果与建立新兴产业联系起来，推进重大科技成果产业化。必须发挥国有企业的主导作用，才能完成。新中国成立以来，我国的许多新兴产业，如电子信息业、精密数码机床制造业、重型机械制造业和汽车工业等，都是由国有企业发展起来的。1978 年后出现了一些新兴行业，如移动通信业、新能源新材料业、高端装备制造业、卫星及应用业以及轨道交通制造业等，也都是以国有企业为支柱发展起来的。没有国有企业领军投资建设，超前一步步地研究发展，恐怕许多行业至今还是空白，已建立的也不能扩大。今后，我们要进一步发展新一代信息技术、生物工程、高端装备制造、新能源新材料、新一代互联网、三网融合、物联网、云计算、新型显示、高端软件、新型功能材料、纳米材料以及第四代核电装备等，不发挥国有企业的主导作用，而由市场自发地进行，就难以迈开大步子，不可能抢占世界最高峰。

培养发展新兴战略产业，不意味着忽视传统产业。目前传统产业占我国产业的“大头”。许多传统产业，如纺织工业，并非“夕阳产业”，仍需继续发展。关键是传统产业的技术、产品和管理必须与时俱进，不断更新。我国不少传统产业消耗高、产品落后，改变这一现状是转变经济发展方式的重点。转变发展方式，必须进一步发挥国有企业的主导作用，生产提供更多先进设备、原材料和先进技术来武装改造传统产业，使它能以新的面貌呈现在世人面前。

四、国有企业是节能降耗、保护环境的典范和主导

投资大、消耗高、污染严重，是我国经济增长中的一个突出问题。我国工业单位产品的原材料和能源消耗量比工业发达国家高10%～20%，有的高近50%，且污染严重。虽然下工夫进行治理，取得了一些成效，但污染仍在继续，消耗高、污染严重的状况并没有从根本上改变。降低消耗，治理防止污染，保护自然生态环境，建设资源节约型、环境友好型社会，十分重要而迫切。

国有经济是节能降耗、保护自然环境、防治污染的典范。单位产品消耗量是由设备、技术和管理水平决定的。只有设备先进、技术先进、管理严密科学，消耗才能不断下降，以更少的材料和能耗生产出更多优质产品。国有企业由于设备先进，管理严格，产品质量高、消耗低、成本低。在同一行业中，国有企业单位产品原材料和能源消耗一般比其他企业低20%左右，有的低1/3以上。国有企业十分重视保护自然生态环境，防治污染。它尽力采用先进设备，凡破坏环境、造成污染的项目，决不上马。它还在发展中不断进行技术改造和设备更新；一旦发现造成污染破坏，必极力治理，将它降到最大程度。这些年来我国防治污染的成果，是以国有企业为主取得的。像中石油、中石化，东北和内地的重型机械，几大国有钢铁企业、有色金属冶炼企业等起了重大作用。

国有企业在带动全国节能降耗、防治污染方面，具有主体支柱作用。节能降耗、防治污染，关键是要以先进设备技术取代落后设备技术；改变产业结构，以新兴产业淘汰落后产业；发展新型产品以淘汰落后产品。能为全社会提供先进设备和技术的，提供优质能源、优质原材料的，提供科学管理方法和手段，带动引导产业结构、产品结构调整的，是国有企业尤其是国有大型企业。国有企业对于建设环境友好、资源节约型社会，具有导向性、制约性、支柱性的决定性作用。

需要指出，发挥国有企业的主导支柱作用，需坚决贯彻中央两个

“毫不动摇”的方针。国有企业的主导支柱作用是客观存在的，是社会主义制度优越性和优势的重要体现。我们要珍视它，支持它，壮大它，发扬它。全社会要支持，各级政府更要支持。如果忽视甚至削弱它，就会增加转变经济增长方式的难度，不平衡、不协调、不可持续的问题就难以克服，建设环境友好、资源节约型社会就会陷入空谈。

论

解决两极分化必须大力发展国有企业

◎刘国光*

在邓小平的社会主义改革理论中，对分配问题的关注是很多的。如在论述社会主义本质时，他先从生产力方面讲了社会主义是解放生产力和发展生产力，然后又从生产关系方面讲了消灭剥削，消除两极分化，最终达到共同富裕。生产关系落脚在消除两极分化，达到共同富裕，这是属于分配领域的问题，要通过社会收入和财富的分配才能体现出来的。

邓小平还多次讲过，社会主义“有两个根本原则”、“两个非常重要的方面”。一个是“公有制为主体，多种经济共同发展”，一个是“共同富裕，不搞两极分化”。第二个“重要方面”或“根本原则”讲的属于分配领域，同“本质论”所讲的“消除两极分化，达到共同富裕”完全一样。

邓小平对社会主义的本质、根本原则，作了精神一贯的许

* 刘国光，中国社会科学院原副院长。

多表述。他讲的东西可以说是社会主义的构成要素，如解放生产力，发展生产力，公有制为主体，消除两极分化等。就是说，没有这些东西，就构成不了社会主义。但在这些要素中，他又特别强调生产关系和分配关系的要素。比如说，社会主义改革的任务当然是要发展生产力，但是如果单单是发展生产力，而不注意社会主义生产关系的建设和改进，那么社会主义改革也是难以成功的。非常典型的一句话，“如果我们的政策导致两极分化，那我们就失败了”① 很鲜明地说明了这一点。GDP 哪怕增长得再多再快，也不能改变这个结论。这证明分配关系这一要素，在邓小平的社会主义改革理论中，占有何等重要的地位。

邓小平假设的“改革失败”，不是指一般改革的失败，而是讲社会主义改革的失败，或者改革的社会主义方向的失败。因为社会主义是必然要有消除两极分化、达到共同富裕的要素的。很可能生产力一时大大发展了，国家经济实力大大增强了，GDP 也相当长时期地上去了，可是生产出来的财富却集中在极少数人手里，“可以使中国百分之几的人富裕起来，但是绝对解决不了百分之九十几的人生活富裕的问题”② 大多数人不能分享改革发展的好处。这样一种改革的结果也可以说是一种改革的成功，可是这绝不是社会主义改革的成功，而是资本主义改革的成功。

很明显，共同富裕，消除两极分化，是社会主义最简单最明白的目的。这是社会主义区别于资本主义，社会主义改革区别于资本主义改革的最根本的东西。

需要强调的是，邓小平不只是重视社会主义分配关系即消除两极分化问题，他更为重视与分配有关的整个社会主义生产关系，特别是所有制关系问题。在他看来，避免两极分化的前提是坚持公有制为主体，他说，“只要我国经济中公有制占主体地位，就可以避免两极分化。”又说，“基本的生产资料归国家所有，归集体所有，就是说归公有”，“到

① 《邓小平文选》第三卷，人民出版社 1993 年版，第 111 页。

② 同上，第 208 页。

国民生产总值人均几千美元的时候，我们也不会产生新资产阶级”① 也是这个意思。所有制关系决定分配关系。这是马克思主义政治经济学理论中极其深刻的一条原理，有着极重要的理论意义和政策意义。

一、正确评估中国贫富差距扩大的形势

改革开放以来，在分配领域，我们党遵循邓小平的正确思想，克服了过去在实行按劳分配原则中曾经有的平均主义倾向（过去也不能说完全是平均主义，按劳的差别还是有的，但是平均主义倾向相当严重），实行让一部分人、一部分地区先富起来，带动大家共同富裕的方针。经过30多年的改革实践，社会阶层分化，收入差距大大拉开，但还没有来得及进行先富带后富，实现共同富裕的目标。这引起了深刻的社会矛盾，也引起了公众的焦虑和学者的争论。

争论的焦点问题之一，是中国现在贫富差距是否已经扩大到“两极分化”的程度。这个问题，邓小平为了提醒、警告，曾经作为假设，一再提出过；并没有预计到这种假设一定会变为现实。因为邓小平把这个假设提到突出的政治高度，所以问题就非常敏感，争论也非常激烈。往往各执一端，谁也说服不了谁。

当前中国社会贫富悬殊是否达到“两极分化”，主要有两种意见。肯定的一方忧国忧民，列举一些事实和数字，应用国际上通用的指标，如基尼系数、五等分或十等分分配比较法等，来加以论证，并用社会上一方面穷奢极欲的消费，另一方面生计困难生活对比的事实来验证说明：两极分化已被邓小平同志言中，希望尽快地改变这种状况。否定的一方则认为，现在虽然富者愈来愈富，但贫者并不是愈来愈穷，而是水涨船高，大家都改善了生活，否认国际上通用的指标适用于中国，断言基尼系数的提高是市场经济发展的不可改变的必然趋势，认为提“两

---

① 《邓小平文选》第三卷，人民出版社1993年版，第139页。

极分化”是故意炒作，反对改革。

很显然，以上两种观点代表了社会上两种不同利益集团的看法。一种是代表资本、财富和某些社会精英的看法。一种是代表工农为主体的一般群众。

两极分化是马克思在《资本论》中阐述资本主义积累的一般规律所制约着的一种社会现象，即一极是财富的积累，一极是贫困的积累。财富的积累是一个无限扩大的过程，而贫困的积累则经过“绝对的贫困”到“相对的贫困”的转化。绝对贫困基于资本与劳动的分离，劳动能力是工人唯一能够出售的东西，资本天然会为了利润最大化而利用自身的优势和工人之间的竞争，拼命压低工资和劳动条件，这一过程与产业后备军、劳动人口的相对过剩相连，工人阶级的贫困同他们所受到的劳动折磨成正比，这就是“绝对的贫困”的积累。但是，随着生产率的提高，工人阶级斗争的发展，以及资产阶级政府被迫举办的福利措施，工人的绝对工资福利水平会提高，但劳动与资本的分配比例关系，仍然继续朝着有利于资本、财富积累的方向进行，使劳动阶级由“绝对贫困”转入“相对贫困”，财富积累和贫困积累两极分化的现象仍然会持续下去。

基尼系数作为衡量贫富差距的工具，是一个中性指标，第二次世界大战后世界各国都在使用。我国基尼系数由1964年的0.184，1978年的0.2，上升到1980年的0.26，1990年越过0.4。上升速度之快，令人惊讶，这是不能回避的。

按照邓小平的估计，从支持一部分人、一部分地区先富起来，转向先富带动后富以实现共富，即着手解决贫富差距问题，大约是在20世纪和21世纪之交①。这个估计可能过于乐观了一点。但是经过30多年的改革与发展，现在我们国家的经济实力和财政力量已经成长到可以加速解决贫富差距问题的阶段，应该抓紧解决，否则老百姓会问：何以

① 《邓小平文选》第三卷，人民出版社1993年版，第208页。

“让一部分人先富起来”，可以很快实现；而“先富带动后富实现共富”，则需要很长很长时间的等待呢？这在我们社会主义的国家更是说不过去的。这显然是对财富积累一极偏袒的言论，其后果将导致社会矛盾的激化，也是可以预见的。

二、贫富差距扩大最根本原因在所有制结构的变化

为什么会产生贫富差距扩大的现象？有很多不同的解释。

有人说，贫富差距扩大是“市场化改革”必然要付出的代价。这个说法不错。因为市场化本身就是一个崇尚竞争和优胜劣汰规则的过程，这一过程不断造成收入差距的拉大，这有利于提高效率发展经济，是市场经济积极的一面。随着市场经济的发展，特别是资本积累规律的作用，贫富鸿沟的出现和两极分化的形成是不可避免的，这是市场的铁的法则，除非有政府的有效干预来缓和这个趋势，这种趋势本身在市场经济条件下是谁也阻挡不了的。

又有人说，贫富差距的扩大“是由于市场化改革不到位，市场经济不成熟造成的”。这种说法就有问题了。

是不是市场经济成熟，收入差距可以缩小呢？事实不是这样的。随着市场经济的发展，财富集中于一小部分人的趋势越来越明显。前面引文中说，在发达的市场经济国家，两极分化的现象“目不暇接”。联合国大会发表的《2006 年人类发展报告》说，“最近新数据显示，全球贫富财富差别仍在扩大。无论在国与国之间还是在一个国家内部都是如此”。20 世纪 70 年代以来，市场机制与私人产权方面做得太多，造成英、美、日等重要市场经济国家财富集中度在提高，贫富差距在扩大，社会公平状况下行，20 世纪后期实行福利制度的发达市场经济国家，财富和收入分配方面也呈退步趋势。所有这一切，都不能说明市场经济越发达越成熟，贫富差距扩大和两极分化的问题就可以自然得到解决。所谓“市场化改革”到位，就能解决这个问题，只能是纸上谈兵而已。

很多学者比较具体地分析我国贫富差距拉大的原因，角度不同，口径不一，难以归类。下面列举一些，略加议论。

城乡二元结构论；地区不平衡论；行业差别论（包括一些行业垄断）；腐败与钱权交易、不正之风论；政策不均、公共产品供应不足论；再分配环节（财政税收，社会保障福利）调节力度不够论等。上面列举的造成分配不公的因素并不完全。这些因素对我国贫富差距的扩大，都有“贡献”。可以看出，各项原因之间，有互相交叉的关系。

城乡差别，是中国贫富差别的一项重要原因。如前所述，城、乡各自基尼系数是0.3～0.4，而包括城乡在内的总基尼系数在0.45以上。现在政府虽然通过新农村政策支农惠农，城乡差别扩大之势有所缓和，但尚未完全改变。

地区差别，在很大程度上与城乡差别有关。东部地区主要靠城市繁荣，西部地区多为广大农村。区域平衡政策也在缓和差距扩大，但地区差别扩大过程亦未停止。

行业差别，主要是某些行业凭自然垄断或以行政垄断，造成行业间收入分配不公。过去在计划经济时期，中国也有行业垄断，但垄断行业高工资和行业腐败的现象并不显著。改革开放以来，一些垄断行业受市场利益观念的侵蚀，特别是1994年税制改革后，税后利润归企业所有，使用缺乏监督，才造成一些垄断企业高工资、高奖励、高福利的现象。所以，这不是垄断本身造成的。这种情况要从垄断企业收入分配的改革，加强对企业收入分配的监督来解决。当然垄断行业个人收入过高，激起非垄断行业人们不满，亟须解决。但这个问题对分配全局影响不一定很大。有人故意转移人们对收入分配不公最主要根源（后面再说）的注意，想借人们反垄断的情绪，把国有经济对少数重要命脉部门的必要控制加以排除，实现私有化。我们要提高警惕，防止这种图谋。

腐败、钱权交易和不正之风。这是人民群众对收入分配不公的公愤集中焦点，需要在法律领域和整顿社会道德风尚中大刀阔斧地解决的问题。此项非法不合理收入在官方统计和公布的基尼系数中，难以计入。

在“黑色、灰色收入”中的绝对个量有时达到上亿元、几十亿元的款额，但在国民收入中占比有限，影响也不一定很大。有人把这个问题放到收入分配中小题大做，认为是分配差距形成的又一主要原因，也是想以此转移人们对造成收入分配不公真正主要原因的漠视，这也是要加以明辨的。虽然如此，我们在研究收入分配不公时，还是要十分关切反腐败问题。

政策不均与公共产品供应不足。政策不均与前面的一些问题有交叉，会影响城乡、地区和行业的差别，是我们改进政府工作的一个重点。加强公共服务，改善公共产品供应，政府职能由经济建设型为主转到经济建设与社会服务同时并重，是我们努力以赴的政府职能改革的方向。要强调公共服务，但不能像新自由主义那样主张政府退出经济领域，不以经济建设为中心。国家从事经济建设，最终还是有利于充分供应和公平分配公共产品的。

再分配。我们知道再分配是调节分配关系的重要环节。再分配调节的落后和不周，是分配不公的一个重要原因。过去一贯的说法，是初次分配解决效率问题，再分配解决公平问题。所以把实现社会公平问题主要放到再分配领域，特别是利用财税转移支付等再分配工具上来。但是再分配所调节的只能涉及国民收入分配中的小部分，而主要部分还在国民收入初次分配领域。许多分配不公问题产生于初次分配领域，诸如企业分配中资本所得偏高，劳动所得偏低；高管人员所得偏高，一般雇员所得偏低；垄断行业所得偏高，一般行业所得偏等，都是初次分配领域发生的问题。所以初次分配领域也要重视社会公平问题，这是过去往往被人们所忽略的。

初次分配中影响收入分配最大最核心的问题，是劳动与资本的关系。这就涉及社会的基本生产关系或财产关系问题了。

财产占有的差别，往往是收入差别的最重大的影响要素。有些人看不到这点，却津津乐道人的才能贡献有大有小，贡献大的人应该多拿，贡献小的人应该少拿，好像收入多少仅仅是由于才能、知识、贡献决定的。马克思主义不否定个人能力等因素对收入高低的影响（复杂劳动），《哥达纲领批判》在讲按劳分配时也考虑这个因素。但是即使是西方经济学的主流派人士，也承认决定收入分配的主要因素是财产关系，认为私有财产的不平等才是收入不平等的主要原因。新古典综合学派萨缪尔森说过，“收入的差别最主要是由拥有财富的多寡造成的……和财产差别相比，个人能力的差别是微不足道的”；又说，“财产所有权是收入差别的第一位原因，往下依次是个人能力、教育、训练、机会和健康”。①

从分配领域本身着手，特别是从财税等再分配领域着手，来调整收入分配关系，缩小贫富差距，我们现在已经开始这样做。这是必要的，但是远远不够。还需要从基本生产关系，从基本经济制度来接触这一问题，才能最终地阻止贫富差距扩大、向两极分化推进的趋势，实现共同富裕。所以前引邓小平说，“只要我国经济中公有制占主体地位，就可以避免两极分化”，又说“基本生产资料归国家所有，归集体所有，就是说归公有”，就“不会产生新资产阶级。”这是非常深刻的论断，它指明社会主义初级阶段容许私人产权的发展，容许按要素（主要是资本）分配，容许贫富差别的扩大，但这一切都要以公有制为主体。只要保持公有制的主体地位，贫富差距不会恶性发展到两极分化的程度，可以控制在合理的限度以内，最终向共同富裕的目标前进。否则，两极分化是不可避免的。

三、几种对中国所有制结构变化形势的评估

“公有制为主体，多种所有制经济共同发展是我国社会主义初级阶段的一项基本经济制度”，是党的十五大报告中确定下来的。报告明确规定，公有制的主体地位，主要体现在公有资产在社会总资产中占优

① 萨缪尔森：《经济学》，人民邮电出版社 2006 年版，第 423 页。

势，国有经济控制国民经济命脉，对经济发展起主导作用。

报告特别指出，只要坚持公有制为主体，国家控制国民经济命脉，国有经济的控制力和竞争力得到增强，在这个前提下，国有经济比重减少一些，不影响我国社会主义性质。

这里讲的“比重减少一些，不影响我国社会主义性质”，是指公有制还占量的优势，国有经济保持控制力的前提下说的。如果公有制不能保持量的优势，情况会怎样呢?

何谓量的优势?国有经济比重和公有制经济比重减少到何样的程度，才是容许的?文件中没有规定。不同的看法由此而来。

大体上有这么几种看法：

(1）基于工商联公布2005年民营经济和外商、中国港澳台经济在GDP中的比重达65%，及国家统计局专家估计2005年GDP中公私之比为39:61，认为中国已经是私有经济起主导、主体和基础作用，公有制经济已丧失主体地位，只起补充作用。

(2）认为公有制经济比重虽然下降，但以公有制为主体的格局并没有改变，主体地位依然牢固，其依据是2004年年末全部实收资本中，公有资本仍占56%；统计专家估计2005年第二、三产业实收资本中公私资本比重为53:47，公有资本仍超过半数，居优势地位。认为国有经济在关系国计民生的重要行业仍然具有绝对优势，其国家资本占比在70%以上，继续掌握较强的控制力。

(3）认为目前所有制结构处于十字路口境地。从资产比重上看，大约公私各占一半，平起平坐（据测算，公私经济在社会总资产中所占比重，由1985年的94.09%:5.91%下降到2005年的48.8%:50.9%），从国有经济控制经济命脉来看，在关键领域和重要基础产业中起主导作用(2005年在垄断性强的产业和重要基础产业中实收资本，国有经济占比64%左右)，但在市场化程度和利润较高、竞争性比较激烈，举足轻重的制造业中，国有经济的控制力过低；在从不少省市特别是沿海经济发达省份，公有制资产占比已下降到50%以下，“公有制经济的资产优势和国有经济的控制力在如此巨大的产业和地区范围的锐减削弱，使得公有制主体地位从总体上看显现出开始动摇的迹象。”

上述对于公有制主体地位已经丧失、仍然巩固、开始动摇的三种看法，都是建筑在非官方统计数字的基础上。令人遗憾的是，国家发展部门和统计部门近些年来没有提供我国公私经济对比的比较完整的准确数字，所以也难以准确判断我国所有制结构的现状。

有一些经济学者和科研单位，主张公有制经济的主体地位，并不体现在它在整个国民经济中占有数量上的优势，而主要体现在它的控制力上，否认国有经济控制力的前提是建筑在公有制的数量优势的基础上，因此他们不主张国家计划（规划）中列入公私经济比重的指数，国家统计部门也不必统计和公布公私经济比重的全面数字。这种看法不利于我们正确分析我国所有制结构的形势，并采取对策来保护我国社会主义基本经济制度。党中央一贯坚持公有制为主体，多种所有制经济共同发展的基本经济制度，党的十六大，党的十六届三中、五中以及涉及经济问题的中央会议，一再重申这一主张。国家各部门都应该为实现这一主张努力服务。几年以来民意代表机构有人提出人大应监督检查公有制为主体的社会主义基本经济制度执行情况。我认为这些建议的精神是值得考虑的。

四、警惕国有企业改革中的“私有化”倾向

人们对我国所有制结构中公有制的主体地位是否发生动摇所表达的一些看法，不仅是基于他们对经济比重及控制力的各自评估判断，也与观察中国经济改革进程中某种倾向的抬头有关。在实际经济生活中，我们确实观察到这种倾向在抬头，虽然人们一般还回避把这种倾向叫做“私有化”，但实际上回避不了。也确有人公开宣扬“私有化”而无所顾忌。

私有化倾向抬头表现在两个层面。一是实践的层面，即对我党改革

政策措施加以曲解，力图往私有化方向引导，竭力推进私有化的实施。二是思想理论的层面，即利用我党解放思想的旗帜，推销私有化思潮泛滥。当然这两个层面又是互为表里，互相激荡的。

若干年来我国国有、集体企业改革工作，大多数运行健康，顺利成功，对经济发展社会进步和安定团结发挥了显著效果。但是也存在问题。党中央提出的一些改革政策措施，一些人总是千方百计地往私有化方向拧。例如，中央提出建立社会主义市场经济体制是我国经济体制改革的目标，他们就鼓吹公有制与市场经济不相容，要搞市场经济就必须实行私有化；中央提出“产权清晰、权责明确、政企分开、管理科学”的现代企业制度，他们就说公有制产权不清晰，产权虚置，只有落实到自然人（即私有化）产权才能明晰；中央提出可以利用股份制作为公有制的一种实现形式，以扩大公有资本的支配地位，增强公有经济的主体地位，有人就通过股份制将国企化为私企；中央提出要提倡和鼓励劳动者的劳动联合和劳动者的资本联合的股份合作制，他们就竭力主张用经营者持大股，个人集中控股的办法，将股份合作制的集体性质变为私人企业；中央提出国有经济战线过长，要作战略调整，以增强国有经济的主导作用，他们就把“有进有退”的战略调整篡改为“国退民进”，“让国有经济退出竞争性领域”等。

这股歪风刮得很不正常，因为“我们的国企改革是在没有充足理论、足够经验下进行的，带有一窝蜂性质。当着高层想了解改制进行到如何时，一些地方的国企已经卖得差不多了。”等到国有资产转让的种种规则出台之后，可能地方上的国有资产已经所剩无几。有些地方把中央关于企业改制产权转让的方针政策异化得面目全非。企业领导自卖自买的有之，巧取豪夺的有之，空手套白狼的有之，从而造成国有资产大量流失，职工权益遭到剥夺。

一方面是突然一夜冒出一批万贯家财的队伍，另一方面如厉以宁所言，为达到改革目的必须牺牲一代人，这一代人就是3000万老工人，这样一场恶性演出，为一个香港有良知的学者郎咸平所注意。其实郎咸平教授了解和揭露中国的实际情况，并不如大陆学者知道得多。但郎先生抓住了要害问题，私有化、MBO 等。据报道，网民给郎咸平以九成的支持率，即 90% 以上的网民赞成郎咸平的基本观点，反对否定公有制的主体地位和私有化，这从一个方面反映了人民群众反对走资本主义道路的改革，赞成走社会主义道路的改革。

这是实践的层面，人为地激化了公私结构改变和化公为私的过程。民间和高层都在反思这一过程。民间发出了“不准再卖”的呼声，高层也在努力将过程纳入合乎法规的规范化轨道。

在理论层面上，几年来私有化思潮泛滥，更是五花八门。这里只能点评一下。

在中国这样一个宪法规定公有制为主体的社会主义国家，居然容许有人公开打出“人间正道私有化”的旗号，在新华书店公开长期发行其著作《国企改革绕不开私有化》，宣扬国企改革的“核心在于国有制改为私有制”。可以说中国的言论出版自由已经达到空前未有的程度。

在这种气氛下，有人公开鼓吹民私营经济应在国民经济中占主体地位。认为今后中国经济的走向应该是投资以民间资本为主，经济形式以民营为主。

有一位人士不加掩饰地说要“排除旧的意识形态的挡道”，推行私有化。他说“民办、民营、民有、私营、非国有、非公有等，无非是为了从不同角度阐明私有化问题”。“在私有化问题上出现莫名其妙的文字游戏，是由于旧的意识形态在挡道”。同时另一位人士则宣称“公有制为主体是对社会主义的理解停留在斯大林式的传统社会主义水平”，把党章和宪法关于公有制为主体的规定视为“保留着传统社会主义观念的痕迹”，完全否定了建立公有制消灭剥削是社会主义的本质特征和根本原则。

与这些观点略有不同的是，某些人士虽然抱着私有化的主张，并且在私下讲，私有化已成定局，可是他们在宣扬私有化主张、方案时，却遮遮掩掩，在公开场合他们对自己所主张的任何一种私有化形式都要习惯性地说一句："这绝不是私有化"，"这是公有制经济的实现形式"。某大经济学家把私人控股的股份公司，非公有经济控股的一般公众股份公司，都说成是"'新'公有制的实现形式"。还有人发明"间接公有制"，说什么可以利用财税再分配的办法，把"直接私有制"改成"间接公有制"，以取代"直接公有制"的地位；还说资本主义国家如美国，正在利用这一办法，"走向社会主义"。明明是私有制的资本主义，还装饰成"社会主义"，自欺欺人，也太玄乎了。

有一种议论，是以预言家的口吻出现的。这位预言家表面比较谦虚，认为现在还不好说是民（私）营经济为主体，但形势发展，私营经济一定变为主体。这是由著名经济学家领衔的，挂靠在某党校的一个刊物上的奇文说："过去我们说民营经济是国有经济的有益的补充，但现在我们逐渐发现，顺着真正市场经济的思路发展，总会有一天我们会反过来说，国有经济是民营经济的一个有益的补充"，咄咄逼人的私有化主张，口气不小，听起来像是向十三亿中国人民示威：你们终有一天守不住公有制为主体的阵地！也像说给我们的执政者听：看你怎么办！

还一种私有化主张，打着对社会主义本质属性和社会主义模式选择理论研究的旗帜。早在党的十五大前夕，就有人抛出社会主义的基本特征是"社会公正加市场经济"的公式。这是一个连社会民主主义和资产阶级都能接受的模糊定义，否定建立公有制消灭剥削是社会主义之一本质特征和根本原则。有人最近说，长时期人们认为社会主义特征是公有制、按劳分配是不对的，现在要以"共同富裕、社会和谐、公平正义，"来认识社会主义的本质属性。当然，共同富裕，社会和谐等非常重要，但是撇开所有制关系，撇开公有制和消灭剥削，这些美辞都是缺乏基础，构成不了社会主义。倡导这一理论的人士在推荐"人民社会主义模式"的五个特征中，也绝口一字不提公有制为主体。有位同志在引用邓小平同志的社会主义本质论时，不提"消灭剥削"四个字，只讲"邓小平说，社会主义本质就是解放生产力，发展生产力，消除两极分化，最后达到共同富裕。"大家知道，建立公有制，是为了"消灭剥削”，所以邓小平同志多次把“公有制为主体”列为社会主义主要原则之一。这位同志不提“公有制”、“消灭剥削”这些重要字眼，将改后的邓小平论述来界定社会主义所有制，认为不管公有制还是私有制，都是社会主义所有制！他太不注重理论问题的严肃性了。

最后，还有一种反对公有制、鼓吹私有化的理论，直接打着马克思主义的旗号，那就是歪曲马克思“重建个人所有制”的提法。过去也有人不断误解马克思这一提法，也多次为正确的马克思主义解读所廓清。有人把马克思所说的“在生产资料共同占有的基础上重建个人所有制”，说成“是一种以个人私有为基础的均富状态”，即“自然人拥有生产资料，人人有份”，把生产资料的私有制视为马克思的主张。其实恩格斯在《反杜林论》中早就对马克思这一提法作了解释：以“生产资料的社会所有制为基础的个人所有制的恢复，对任何一个懂德语的人来说，这也就是说，社会所有涉及土地和其他生产资料，个人所有制涉及产品，那就是涉及消费品。”这些人睁眼不看这些，在理论上胡搅蛮缠，其目的是把矛头直接指向改革开放以来几代领导人努力开创的中国特色社会主义，把它诬称为以重建个人所有制为主要内容的社会民主主义道路，把“重建个人所有制”说成是“中国改革开放的总路线和总政策”，其私有化的意图昭然若揭，也无需本文细评了。

够了。我不想再浪费读者的时间。从这里可以看出来私有化思潮泛滥，已经猖狂到何种地步。我们是有思想言论自由的，提倡百家争鸣，多样化。但是不能像戈尔巴乔夫、雅可夫列夫那样，搞“多元化”，“公开化”，把老百姓的思想搞乱，把改革开放的方向引错。应该是清理一下的时候了。

五、国有经济的控制力应该包括哪些范围

2006 年 12 月 18 日国资委发布《关于推进国有资本调整和国有企业重组的指导意见》，其要点之一是推动国有资本向重要行业和关键领

域集中，增强国有经济的控制力，发挥主导作用。重要行业和关键领域包括：涉及国家安全的行业，重大基础设施，重要矿产资源，提供重要公共产品和服务的行业，以及支柱产业和高新技术产业中的骨干企业。对于不属于重要行业和关键领域的国有资本，按照有进有退、合理流动的原则，实行依法转让。

对于这项部署，有两个方面的评论。一个方面，认为不论是国有资本要保持绝对控股的军工等七大行业，还是国有资本要保持较强控制力的装备制造等九大行业，大都遍布非竞争性领域和竞争性领域，并不都是只有国有企业才能有资格从事的行业。属于竞争性行业，由国资来控制缺乏合理性。在这些行业，国企筑起垄断门槛，有违市场公平竞争原则；并称"增强国有经济的控制力没有法律依据"，说政府无权不经过代议机构的批准擅自指定自己的垄断领域。但是我们要说，加强国有经济的控制力，国有经济在关系国民经济命脉的重要行业和关键领域必须占有支配地位，在社会主义市场经济中起主导作用，这是我国的根本大法——宪法所规定了的，这是根本的法律依据。再说，在竞争性领域，允许国有企业以其竞争力取得控制地位，并不见得不符合市场竞争原则。

另一方面的评论是，对于不属于重要行业和关键领域的国资要"实行依法转让"，即退出，会引发非公有资本广泛并购和控股众多的原国企，后果堪虞。夏小林在人民网理论频道《中华工商时报》撰文指出，"国资委资料显示，2005年在约26.8万亿元老国企总资产中，中央企业占41.4%，而国企中还有3/4是在竞争性行业。按照某种意见，如果不考虑国资在维系社会公平方面的重要作用，中央企业之外58.6%的国企资产和3/4在竞争性行业的国企，是不是其相当大的一部分都要在'不属于重要行业与关键领域'标准下，'实行依法转让'呢？如果'转让'使中国产业的总资产中，私人资产的比重超过和压倒国有资产，中国少数私人的财富急剧暴涨，这将会形成一种什么样的财富分配状况和收入分配状况呢？"

夏小林关于国有经济控制力包括的范围的意见是值得注意研究的。他把国有经济的社会责任分为两种，一是帮助政府调控经济，一是保证社会正义和公平的经济基础。前一个作用普遍适用于社会主义国家和现代资本市场经济国家，而后一作用则是社会主义国家独有的。他说，“按照西方主流经济学的观点，在一定条件下国有经济有助于政府调控经济，但是 OECD 国家的私有化证明，即使在垄断性的基础产业为主要对象进行了私有化，国有经济到了 10% 以下的比重以后，政府照样可以运用各种货币政策、财政政策、产业政策和商业手段等有效地调控经济。但是社会正义和公平，却是高度私有化的经济和以私有化为主的混合经济解决不了的老大难问题”。“在中国坚持社会主义市场经济的改革方向中，增强国有资本的控制力，发挥其主导作用，理应包括保障，实现和发展社会公平的内容和标准。对那些对于政府调控经济不重要但是对于保障社会正义和公平非常重要的竞争性领域的国有资产，也应该认为是‘重要’的和‘关键’的领域的国有资产，要力争搞好，防止出现国资大量流失那种改革失控，随意实行大规模‘转让’的偏向”。所以，在一般所说“重要”、“关键”的标准之外，根据保证社会公平的标准，可以认为，即使在竞争性领域，保留和发展有竞争力的国有及控股企业，这属于增强国有经济控制力“底线”的范围，也是“正当的选择”。

基于国有经济负有保证社会正义和公平的经济基础的社会责任，国家要保障在公益服务、基础设施，重要产业的有效投资，并不排除为解决就业问题在劳动密集领域进行多种形式的投资和运营。在保障垄断性领域国有企业健康发展的同时，还要保障在竞争性领域国有企业的发展，发挥他们在稳定和增加就业、保障社会福利和提供公共服务上的作用、增强再分配和转移支付的经济实力。源泉，贡献力量，决不能像新自由主义所主张的那样，让国家退出经济。我国这样一个社会主义大国，国有经济的数量底线，不能以资本主义国家私有化的“国际经验”为依据。确定国有经济的比重，理应包括保障、实现、和发展社会公平和社会稳定的内容，所以国家对国有经济控制力的范围，有进一步研究的必要。

关于如何增强国有经济控制力，综合各方面的意见，还有几点想法，简要述之。

（1）国企要收缩战线，但不是越少越好。在改革初始阶段，由于国企覆盖面过广，战线过长，收缩国企的数量，集中力量办好有素质的国企，开放民间经济的活动天地，这是必要的。但并不是说国企办得越少越好。这些年有些官员、学者，片面倾向于少办国企。围绕所有制结构政策，体制内外频频发出声音，“或者将中国所有制结构的取向定在用15～30年时间来让自然人产权（私有产权）成为市场经济的主体上，或者把参照系数定在欧、美市场经济中国有成分在7%～10%的模式上（国资研究室主任指出西方发达国家国企仅占全民经济5%的份额），或者在叶利钦时期俄罗斯、东欧国家取消社会主义目标后的所有制模式上”。这些将国有经济比重尽量压低的欲望，大大超出了江泽民所讲的限度，就是不能影响公有制的主体地位和国有经济的主导作用。

国资委从2003年成立以来，央企数量已由196家减少到157家。据透露下一轮整合方案，央企数量将至少缩减1/3。国资委的目标是到2010年将央企减少至100家，其中30～50家具有国际竞争力。令人不解的问题是，中国这样一个社会主义大国，这么多的人口，这么大规模的经济，到底应该掌握多少国企，其中中央应该掌握多少央企？俄罗斯已经转型为资本主义国家了，普京总统无疑也是效忠于私有制的，但他在2004年8月宣布，确定1063家俄罗斯大型国企为总统掌握的国有战略企业，政府无权对这些战略企业实行私有化。同样是中央掌握的大型国有企业，为什么私有化的俄罗斯保留的是比社会主义的中国的多好多倍。此中除了不可比的因素外，是否反映了我国某些官员国企办得越少越好，追求“轻松潇洒一些”的倾向？还有某些个别官员不好明说的倾向？

（2）中央和地方都要掌握一批强势国企。有关部门负责人指出，不能把国有经济布局和结构调整理解为中央“进”地方“退”，各地必须保留和发展一批具有地方优势和特色、实力雄厚、竞争力强的国有大企业，使之成为本地区国民经济的支柱。中国是一个大国，许多省、直辖市的土地人口，超过欧洲一个国家。有人建议在省市自治区一级建立一地一个或数个、或数地联合建立一个类似淡马锡模式的控股公司，来整合地方国企。这个建议是可行的。新加坡那样国土面积小、人口少的国家都能做到，为什么我们做不到。前些时候国企改制地方出的问题比较多，也可以通过新的“改制”梳理一下。

(3) 国有经济改革决策要受全国人大制衡监督。这个意见人们多次提出，并有专门的建议案。国有经济改革涉及全体人民利益，不能总在工会实际管不了，全国人大又不严加审议和监督，由行政机构少数人确定国有企业留多少、不留多少的情况下来进行。由他们来决策国资的买卖的情况下进行，极易造成决策失误和国资流失。以保护私权为主要使命的《物权法》已经通过了。而研究开始在《物权法》之前，以保护‘公权’为使命的《国资法》，研究了多年，人们仍在翘首企望，希望早日出台，让各级人大能够像英国、俄罗斯、波兰、日本等类型的市场经济国家的议会那样，有权审议国有资产产权变动的方案。

(4) 扩大国有产权改革的公共参与。国有资产产权改革不单纯是一个高层的理论问题，而且是关系各方面利益的公共政策问题。所以这个问题的讨论与决策不但要有官员学者精英参加，而且要有广大公众参与。某国资研究机构有人认为，这是不应当由公众来讨论的潜规则问题，郎咸平掀起的讨论是“引爆了公众不满国资流失和社会不公的情绪，是反对改革”。讲这种话的精英，是把大众当做阿斗。对于国资产权改革，公众有知情权、发言权、监督权，少数精英把持是非常危险的。苏联主要是亡在他自己的党政领导干部和社会精英身上。这些干部和精英利用他们手上的权力和社会政治影响，牟取私利，成了攫取和占有社会财富的特权阶层，他们不但对完善改进社会主义制度没有积极性，而且极力地加以扭曲。公有制度改变才能使他们的既得利益合法化。这只要看看各独立共和国当权的那些干部和社会名流大约有百分之八十都是当年苏联的党政官员和社会精英，事情便清楚了。

六、发展私营经济的正道

谈基本经济制度，不能不谈私有经济，私有经济是非公有制经济的一部分。其与公有制主体经济的共同发展，构成我国社会主义初级阶段的基本经济制度。非公有经济在促进我国经济发展，增加就业，增加财政收入，满足社会各方面需要方面，不仅在当前，而且在整个社会主义初级阶段很长的历史时期内，都有不可缺少的重要积极作用，因此我们必须鼓励、支持和引导非公有制经济发展，而不能忽视它、歧视它、排斥它。所以，党和政府对非公有制包括私有制经济非常重视，对它们的评价，从党的十三大、十四大的“公有制经济的补充”，到九届全国人大二次会议称为“社会主义市场经济的重要组成部分”，党的十六大还提出了“两个毫不动摇”，足见中央充分肯定非公有制包括私有制经济的重要作用。

我国非公有制经济有两个组成部分，一部分是个体经济。个体经济占有少量生产资料，依靠个人辛勤劳动，服务社会，而不剥削他人，属于个体劳动性质的经济。这部分经济目前在我国经济中占的比重不大，将来也不可能很大，据工商局说，最近有一些年份，我国实有个体工商户还有所减少。但是现在已经恢复正增长。另一部分是私营经济和外资经济。自改革开放以来，广大私营企业主受党中央让一部分人先富起来号召的鼓舞，先后投身商海，奋勇创业拼搏，用心血耕耘多年，为国家经济发展、社会稳定和丰富人们的物质生活作出了重要贡献，应当受到社会公正的评价。当前私营企业主要面临的突出问题，是融资困难较大，税收尤其是非税收负担较重。此类问题亟待有关部门切实解决。

私有经济与个体经济是有区别的。私营企业主与现在所称新社会阶层中的管理技术人员、自由职业人员等其他成分也不一样。大家都是“社会主义事业建设者”，但个体劳动者、管理技术人员、自由职业人员等，一般是不剥削他人劳动的劳动者，而私营企业主雇用劳工生产经营，他们与雇工之间存在剥削与被剥削的关系。因为私营企业的生产经营是为社会主义现代化建设服务，所以这种剥削关系也受到我国法律的保护。私有经济在促进生产力发展的同时，又有占有剩余价值的剥削性质，这种由剥削制度所制约的私有制本性目的所必然带来的社会矛盾，无时无刻不在政治、经济、社会、文化、思想道德上，人与人的关系上表现出来。私有制在社会主义初级阶段下表现的两重性，是客观上必然存在的，只能正视，不能回避。应该把私有经济的性质与作用分开来讲。只要是私人占有生产资料，雇用和剥削劳动者，他的性质就不是社会主义的。至于他的作用，要放到具体历史条件下考察，当它处于社会主义初级阶段，适合生产力发展的需要时，它就起积极作用，以至构成社会主义市场经济的一个重要组成部分。由于它不具有社会主义的性质，因此不能说它也是社会主义经济的组成部分。

有人说“非公有制经济人士已不是过去的民族资产阶级”了。不错，非公有制经济中的个体劳动者，从来不属于资产阶级。但雇工剥削的私营企业主按其性质应该归属到哪一类呢？恐怕除资产阶级以外，没有地方可以归属。当然，同时，按其作用，还可以把他归入“社会主义建设者”、“新社会阶层”这些不同层次的概念。这是非常实事求是的科学分析，容不得半点虚假。

对于社会主义初级阶段的私有经济，应当从两个方面来正确对待。一方面是不应轻视，不应歧视；另一方面，不应捧抬，不应护短。现在对私营企业轻视歧视的现象的确是有，特别是前面提到的融资问题和负担问题。例如我国大银行对中小企业（主要是私营），除了“重大轻小”，“嫌贫爱富”外，还存在“重公轻私”的所有制歧视。所谓企业“三项支出”（交费、摊派、公关招待费用）负担加重，某些部门少数官员对企业勒索骚扰，成为企业不得不应付的“潜规则”；当然这里边也有企业借此减轻正规税费之苦衷。而在“吹捧”、“护短”方面，《人民网》2006 年 4 月 19 日有人撰文说，不少地方党政官员将我们党的支持民营企业的政策，错误地执行成“捧—求—哄”，给私营企业主吹喇叭、抬轿子、送党票……不一而足。媒体报导，东南某省会城市，在百姓看病存在困难的情况下，拨出专项资金，选定民营企业家享受公费健康体检和疗养休假，“充分体现了党和政府对民营企业家的关爱”。有关部门高层人士为少数企业主确实存在的“原罪”行为开脱，并打不追究的保票。某些理论家则把非公有经济是“社会主义市场经济的重要组成部分”，偷换为“社会主义经济的重要组成部分”，认为“民营经济”（即私营经济）“已经成为”或者“应当成为”社会主义经济的主体，以取代公有制经济的主体地位。这明显地越过了宪法关于基本经济制度规定的界线。

对私有经济，既不应当轻视、歧视，又不应当吹捧护短，那么应当怎样正确对待，才符合坚持社会主义基本经济制度的要求呢？毫无疑问，我们要继续毫不动摇地发展私有经济，发挥其机制灵活，有利于促进社会生产力的正面作用，克服其剥削性产生的不利于社会经济发展的负面作用。如有些私营企业主偷逃税收，压低工资和劳动条件，制造假冒伪劣产品，破坏自然资源环境，借机侵害国有资产，以及其他欺诈行为，都要通过教育监督，克服清除。我想广大私营企业主，本着“社会主义建设者”的职责和良心，也一定会赞成这样做，这对私有经济的发展只有好处，没有坏处。

在鼓励、支持私有经济发展的同时，还要正确引导其发展方向，规定能发展什么，不能发展什么。比如竞争性领域，要允许私有经济自由进入，尽量撤除限制其进入的藩篱。特别是允许外资进入的，也应当开放内资进入。而对关系国民经济命脉的重要部门和关键领域，就不能允许私有经济自由进入，只能有条件、有限制的进入，不能让其操纵这些部门和行业，影响国有经济的控制力。私有经济在竞争性领域有广大的投资天地，在关系国民经济命脉的一些重要部门现在也可以参股投资，分享丰厚的盈利，他们应当知足了。作为“社会主义建设者”群体和“新社会阶层”，私营企业主大概不会觊觎社会主义经济的“主体地位”。但是确有某些社会精英明里暗里把他们往这方面推。要教育他们不要跟着这些精英跑。

总之，我们要毫不动摇地发展包括私有经济在内的非公有经济，但这必须与毫不动摇地坚持发展公有制经济并进，并且这种并进要在坚持公有制经济为主体，国有经济为主导的前提下进行，只有这样，才能真正解决两极分化问题。

论国有企业与社会主义的内在统一

◎梁　柱*

近些年来，应当在我国所有制结构中占主体地位的社会主义公有制，在我国经济发展中占主导地位的社会主义国有经济，成了一些人攻击的主要目标，大有欲置之死地而后快之势。一位本来不是研究经济学的教授，近年来也一改常态，连续发表文章大谈起公有制的种种问题。特别是他在创新的名义下，提出了所谓公有制的新观念，借以掩耳盗铃，混淆视听。

这是一种什么样的新观念呢？按照他的说法，马克思、恩格斯在《共产党宣言》中所说的消灭私有制，“只是小业主式的私有制，它确实在消亡，它在当代世界已经不占主要地位，这是客观的大趋势，”；而消灭私有制到现在都不具备这样的条件，因而“这个论断比较激进并含有空想因素”。他还说我们党在新民主主义革命时期基本上是私有制经济，却有很高威

---

* 梁柱，北京大学原副校长、现任校务委员会副主任。

信；而在20世纪五六十年代党虽然掌握了巨大的经济权力，但由于"这些公有制经济效率低、效益差，不能发展生产力，不能提高人民生活水平，因此它不是巩固，而是削弱了共产党的执政地位"。他用诸如此类的不符合历史实际的歪道理，来反复证明公有制不能和社会主义画等号。有一家文摘报报道这篇文章的观点时，唯恐读者不明白这位理论家的良苦用心，还特别为他点出了问题的实质，写道："历史发展到今天，对经济领域的思想解放提出了更新的要求。如何突破落后于新形势、新任务的观念束缚，推动我国经济健康稳定持续发展，是当前改革的重大任务。"这就是说，马克思、恩格斯在《共产党宣言》中关于消灭私有制的论断是不合时宜的，是"比较激进并含有空想因素"的；公有制的主体地位已经成为落后于新形势、新任务的观念束缚，必须加以突破了。

应当说，这一类反对公有制、鼓吹私有化的言论已经见怪不怪了，但这位教授为了强调"公有制不等于社会主义"、"公有制比重下降不会削弱党的执政基础"一类的新观念，竟然用歪曲马克思主义基本原理、抹杀公有制在我国社会主义建设中的作用和成就等手法来加以论证，企图从理论和实际两个方面来否定坚持公有制主体地位的必要性和合理性。他们究竟要求人们树立一种什么样的新观念呢，确实值得商榷。为了避免谬论误传，贻害青年，危害党和社会主义事业，我们应当旗帜鲜明地加以反对，以便全面贯彻党中央的"两个毫不动摇"的方针，把中国特色社会主义事业健康地向前推进。

下面仅就这位教授提出的所谓新观念，谈一点看法。

一、这种所谓新观念，是从根本上歪曲《共产党宣言》中关于"消灭私有制"的科学论断，为否定社会主义公有制的作用提供理论依据

我们知道，在作为科学社会主义奠基之作的《共产党宣言》中，

马克思、恩格斯指出："共产党人可以把自己的理论概括为一句话：消灭私有制"。这是对科学社会主义的理论精髓和历史使命的精辟概括，同时也隐含着对未来社会的科学设想。马克思主义创始人对未来社会的若干重要原则设想，是严格依据生产力发展的客观规律提出的，是在批判旧世界中发现新世界的。他们深刻揭露资本主义的基本矛盾，即社会化生产同资本主义私人占有之间的矛盾，这种矛盾的发展必然导致周期性的经济危机和无产阶级同资产阶级的对立。马克思、恩格斯还进一步指出，解决资本主义基本矛盾，只有通过无产阶级夺取政权的政治革命，进而把生产资料归社会所有。因此，资本主义私有制必然为社会主义公有制所代替，这是社会生产力发展的必然要求，是人类社会发展的客观规律。毫无疑义，生产资料公有制是社会主义生产关系的基础，是社会主义的一个最主要、最基本的特征。而这位教授竟然说："马克思、恩格斯当年所指的资本主义私有制——小业主式的私有制，确实在消亡，它在当代世界已经不占主要地位，这是客观的大趋势"。这完全歪曲了马克思、恩格斯的原意，歪曲了历史事实。马克思、恩格斯所说的消灭私有制，就是指人类社会最后的一个私有制——资本主义私有制，也就是内在着生产的社会化和私人占有之间矛盾的、最终会成为生产力发展桎梏的资本主义私有制。请问：马克思、恩格斯在什么时间什么地点说过，他们的学说所主张的只是要消灭小业主式的私有制？恰恰相反，他们在《共产党宣言》中就指出："蒸汽机引起了工业生产的革命。现代大工业代替了工场手工业；工业中的百万富翁，一支一支产业大军的首领，现代资产者，代替了工业的中间等级"。这就生动地描绘了由于生产力的发展而引发的生产关系的变革，难道马克思、恩格斯反对的只是已被生产力发展的洪涛所淹没了的小业主式的私有制，而不是以大工业为标志的资本主义私有制吗？上述那种说法，是对马克思、恩格斯时代生产力发展的历史状况无知到了极点。很难相信这位教授没有读过《共产党宣言》，但他忘记了马克思、恩格斯在《共产党宣言》中就对当时世界，特别是欧洲生产力发展的图景作了精彩的描述："大工业建立了由美洲的发现所准备好的世界市场。世界市场使商业、航海业和陆路交通得到了巨大的发展。这种发展又反过来促进了工业的扩展，同时，随着工业、商业、航海业和铁路的扩展，资产阶级也在同一程度上得到发展，增加自己的资本，把中世纪遗留下来的一切阶级排挤到后面去”。显而易见，发生在19世纪的这种生产力发展的速度和规模，已经不是小业主式的私有制所能承载得了的。这位教授经过上述杜撰之后，进而提出马克思、恩格斯关于消灭私有制的“这个论断比较激进并含有空想因素，恩格斯后来对此作过自我批评”。这完全是信口开河，极不负责。当然，消灭私有制是需要一个历史发展的过程，特别是实践中的社会主义还主要是发生在原来经济文化比较落后的国家，这个历史过程会更加漫长，但是，作为科学社会主义的纲领和旗帜，亮明自己的目标，是有充分的历史的和理论的依据，又怎么能说是“激进并含有空想因素”呢?！恕笔者孤陋寡闻，不知道恩格斯作过放弃这一原则的自我批评，我只知道恩格斯在1888年为英文版写的序言中，还特别重申了他和马克思在1872年德文版写的序言中的一段话：“不管最近25年来的情况发生了多大的变化，这个宣言中所阐述的一般原理整个说来直到现在还是完全正确的”。笔者还知道恩格斯在1887年为《英国工人阶级状况》美国版写的序言中指出过：“美国无产阶级的纲领在最终目的上，归根结底一定会完全符合那个经过65年的分歧和争论才成为战斗的欧洲无产阶级广大群众公认的纲领。这个纲领将宣布，最终目的是工人阶级夺取政权，使整个社会直接占有一切生产资料——土地、铁路、矿山、机器等，让它们供全体和为了全体的利益而共同使用”。不知这位教授对恩格斯这些话作何感想？其实，他所以如此公开地歪曲经典著作，目的就是要对消灭私有制的纲领加以限定，只是为了消灭早已被淘汰、小业主式的私有制，而不是针对今天的资本主义私有制，而这后者则是需要加以维护和紧跟的客观的大趋势。这样一来，社会主义公有制就失去了历史和理论的依据而成为多余之物了。这才是这位教授歪曲经典著作的真实目的。

二、所谓证明公有制比重下降不会削弱党的执政基础是出于对历史的无知

这位教授为证明公有制比重下降不会削弱党的执政基础所提出的两个理由，都是站不住脚的，都是出于对历史的无知。下面就这两个理由作一些分析。

其理由之一，他说，在民主革命时期，共产党无论在根据地还是国统区都有很高的威信和影响力，当时的经济基本是私有制经济，所以这些威信和影响力不是靠公有制，而是靠党的先进性。这种似是而非的命题，是离开了当时的历史实际，离开了党的基本纲领来谈问题，这是帮不了他的忙的。我们知道，党在民主革命时期的主要任务是反帝反封建(后来加上反对官僚资本主义)，对民族资本主义采取保护政策，这一正确的政治方向反映了中国社会的需要，获得了广大人民群众的拥护。

在抗日战争时期，毛泽东对比了人民群众对国共两党的不同观感和态度，生动地讲述了全国人民为什么特别喜欢共产党呢？他说，第一，因为它不但有了政治方向，而且始终坚持了这个方向；第二，因为它有一种作风，一种奋斗的习惯。它对于每一个党员，除了教育他们坚持政治方向以外，还要他们有一种作风。这里所说的政治方向，就是要坚定不移地代表中国人民的根本利益，正确地反映近现代中国历史发展的客观要求，使自己的政治主张成为团结全国人民共同奋斗的目标。所以，不同的历史时期有不同的任务，这时在革命根据地不可能也不能够建立起公有制的主体地位，那样做，就混淆了革命发展的不同阶段的任务，是完全错误的。但即使这样，在整个民主革命时期，也要正确处理党的最高纲领同最低纲领的辩证统一关系，既立足于现阶段的革命任务，又要为向更高阶段的发展准备条件。以党在新民主主义革命时期正确的经济政策为例，毛泽东说过，因为中国经济还是落后的缘故，所以必须实行“节制资本”和“耕者有其田”的方针。在革命根据地，要建立必

要的公营经济，以支持革命战争，改善人民生活，支持根据地建设；还要尽可能地利用一切有利于国计民生的资本主义成分，同时对资本主义经济要采取恰如其分的有伸缩性的限制政策，这主要是：（1）不能动摇国营经济的领导地位；（2）要在活动范围、税收政策、市场价格和劳动条件等方面加以限制，使不利于国计民生的消极方面得到限制。这样，既是从现阶段的社会实际出发，又为将来向社会主义转变准备条件。由上可见，这位教授完全脱离了当时的历史实际和党的基本政策，把不能类比的两个问题混为一谈，同时又把他所需要的东西绝对化，用它来证明社会主义时期“公有制比重下降不会削弱党的执政基础”，其前提就是不科学的，结论自然也是错误的。

其理由之二，说在20世纪五六十年代，我国公有制的比重极高，“它虽然使党掌握了巨大的经济权力，但是这些公有制经济效率低、收益差，不能发展生产力，不能提高人民生活水平，因此它不是巩固，而是削弱了共产党的执政地位”。这同样是违背历史事实的不负责任的说法。这是关系到如何评价新中国前30年的经济建设成就的原则问题，我们并不否认当时建立的单一的公有制形式脱离了我国生产力发展的水平（十一届三中全会以后得到了纠正），也不否认在经济建设中犯过重大错误，但能否就因此武断地说：“公有制经济效率低、收益差，不能发展生产力，不能提高人民生活水平”，就轻易地否定新中国前30年经济建设所取得的伟大成就。这要让历史事实来说话。在新中国建立之初，就是依靠建立起来的国有经济和一系列正确的措施，仅仅用三年时间，就使主要工农业产品产量大多数超过新中国成立前最高年份（1936年），创造了第二次世界大战结束后医治长期战争创伤、恢复国民经济和社会稳定的一个奇迹。也正是依靠这样的经济基础，初步地建立了独立的、比较完整的工业体系和国民经济体系，取得了以“两弹一星”为标志的高新科技成就。根据国家统计局的资料，新中国前30年国内生产总值平均每年增长7.4%，在这样长的时期保持这么高的发展速度，这在世界历史上也是少有的。其中的“文化大革命”10年，经济建设上出现过“三起三落”大的波折，国家统计局按现在的核算体系计算，“文革”10年国内生产总值平均每年增长5.7%，也超过了当时西方大国的平均增速一倍以上。人民生活得到相应的提高。从这简单的回顾中，怎么能够说公有制就是“效率低、收益差，不能发展生产力”呢？当然，我们并不否认有一部分公有经济效益不好，但主要原因是管理等方面的问题，其中包括上缴国家利润过多影响了自我更新能力，而不是公有制本身的问题。我们也不否认人民生活提高不快，这除了工作中的问题以外，主要还由于积累和消费的比例失当造成的，也就是说，用于基本建设的积累比例过大，使得人民生活受到影响。这位教授为了加重渲染公有制不能发展生产力、不能提高人民生活水平，还以自己担任过一个人民公社领导的现身说法，来说明农民都吃不饱。笔者也有过农村工作的经历，也和公社社员一起经受过三年困难的考验，但如果说有20年历史的人民公社农民都吃不饱，那确是个大问题。依笔者的观察，农村有没有好的带头人对于改变农村面貌关系极大，如果领导不力或不好，农民就会吃苦，这位曾经是公社领导造成自己公社农民都吃不饱，而自己不作一点自我批评，却一味指责公有制，似乎是不太公平和公正。当时农村确实还很困难，有的也存在吃饭问题，但同时又必须肯定，农业的增产使我们基本上解决了一个近10亿人口大国的吃饭问题。至于说毛泽东领导时期“不是巩固，而是削弱了共产党的执政地位”，则是一个弥天大谎。毛泽东时期新中国的国际地位和影响，人民群众发自内心地对共产党的拥护和爱戴，即使“文化大革命”那样的社会动乱也不能动摇共和国的根基，这难道不是有目共睹的事实吗？事实证明，正是由于社会主义公有制的不断巩固和壮大，支撑了人民共和国的大厦，为国家的发展、人民的幸福并最终实现共同富裕提供了强大的经济基础，这是任何人不能否定的。

□三、公有制比重下降真的不会削弱党的执政基础吗

如前所述，公有制是社会主义的经济基础，国有企业为国家和社会

作出了最大的贡献。以1991年为例，当时国有企业所得税率为55%（后来降为33%），乡镇企业为33%，外资企业一般为15%，非国有企业还有各种减免税优惠。即使在这种并不平等的起跑线上，国有企业提供的税收在当年国家财政收入中占到77.9%，乡镇企业提供的占15.8%，而包括外资在内的非公有经济提供的只占6%左右。即使在公有制所占的比重明显下降的情况下，2009年国有企业上缴税金达到22795.5亿元，占当年国家财政收入的33.3%，仍然为国家作出了不可替代的重要贡献。由此可见，国有企业作为共和国“长子”的重要性。不必讳言，当前在我国国民经济的比重中，国有经济下降到不足1/3，私有经济和外资经济已上升占到2/3，这不能不影响到社会财富向少数人集中，其速度之快、比重之大都达到惊人的程度。这样的经济格局，不能不是邓小平晚年直面现实坦言两极分化自然出现的一个重要原因。这种情况，从政治上说，严重削弱了工人阶级的主人翁地位，不能不使我国作为一个以工农联盟为基础的人民民主专政国家面临严重的挑战；从经济上说，构成了不同利益集团之间矛盾趋向尖锐化，对社会稳定构成严重威胁。邓小平退休之后仍然关注党和国家的前途，思考改革开放和现代化建设中出现的新情况和新问题。其中，分配问题是他晚年思考和关注的一个重要问题，也是他谈得最多的一个问题。1990年7月视察国家奥林匹克体育中心场馆时就尖锐指出：“我们实行改革开放，这是怎样搞社会主义的问题。作为制度来说，没有社会主义这个前提，改革开放就会走向资本主义，比如说两极分化。中国有11亿人口，如果十分之一富裕，就是1亿多人富裕，相应地有9亿多人摆脱不了贫困，就不能不革命啊！9亿多人就要革命。所以，中国只能搞社会主义，不能搞两极分化”。这是他从必须坚持社会主义的角度指明了两极分化的严重后果，这个警示是十分深刻而有现实意义的。在邓小平看来，两极分化必然导致社会矛盾尖锐化，势必首先冲击现代化建设和改革开放所必需的社会稳定局面。他根据国际和国内的历史经验，一再指出稳定压倒一切，没有稳定，就没有希望。只有稳定，才能有发展。如果搞两极分化，情况就不同了，民族矛盾、区域间矛盾、阶级矛盾都会发展，相应地中央和地方的矛盾也会发展，就可能出乱子。这种社会矛盾的尖锐化，往往是以群体事件作为表现形式。据2005年的社会蓝皮书披露，1993~2003年，我国群体性事件数量已由1万起增加到6万起，参与人数也由约73万增加到约307万。10多年的时间里，群体性事件的数量比过去翻了八九倍。1995年和1996年增长速度为10%左右，而1997年之后则迅速加快，1997~2004年期间的年均增长速度高达25.5%。这里还要指出，两极分化的存在和发展，社会上弥漫着嫌贫爱富的不良社会风气，一些地方政府的公共政策天平发生了倾斜，使得弱势群体的发言权越来越小，声音越来越弱，促使政府、企业和职工之间的对立情绪升温。吉林通钢7.24事件的发生，就是一个典型的表现。由私企建龙重组通钢，把有30年工龄的老工人全部下岗回家，每月领取无法养家糊口的三四百块工资。这样重大的措施，广大职工连知情权都被剥夺，私企派来大量人员占据了通钢很多重要领导岗位，并扬言要把原来的通钢工人通通炒了鱿鱼，这种连工人的饭碗都要砸掉的威胁性说法，又怎么能不激化矛盾？事件发生后，一位政府部门负责人把它归结为工人的国企情结。这种荒谬至极的理由，说明这位负责守护社会主义国企的负责人只有代表私企说话的私企情结，而漠视工人的起码权益。这难道不就是邓小平所说的阶级矛盾的表现和激化吗？这种社会矛盾的严重激化，不能不使我们面临非常严峻的局面。面对这种情况，有两种截然相反的态度：一种是全党全国人民以深刻的忧患意识按照邓小平提出的“要利用各种手段、各种方法、各种方案来解决这些问题”；一种是继续要求“国退民进”，来达到他们变向改制的要求。所谓“公有制比重下降不会削弱党的执政基础”的说法，在客观上就是为后者张目，是解构社会主义经济基础的消解剂。

□四、究竟思想要解放到哪里去

这位教授这样辛苦论证“公有制不能和社会主义画等号”、“公有制比重下降不会削弱党的执政基础”，意欲何为？那一家文摘报的报道确实为他点出了问题的实质：“历史发展到今天，对经济领域的思想解放提出了更新的要求。如何突破落后于新形势、新任务的观念束缚，推动我国经济健康稳定持续发展，是当前改革的重大任务”。把邓小平一再坚持的公有制的主体地位作为落后于新形势、新任务的观念束缚，这就是当下一些人要求继续解放思想、转变观念的实际内容。这里首先要弄清公有制同社会主义究竟是什么关系？这个问题前面实际上已经谈过，这里还要强调指出，公有制作为社会主义的经济基础，是巩固和发展社会主义一个带有根本性的问题。这是因为，所有制问题是涉及判断一个社会性质的标准问题。马克思主义的常识告诉我们，一个社会的基础是生产关系，而占主体地位的生产关系决定社会的性质，人类历史正是按照这样的标准，区分为奴隶制社会、封建制社会和资本主义社会，而社会主义社会也同样是按照这样的标准来确定和表明它的社会性质的。所以要坚持这样的标准，是因为生产资料由谁占有，决定着人们在生产中的不同地位和在劳动产品中所占的不同份额，扩而大之，它决定人们在整个社会中所处的不同地位，形成不同的利益集团和阶级势力。社会主义公有制主体地位的确立，意味着社会主体部分的生产资料不再成为剥削和压迫人的工具，而成为全体社会成员所有，这就为社会成员的平等地位、根本利益的一致性提供了保证，也为进一步巩固和发展社会主义提供了坚实的经济基础。如果这种占有形式发生了质的变化，也就是公有制被私有制所代替，这也就不能不使社会性质发生反向的变化。而分配作为生产关系的一个重要内容，共同富裕是体现社会主义本质的一个重要内涵，如果一个社会主义国家发生两极分化而不加以有效制止的话，这种两极分化势必会危害到公有制为主体的所有制关系，因为这种现象的发生，它不但表明公有制主体地位受到动摇甚至不再存在，而且它还会通过种种非法手段占有公有制的劳动成果，使公有制名存实亡。所以，邓小平在指导改革开放的过程中一再提出要坚持公有制主体地位和共同富裕这两个社会主义的根本原则，并把它看成坚持社会主义方向的重要标志。如果按照这位教授的要求和论证，那一家文摘报编者的点睛之笔，那么，邓小平为改革开放所确立的基本原则，党在社会主义初级阶段的基本经济制度和中央“两个毫不动摇”的方针，统统成了落后于形势的观念束缚。由此可见，这种离开社会主义方向的所谓思想解放和进一步改革的要求，实际上就是邓小平早已指出的，他们的改革要换个名字，叫做资本主义的改革。

后　记

近代以来，中国的命运之悲惨，可谓一言难尽。一个显著的指标是，泱泱大国的首都，每隔四十年左右，就要沦陷一次：1860年英法联军火烧圆明园，1900年八国联军攻陷北京城，1937年日本人又搞了南京大屠杀。中国的命运为什么如此悲惨？原因有很多，但极重要的一条，是中国没有自己的近代工业。后来中国又如何改变这种命运？原因仍然有很多，但极重要的一条，是"一五"计划以来，我们建立一个独立完整，门类齐全的近、现代工业体系，我们造出了中国的第一辆汽车、第一架喷气式战斗机、第一艘万吨轮……直到造出了原子弹、氢弹、卫星，今天又造出了宇宙飞船和高铁。完成这一切伟业的是谁？是中国的国有企业。

作为共和国长子，国有企业锻造了新中国的脊梁，也付出了重大的牺牲。新中国的前三十年，本着艰苦奋斗，勤俭建国的精神，国有企业几乎白手起家，完成了中国的工业化；改革开放以来，国有企业又承担了巨大改革成本，长期忍受着远高于私企、外企的税负，承担着远远超过它们的社会责任……可以毫不夸张地说，没有国有企业，就没有新中国60多年的辉煌。

但是，受一些错误思想的影响，国有企业今天也遭受了无休无止的攻击和诽谤，面对这些攻击和诽谤，如果我们不能澄清是非，说明真象，捍卫我国的基本制度，维护广大人民的根本利益，那将会犯历史的错误。为此，《国企》杂志社从2010年12月开始策划组织到2011年12月出版，历时一年，其间组织了四次大型座谈会，联系了上百位专家学者，形成了这部书稿。

我们在这本书中，收录了他们的文章，我们衷心地向他们表示感谢！当然，还有很多学者，他们同样为擦去泼在国有企业身上的污水而做了大量工作，但由于编者的视野所限，没有将他们的文章收入本书，但我们在这里同样向他们表示敬意。

关于国有企业，今后还有很多文章可做。从大历史的角度来看，2008 年爆发的美国金融危机，很可能是西方模式盛极而衰的一个转折点，中国将要再次承担起为人类找出路的重任。那么，中国的国有企业将在这一历史进程中扮演什么角色？国有企业应该怎样做才能承担起自己的历史责任？这些都需要关心国有企业，关心中国和人类命运的学者继续进行深入探讨——从这个意义上说，我们编的这本书，是一个开始，也仅仅是一个开始。

《国企》杂志社

二〇一一年十二月